会计信息系统实验教程

主　编　房桃峻　郑煦平
副主编　刘　琨　季国民

科学出版社

北京

内 容 简 介

本书主要包括以下十个实验。实验一为建立账套；实验二为业务基础设置；实验三为财务基础设置；实验四为采购系统初始化；实验五为采购日常业务处理；实验六为销售管理系统初始化；实验七为销售日常业务处理；实验八为业务子系统期末业务处理；实验九为账务子系统期末业务处理；实验十为 UFO 报表系统。通过本课程的学习，可以全面了解与掌握电算化会计核算的基本流程与主要业务处理。

本书可供会计学、财务管理、会计电算化等专业的学生或者自学会计电算化的学员参考阅读。

图书在版编目（CIP）数据

会计信息系统实验教程 / 房桃峻，郑煕平主编. —北京：科学出版社，2018.4

ISBN 978-7-03-057134-2

Ⅰ. ①会⋯　Ⅱ. ①房⋯ ②郑⋯　Ⅲ. ①会计信息–财务管理系统–教材
Ⅳ. ①F232

中国版本图书馆 CIP 数据核字（2018）第 072772 号

责任编辑：郝　静 / 责任校对：贾娜娜
责任印制：张　伟 / 封面设计：蓝正设计

科 学 出 版 社 出版
北京东黄城根北街 16 号
邮政编码：100717
http://www.sciencep.com

北京富资园科技发展有限公司印刷
科学出版社发行　各地新华书店经销
*
2018 年 4 月第 一 版　开本：787×1092　1/16
2024 年 7 月第三次印刷　印张：14
字数：332 000
定价：42.00 元
（如有印装质量问题，我社负责调换）

序

福州大学工商管理学科始建于 20 世纪 80 年代，其下设的二级学科"技术经济及管理"曾使福州大学成为福建省内最早获得该学科硕士学位授予权的单位，2005 年成为省重点学科。工商管理一级学科也于 2012 年新增为福建省级重点建设学科，现拥有一级学科博士与硕士学位授予权、博士后科研流动站、省高校科技创新团队、省高校人文社科研究优秀基地等，学科建设整体水平已跻身全国同类院校的先进行列，处于福建省内领先水平。

近年来，福州大学工商管理学科紧紧围绕国家和福建省经济、科技发展战略目标及福建省支柱产业和战略性新兴产业需求，瞄准学科发展国际前沿，凝练学科研究方向，凝聚人才，打造特色优势学科方向，加强师资队伍建设和学术梯队、创新团队建设，推动本学科科学发展、重点发展、特色发展、内涵发展，并于 2014 年成功入选中央财政支持地方高校发展专项资金人才培养和创新团队建设项目、福建省高水平大学建设福州大学学科建设专项学科高原计划。

为了及时归纳、总结、提升福州大学工商管理学科的学术与科研成果，进一步加强与国内外同行的学术交流和合作，我们从福建省高水平大学建设福州大学学科建设专项工商管理学科高原计划经费中划出一部分，用于资助福州大学经济与管理学院工商管理研究院具有丰富教学经验和很好研究能力、学术成果积累的教师撰写出版高水平、特色教材。现在呈现在读者面前的就是在 2015～2018 年陆续出版的 20 部左右工商管理学科系列精品教材之一。希望通过本学科系列精品教材的出版，能够更好地促进、推动我国工商管理学科的人才培养，进一步提升我国管理学科的国际知名度和竞争力。

《会计信息系统实验教程》是福建省高水平大学建设福州大学学科建设专项工商管理学科高原计划资助出版的学科系列精品教材之一。

福州大学有关领导，尤其是福州大学发展规划与"211 工程"办公室的领导多年来对工商管理学科给予了大力支持和帮助，谨以致谢。另外，衷心感谢福州大学高水平大学建设工商管理学科高原计划学科系列精品教材的所有作者的理解、支持与辛勤劳动。

福州大学高水平大学建设工商管理学科

高原计划学科系列精品教材主编

教育部"长江学者"特聘教授　　李登峰

福州大学经济与管理学院工商管理研究院　院长

2017 年 11 月

前　　言

在不断变革的信息时代，会计人员也面临新的挑战。作为会计信息系统的直接使用者，会计人员需要将信息技术与专业知识融会贯通，参与企业战略规划、企业价值链分析，并运用会计信息系统的信息处理功能，优化价值链业务流程与过程控制，使企业财务信息流程、制度规范、财务控制标准与业绩评价集成在会计信息系统中，通过会计信息的整合与控制，促进企业价值链物流、资金流、信息流在组织中有效流动，提升企业的价值创造能力。

那么，会计人员如何才能适应信息时代对会计信息系统及会计人员的要求，显得尤为重要。这要求会计人员不仅需要具有丰富的专业知识，而且还需要了解计算机的理论与应用知识，系统掌握 IT 环境下的会计信息系统的构建及应用。鉴于此，我们编撰了本书，以期能对会计人员熟练应用会计信息系统解决实务问题提供帮助。

本书主编为房桃峻、郑煦平，副主编为刘琨、季国民。房桃峻执笔实验一和实验三，郑煦平执笔实验二、四、五、六，刘琨执笔实验七和实验八，季国民执笔实验九和实验十。房桃峻、郑煦平对全书总体结构进行了安排，并分别对其中的财务部分和业务流部分进行了审校。

本书所有实验中涉及的企业相关信息均为虚拟信息，如企业名称、银行账号、税号等，特此说明。

在本书的编写过程中，我们参考了相关资料文献和应用软件资料，在此向作者表示诚挚的感谢！同时，我们还得到了用友软件股份有限公司福州分公司的大力支持，在此一并表示感谢！

由于编者水平有限，书中疏漏与不妥之处在所难免，敬请读者批评指正，以方便我们再版时进行修正。

编　者

2017 年 11 月

目　　录

实验一　建　立　账　套

一、实验目的

通过本实验，以期达到以下目的：
（1）理解 ERP 系统中企业账套的存在形式。
（2）掌握 ERP 系统中企业账套的建立过程。
（3）理解系统用户及权限的含义及授权过程。
（4）启用供应链相关子系统。
（5）理解账套输出及引入的作用。

二、实验内容

本实验的主要内容包括以下几个方面：
（1）建立企业账套。
（2）增加用户。
（3）对用户进行授权。
（4）启用相关子系统。
（5）账套备份/引入账套数据。

三、实验资料

（一）账套信息

账套号：616；账套名称：闽东公司。启用会计日期：2018 年 1 月 1 日。

（二）企业账套相关信息

（1）企业名称：闽东机械设备公司（简称闽东公司）。
（2）地址：福州市仓山科技园区 18 号。
（3）法人代表：赵东城。
（4）注册资金：35000000 元，由东方公司投入。
（5）企业类型：工业。
（6）经营范围：生产、销售闽东 1 号多功能拖拉机和闽东 2 号农用拖拉机。

（7）纳税人登记号：350168887540682。

（8）开户银行及账号：基本存款户为中国工商银行福州仓山支行，账号为1403501009988776655。

（三）核算信息

记账本位币名称：人民币。

企业类型：工业。

行业性质：2007年新会计制度科目。

本例选择："按行业性质预置科目"。

（四）基础信息

该企业无外币核算，进行经济业务处理时，需要对存货、客户进行分类。

（五）编码级次方案

科目编码级次：4-2-2-2。

部门编码级次：1-2。

客户分类编码级次：1。

存货分类编码级次：1-2。

收发类别编码级次：1-2。

结算方式编码级次：1-2。

地区分类编码级次：2。

（六）设置数据精度

该企业对存货数量、存货单价、开票单价、件数、换算率等小数位约定为两位数。

（七）操作员、角色及权限

企业操作员情况如表1-1所示。

表1-1　企业操作员情况表

编号	姓名	角色	职责
cw01	王明亮	账套主管	账套主管的全部权限①
02	徐向东	采购主管、销售主管、仓库主管、存货主管	负责企业的购销存业务，具有采购管理、销售管理、库存管理、存货核算的全部操作权限②
03	夏虎	会计主管	除"恢复记账前状态"外的总账权限，公共目录设置权限
04	钱小梅	出纳	总账系统中出纳签字，查询凭证及出纳的所有权限

注：①为操作简便起见，只设"王明亮"口令为1，其他操作员口令为空。

②此处授予徐向东如此多的权限是便于操作。现实中企业要根据单位实际情况分别授权给不同的用户

（八）企业的系统和启用日期

2018 年 1 月 1 日分别启用 616 账套的"采购管理""销售管理""库存管理""存货核算""总账""应收款管理""应付款管理"系统。

（九）账套备份

将设置的账套数据备份到指定目录中。

四、实验步骤及操作

相关实验操作步骤如下。

（一）注册系统管理

（1）执行"开始"/"所有程序"/"用友 U8v10.1"/"系统服务"命令，启动系统管理。系统管理界面如图 1-1 所示。

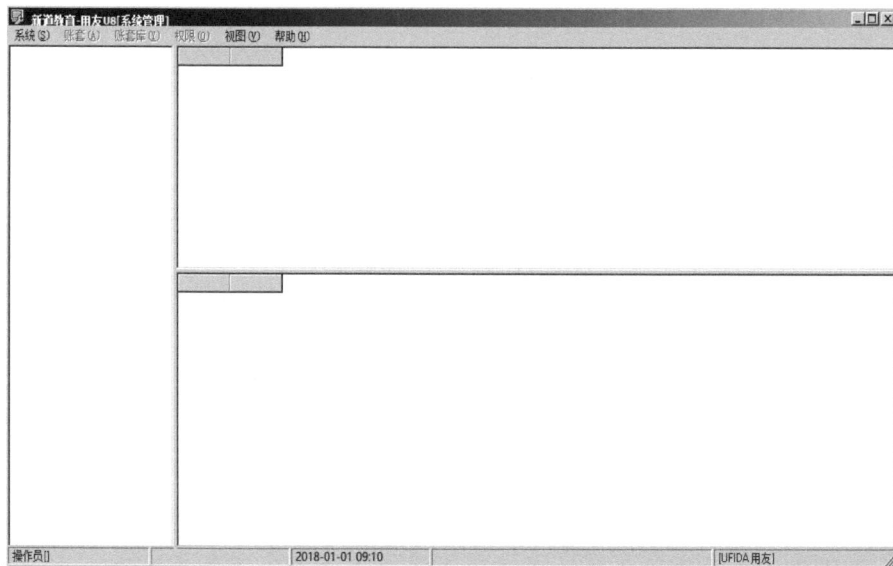

图 1-1　系统管理界面

（2）执行"系统"/"注册"命令，打开"登录"对话框，如图 1-2 所示。

系统中预先设定了一个系统管理员 admin，第一次运行时在"操作员"文本框中输入操作员名称，系统管理员密码为空，单击"登录"按钮，则以系统管理员身份进入系统管理。

图 1-2　登录界面

（3）单击"登录"按钮，进入系统管理，系统管理界面最下行的状态栏显示当前操作员（admin），如图 1-3 所示。

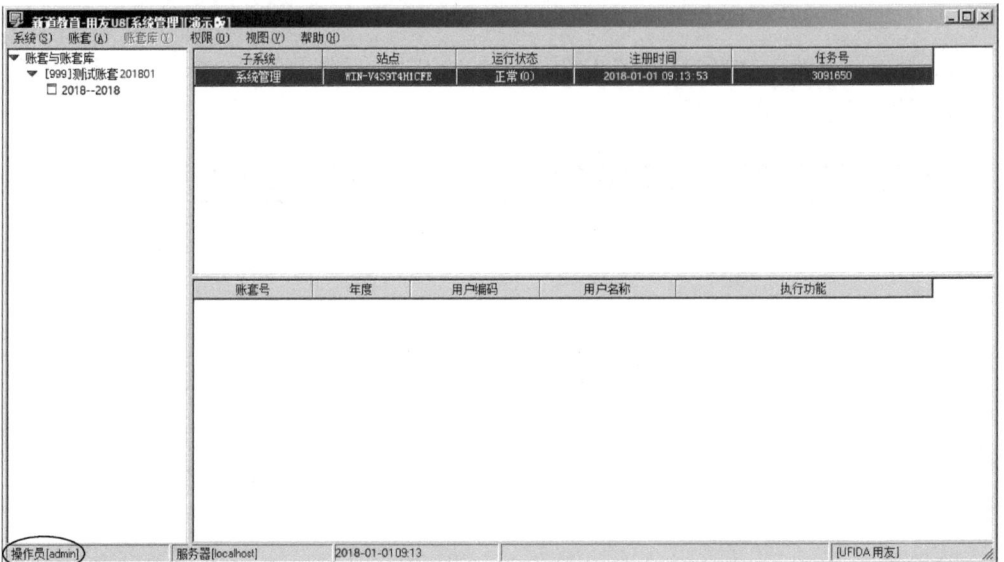

图 1-3　系统管理

操作提示

● 系统管理员是用友 ERP-U8 管理系统中权限最高的操作员，他对系统的运行安全和系统数据的安全管理负责。用友 ERP-U8 管理系统默认系统管理员的密码为空。在实际应用中，企业安装用友 ERP-U8 管理系统后，应该及时更改系统管理员的密码，以保障系统的安全性。在教学中，由于多人共用一套系统，一般不修改密码。

● 设置或更改系统管理员密码的方法是：在系统管理"登录"对话框中输入操作员

密码时，选中"修改密码"复选框；单击"确定"按钮，打开"设置操作员密码"对话框，按要求进行操作。

● 用友 ERP-U8 管理系统只允许两种角色登录系统管理平台，一是系统管理员，二是账套主管。如果是初次使用本系统，第一次必须以系统管理员 admin 的身份注册系统管理，建立账套和指定相应的账套主管之后，才能以账套主管的身份注册系统管理。

（二）增加用户

（1）以系统管理员的身份注册进入系统管理后，执行"权限"/"角色"命令，如图 1-4 所示。

图 1-4 系统管理——权限

（2）进入"角色管理"窗口，如图 1-5 所示。

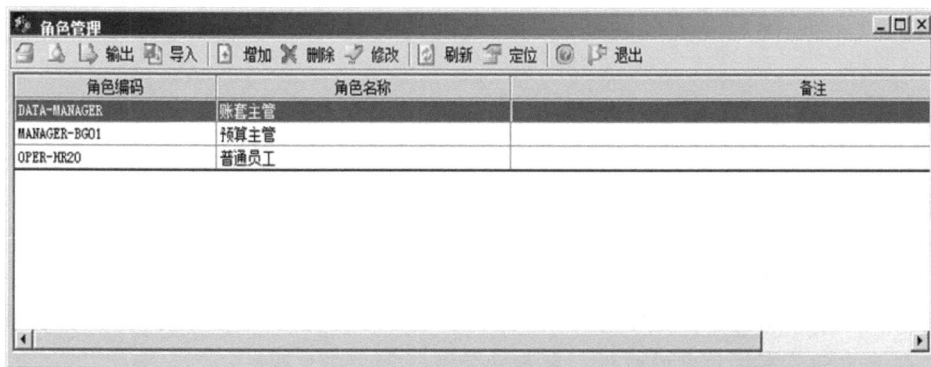

图 1-5 角色管理

（3）单击工具栏上的"增加"按钮，打开"角色详细情况"对话框，按所给资料增加角色，如图 1-6 所示。

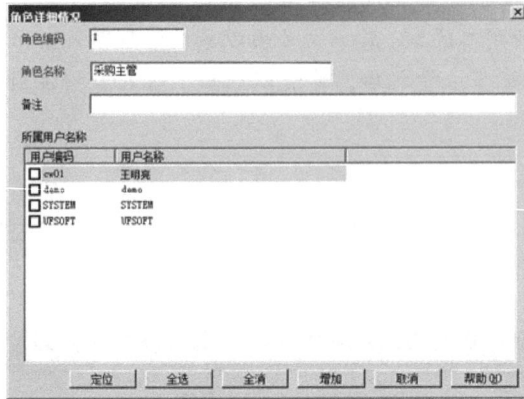

图 1-6　角色定义

（4）添加完成后，所得结果如图 1-7 所示，单击"退出"按钮。

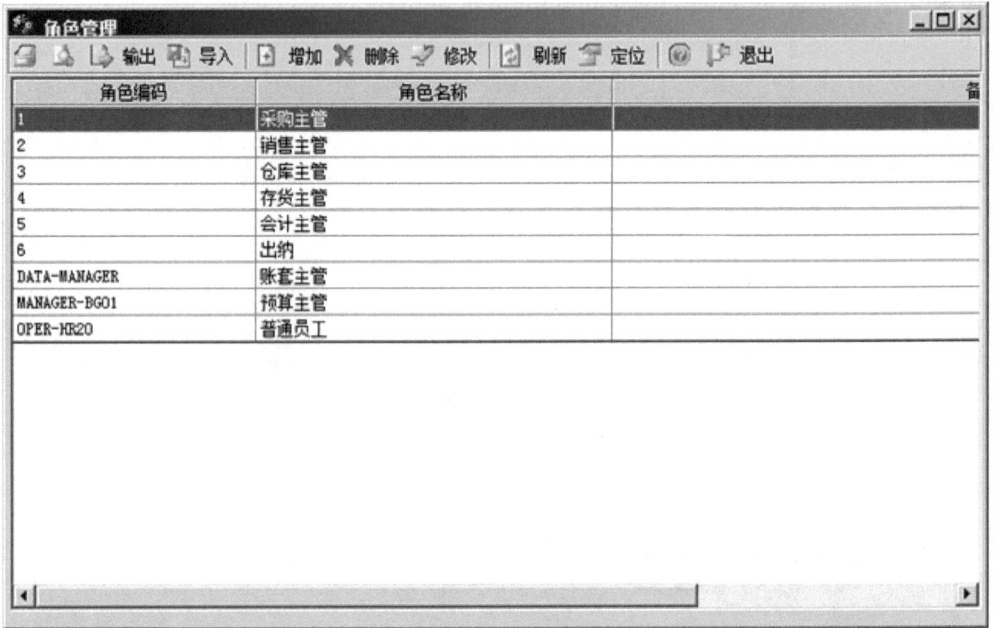

图 1-7　角色管理

操作提示

● 用户和角色的设置理论上可以不分先后顺序，但对于自动传递权限来说，应该先设置角色，然后分配权限，最后进行用户设置，这样在设置用户时，选择其归属于哪一种角色，则其自动具有该角色的权限，包括功能权限和数据权限。

● 一个角色可以拥有多个用户，一个用户可以分属于多个不同角色。

（5）执行"权限"/"用户"命令，进入"用户管理"窗口，如图1-8所示。

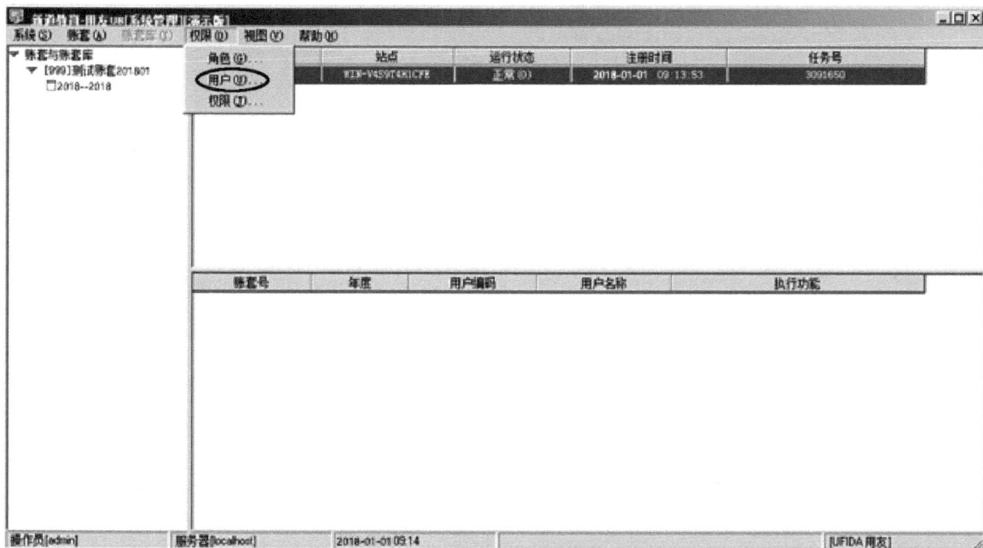

图 1-8　系统管理——用户管理

进入用户管理界面后，用户管理窗口界面如图1-9所示。

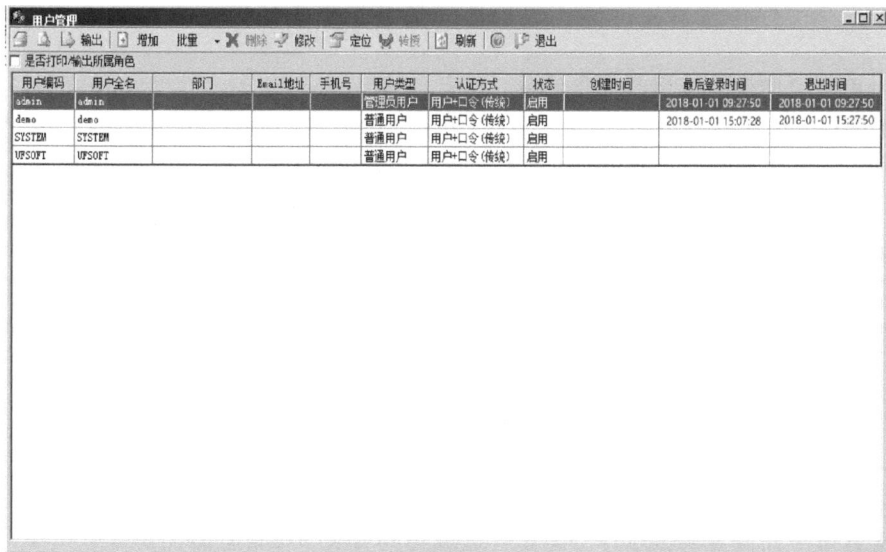

图 1-9　用户管理

（6）单击"增加"按钮，打开"增加用户"对话框。按照实验材料（表 1-1），依次输入各个成员的相关信息。输入编号"cw01"；姓名"王明亮"；口令和确认口令均为"1"；并在所属角色中选择"账套主管"角色，如图1-10所示。

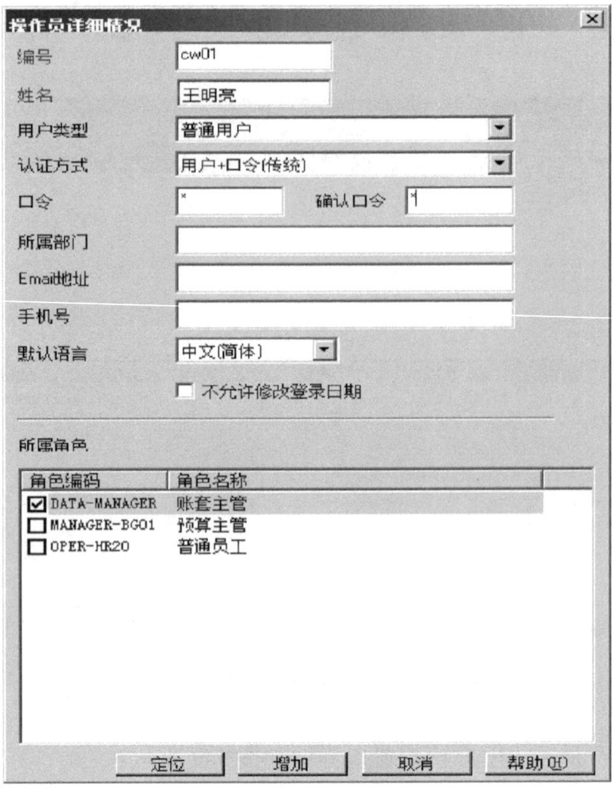

图 1-10　操作员详细信息

（7）单击"增加"按钮，保存设置。

（8）同理，增加操作员"徐向东"，在所属角色列表中选择"采购主管""销售主管""仓库主管""存货主管"，然后保存设置。然后，增加操作员"夏虎"，在所属角色列表中选择"会计主管"，然后保存设置。增加操作员"钱小梅"，在所属角色列表中选择"出纳"，然后保存设置。

操作提示

● 可在增加用户时指定用户所属的角色。如果修改了用户所属角色，则该用户对应的权限也会随着角色的改变而相应改变。

● 如果角色已经事先设置，则系统自动显示所有的角色名称。用户自动拥有所属角色的所有权限，同时也可以通过"权限"额外增加角色中没有包含的权限。

（三）建立账套

（1）以系统管理员的身份登录系统管理，如图 1-11 所示。执行"账套"/"建立"命令。

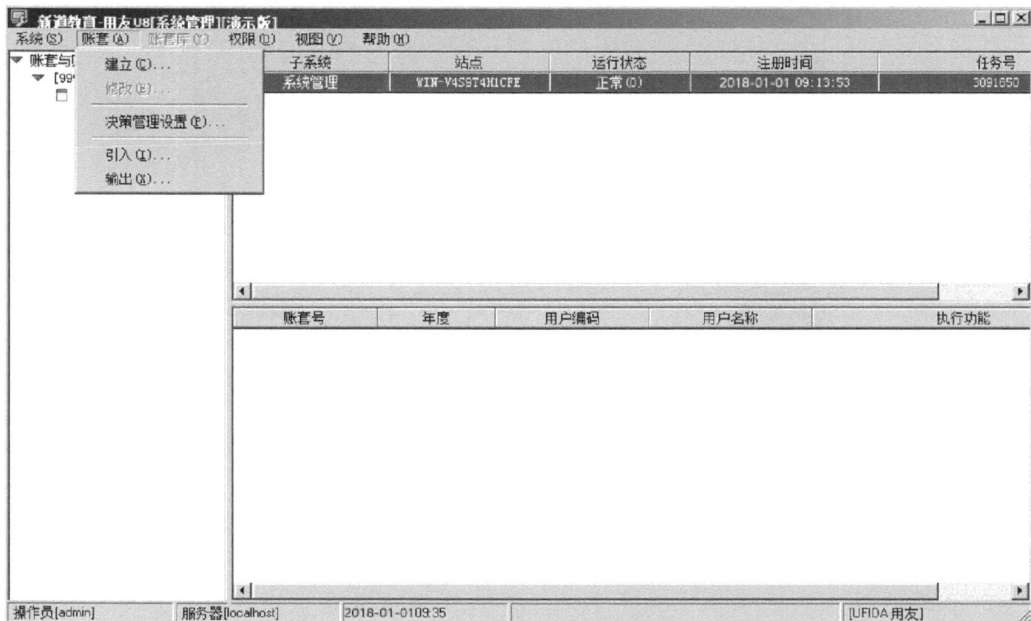

图 1-11　系统管理——创建账套

（2）打开"创建账套——建账方式"对话框，如图 1-12 所示。

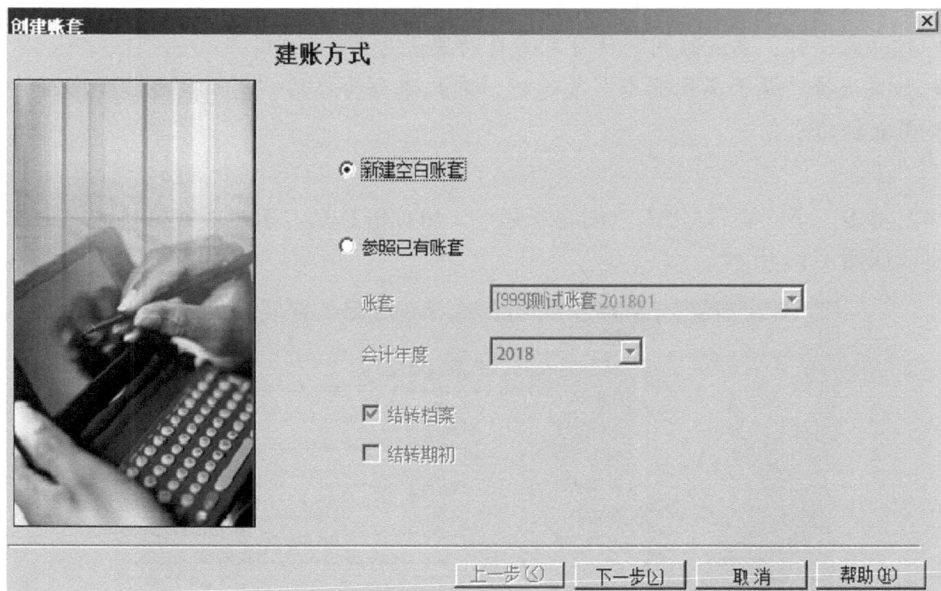

图 1-12　创建账套——建账方式

（3）选择"新建空白账套"，单击"下一步"，进入"创建账套——账套信息"对话框，按照实验材料输入账套的相关信息，如图 1-13 所示。

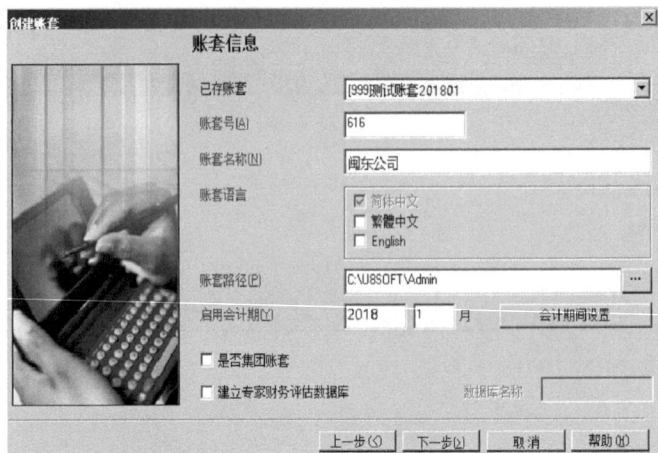

图 1-13 创建账套——账套信息

操作提示

● 账套号是账套的唯一内部标识，由三位数字构成，必须唯一，不允许账套号重复，账套号设置后将不允许修改。

● 账套名称是账套的外部标识。账套名称可自行设置，并可以由账套主管在修改账套功能中修改。

● 系统默认的账套路径是 C：\U8SOFT\Admin，可以进行修改。

● 建立账套时，系统启用会计日期将自动默认为系统日期。

● 如果选择"是否集团账套"复选框，则此账套为启用"集团财务"模块后的汇总分子公司数据的账套。

（4）单击"下一步"，进入"创建账套——单位信息"，按照实验材料输入企业的相关信息，如图 1-14 所示。

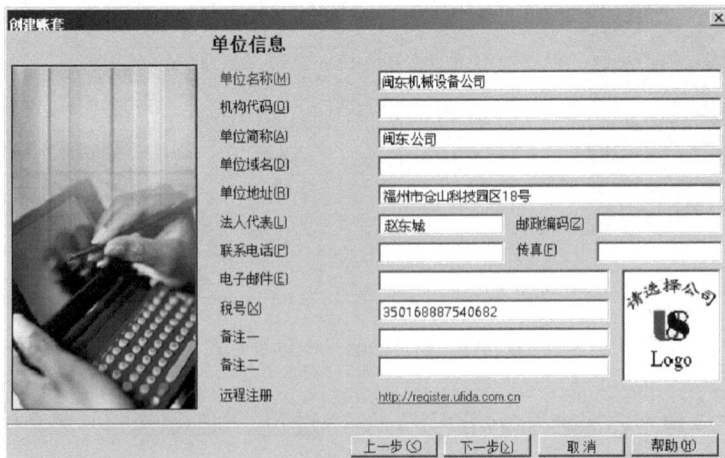

图 1-14 创建账套——单位信息

操作提示

● 单位信息中只有"单位名称"是必须输入的。
● "单位名称"应录入企业的全称，以便打印发票时使用。

（5）单击"下一步"，进入"创建账套——核算类型"，按照实验材料选择"工业"企业类型，行业性质默认为"2007 年新会计制度科目"，科目预置语言选择"中文（简体）"，并选择"按行业性质预置科目"，如图 1-15 所示。

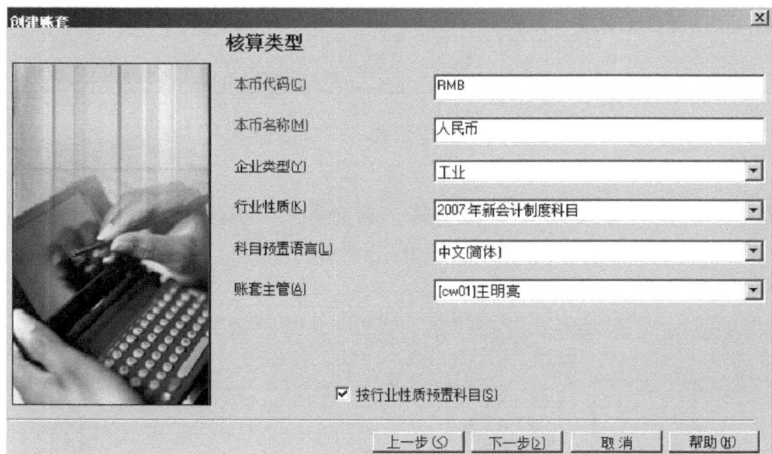

图 1-15 创建账套——核算类型

操作提示

● 系统默认企业类型为"工业"，可以修改。当选择"工业"企业类型，供应链管理系统才能处理产成品入库、限额领料等业务。当选择"商业"企业类型，供应链管理系统才能处理受托代销业务。
● 行业性质将决定系统预置科目的内容，必须选择正确。
● 系统默认按行业性质预置科目。

（6）单击"下一步"，进入"创建账套——基础信息"，按照实验材料分别选中"存货是否分类""客户是否分类"复选框，如图 1-16 所示。

操作提示

● 是否对存货、客户及供应商进行分类会影响到其档案的设置。有无外币核算会影响到基础信息的设置和日常业务处理的有无外币的核算内容。
● 如果基础信息设置错误，可以由账套主管在修改账套功能中进行修改。

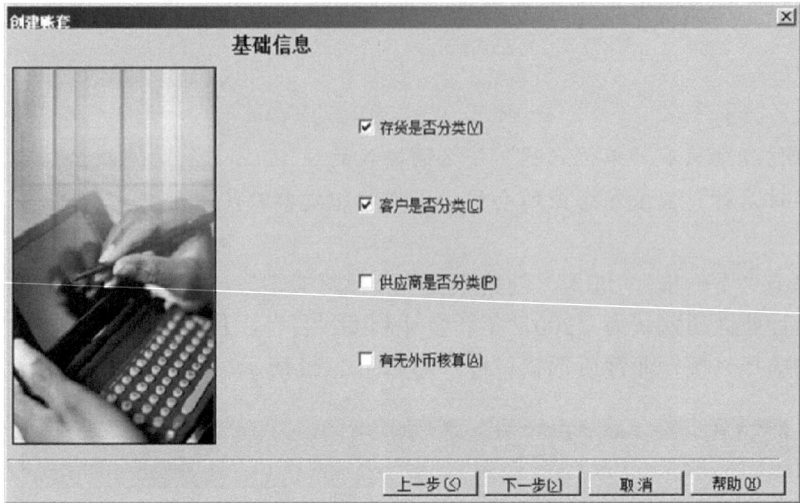

图 1-16　创建账套——基础信息

（7）单击"下一步"，打开"创建账套"对话框，单击"完成"按钮，出现"可以创建账套了么？"对话框，如图 1-17 所示。单击"是"按钮，系统开始创建账套。

图 1-17　创建成功

（8）建账完成后，系统自动打开"编码方案"对话框，按所给资料修改分类编码方案，如图 1-18 所示。

操作提示

● 编码方案的设置，将会直接影响到基础信息设置中其相应内容的编码层次和每级编码的位长。

图 1-18　编码方案

项目	最大级数	最大长度	单级最大长度	第1级	第2级	第3级	第4级	第5级	第6级	第7级	第8级	第9级
科目编码级次	13	40	9	4	2	2	2					
客户分类编码级次	5	12	9	1								
存货分类编码级次	8	12	9	1	2							
部门编码级次	9	12	9	1	2							
地区分类编码级次	5	12	9	2								
费用项目分类	5	12	9	1	2							
结算方式编码级次	2	3	3	1	2							
货位编码级次	8	20	9	2	3	4						
收发类别编码级次	3	5	5	1	2							
项目设备	8	30	9	2	2							
责任中心分类档案	5	30	9	2	2							
项目要素分类档案	6	30	9	2	2							
客户权限组级次	5	12	9	2	3	4						
供应商权限组级次	5	12	9	2	3	4						

（9）设置完毕后，单击"确定"按钮后，再单击"取消"按钮，进入"数据精度"对话框，按照实验材料进行设置，如图 1-19 所示。

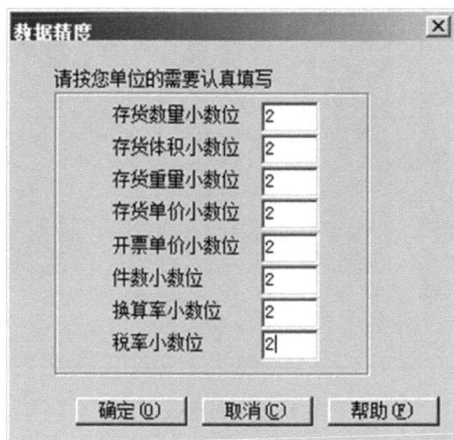

图 1-19　数据精度

（10）在"数据精度"对话框中单击"确定"按钮后，系统显示"正在更新单据模板"，更新完成后，系统显示"建账成功"对话框，并询问是否进行系统启用的设置，如图 1-20 所示。

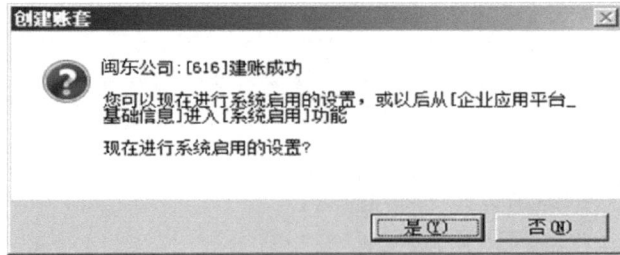

图 1-20　建账成功咨询

（11）单击"否"按钮，结束建账过程，暂时不启用任何系统。

操作提示

● 出现"创建账套"对话框，可以直接进行"系统启用"的设置，也可以单击"否"按钮先结束建账过程，之后在企业应用平台的基础信息中再进行系统启用设置。

● 如果企业已使用用友 ERP-U8 管理系统，则已完成了企业的建账过程，此处无须再次建账，在企业应用平台中启用供应链管理相关模块即可。

（12）如图 1-21 所示，账套创建成功。

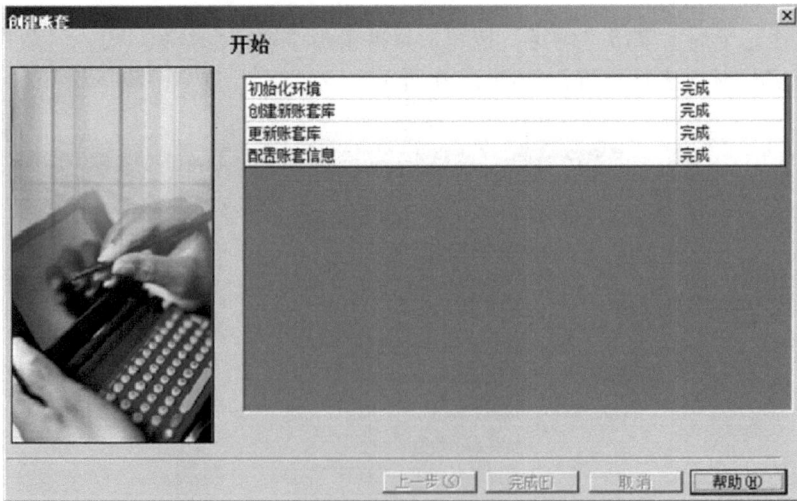

图 1-21　创建成功

（四）设置操作员权限

用友 ERP-U8 管理系统提供了操作员权限的集中管理功能。设置操作员权限的工作应由系统管理员（admin）或该账套的账套主管通过执行"系统管理"/"权限"命令完成。在权限功能中既可以对角色赋权，也可以对用户赋权。

　　如果在设置用户时已经指定该用户所属角色，并且该角色已经被赋权，则该用户已经拥有了与角色相同的权限；如果经查看后发现该用户的权限并不与该角色完全相同，则可以在权限功能中进行修改；如果在设置用户时并未指定该用户所属角色，或虽已指定该用户所属角色，但该角色并未进行权限设置，则该用户的权限应直接在权限功能中设置。

　　1. 查看"王明亮"是否为616账套的账套主管

　　具体操作步骤如下：
　　（1）以系统管理员身份注册进入，在"系统管理"窗口中，执行"权限"/"权限"命令，打开"操作员权限"对话框。
　　（2）在"操作员权限"对话框中选择616账套，时间为2018年，从窗口左侧操作员列表中选择"cw01 王明亮"，可以看到窗口右上方的"账套主管"复选框为选中状态。

操作提示

　　● 只有系统管理员（admin）才有权设置或取消账套主管。而账套主管只能分配所辖账套操作员的权限，一个账套可以拥有多个账套主管。
　　● 设置权限时应注意先选中相应的"账套"，然后选中对应的"用户"。
　　● 账套主管拥有该账套的所有权限，因此无须为账套主管另外赋权。
　　● 如果在"角色管理"或"用户管理"中已将"用户"归属于"账套主管"角色，则该操作员即已定义为系统内所有账套的账套主管。如果在"权限管理"中指定某个"用户"为某账套的账套主管，则该用户只是该账套的账套主管。

　　2. 为操作员"徐向东"赋权

　　具体操作步骤如下：
　　（1）在"操作员权限"对话框中，选中"02 徐向东"，选择"账套主管"右侧下拉列表中的"616账套"。
　　（2）单击"修改"按钮，选中"采购管理""销售管理""库存管理""存货核算"复选框，如图1-22所示。单击"确定"按钮。

　　3. 为操作员"夏虎"赋权

　　具体操作步骤如下：
　　（1）在"操作员权限"对话框中，选中"03 夏虎"，选择"账套主管"右侧下拉列表中的"616账套"。
　　（2）单击"修改"按钮，选中"总账"下除"恢复记账前状态"的总账权限，以及"基本信息"下"公共目录设置"复选框，如图1-23所示，单击"确定"按钮。

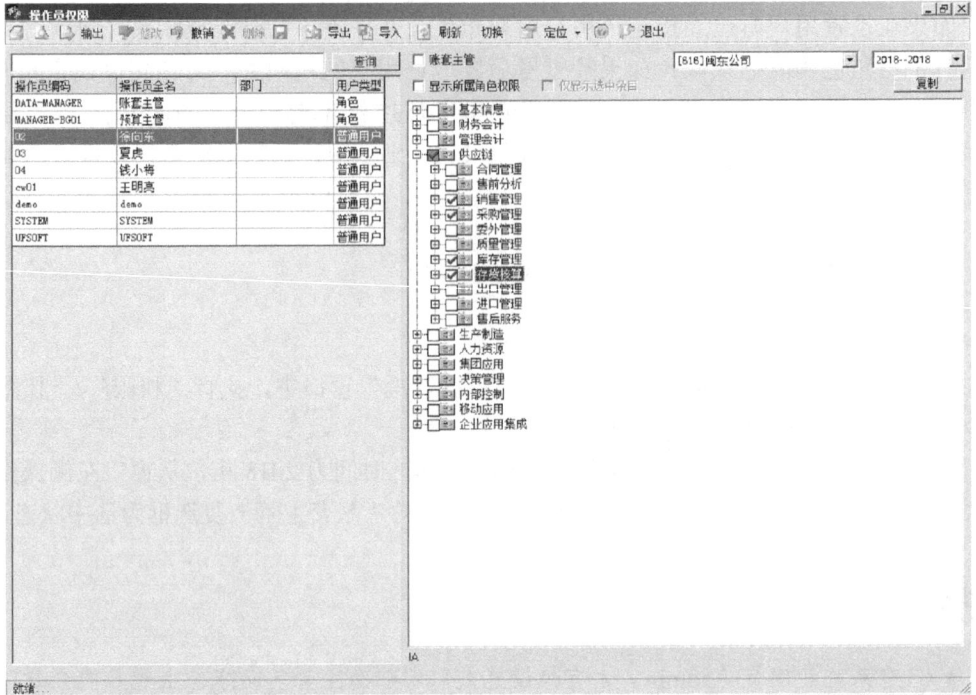

图 1-22　操作员权限（一）

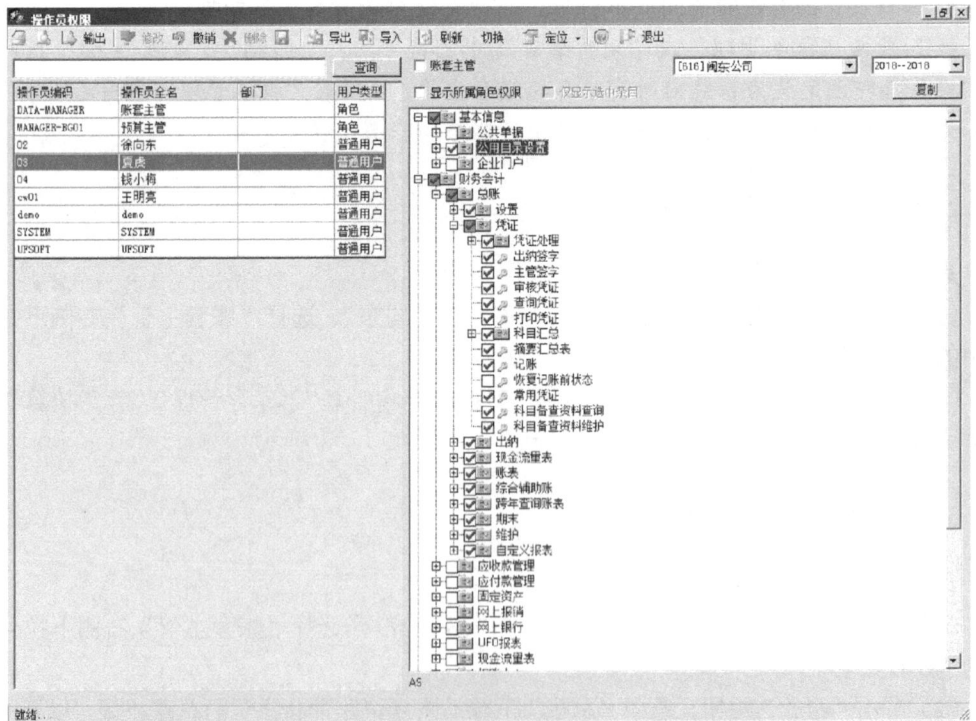

图 1-23　操作员权限（二）

4. 为操作员"钱小梅"赋权

具体操作步骤如下：

（1）在"操作员权限"对话框中，选中"04钱小梅"，选择"账套主管"右侧下拉列表中的"616账套"。

（2）单击"修改"按钮，选中"总账"下"出纳签字""查询凭证"及"出纳"所有权限复选框，如图1-24所示，单击"确定"按钮。

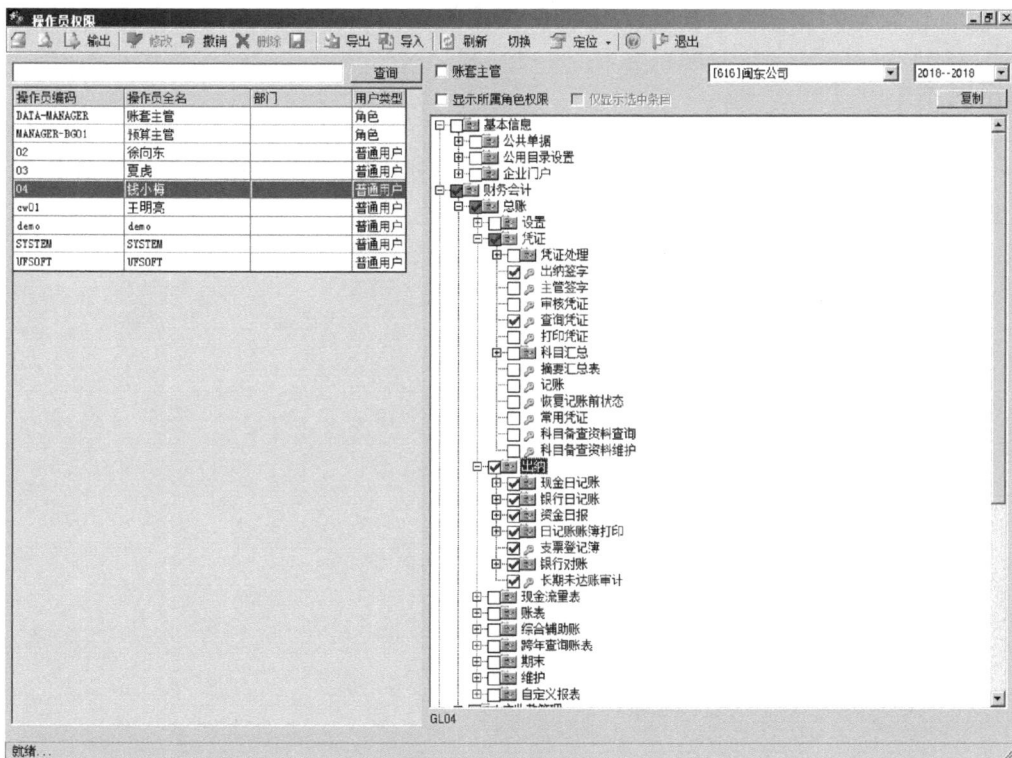

图1-24　操作员权限（三）

（五）账套输出与备份

具体操作步骤如下：

（1）在"系统管理"窗口中，执行"账套"/"输出"命令，打开"账套输出"对话框。

（2）选择"账套号"和"输出文件位置"，如图1-25所示。

（3）单击"确认"按钮，等待系统输出账套。

（4）待系统弹出"输出成功"对话框，单击"确定"按钮，备份完成。

（5）执行"系统"/"退出"命令，退出系统管理。

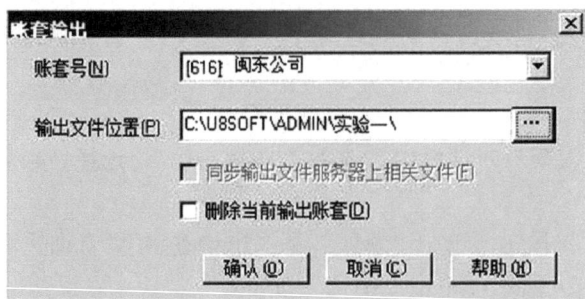

图 1-25　账套输出

操作提示

● 系统启用的方法有两种：一是在系统管理中创建账套时启用；二是建立账套后，在企业应用平台中启用。本账套选择方法二，即在企业应用平台中启用。

实验二　业务基础设置

一、实验准备

将已完成的实验一的616账套的备份数据引入用友ERP-U8管理系统中，将系统时间调整为2018年1月1日。

二、实验要求

首先启用系统，其次建立基础档案。

建立基础档案的主要工作包括以下各方面：

（1）建立部门档案和职员档案。

（2）建立地区分类。

（3）建立供应商档案。

（4）建立客户分类和客户档案。

（5）建立存货分类、计量单位和存货档案。

（6）设置结算方式。

（7）设置本单位开户银行及账号。

（8）建立仓库档案。

（9）设置收发类别。

（10）设置采购类型。

（11）设置销售类型。

（12）设置费用项目分类。

（13）设置费用项目。

（14）设置发运方式。

（15）设置付款条件。

三、实验资料

第一步，引入"实验一"账套数据，启用"采购管理""销售管理""库存管理""存货核算""总账""应收款管理""应付款管理"几个子系统，启用日期为2018年1月1日。

第二步，建立基础档案。本步骤具体包括以下几个方面的工作。

（一）建立部门档案和职员档案

（1）部门职员档案如表2-1所示。

表 2-1 部门编码和档案

一级部门编码和名称	二级部门编码和名称
1 企管办	101 经理办
	102 行政办
2 财务部	无
3 采购部	无
4 销售部	销售一部
	销售二部
5 生产部	无

（2）人员类别如表 2-2 所示。

表 2-2 人员类别

人员类别编码	人员类别名称
101	企业管理人员
102	经营人员
103	车间管理人员
104	生产工人

（3）人员档案如表 2-3 所示。

表 2-3 人员档案

一级部门编码和名称	二级部门编码和名称	雇佣状态	人员类别	职员编号	职员姓名	性别	是否业务员
1 企管办	101 经理办	在职人员	企业管理人员	001	王明亮	男	是
	102 行政办	在职人员	企业管理人员	002	徐向东	男	是
2 财务部	无	在职人员	企业管理人员	003	夏虎	男	是
		在职人员	企业管理人员	004	钱小梅	女	是
3 采购部	无	在职人员	经营人员	005	王小小	女	是
4 销售部	销售一部	在职人员	经营人员	006	孟世聪	男	是
	销售二部	在职人员	经营人员	007	张婷	女	是
5 生产部	无	在职人员	车间管理人员	008	崔坤	男	是
		在职人员	生产工人	009	董超	男	是

（二）建立地区分类

地区分类信息如表 2-4 所示。

表 2-4 地区分类

地区分类编码	地区分类名称	地区分类编码	地区分类名称
01	北方区	03	中南区
02	华东区	04	西南区

（三）建立供应商档案

本企业的主要供应商长期稳定，不需要分类管理，供应商档案如表2-5所示。

表 2-5 供应商档案

供应商编号	供应商名称	供应商简称	所属地区码	税号	开户银行	账号	分管部门	分管业务员
001	晋江钢铁公司	晋江钢铁	04	110843543644553	工行晋江分行	43234943234	采购部	王小小
002	南平机电公司	南平机电	01	176989377878946	工行南平分行	22233355511	采购部	王小小
003	福建天明五金公司	天明五金	04	134056555487223	工行福州分行	35235108767	采购部	王小小

（四）建立客户分类和客户档案

（1）客户分类如表2-6所示。

表 2-6 客户分类

客户分类编码	客户分类名称
1	批发商
2	代理商
3	零散客户

（2）客户档案如表2-7所示。

表 2-7 客户档案

客户编号	客户名称	客户简称	所属分类码	所属地区码	税号	开户银行	账号	分管部门	专管业务员
001	湖北湖州农机公司	湖州农机	1	01	3494298331011412	工行湖州分行	22106032341	销售一部	孟世聪
002	福建桂中农机公司	桂中农机	1	04	1877763094441843	工行福州分行	10356782379	销售一部	孟世聪
003	湖南中南农机公司	中南农机	2	03	6678904432135687	工行长沙分行	35892673278	销售二部	张婷
004	福建龙岩农机公司	龙岩农机	3	04	4556660022347845	工行龙岩分行	10679023645	销售二部	张婷

（五）建立存货分类、计量单位和存货档案

（1）存货分类如表2-8所示。

表2-8 存货分类

存货类别编码	存货类别名称
1	原材料
101	钢材
102	生铁
103	外购配件
2	产成品
201	农用机
9	应税劳务

（2）计量单位如表2-9所示。

表2-9 计量单位

计量单位组编码	计量单位组名称	计量单位组类别	计量单位编号	计量单位名称
01	自然单位	无换算率	01	吨
			02	台
			03	个
			04	辆

（3）存货档案如表2-10所示。

表2-10 存货档案

存货编码	存货名称	计量单位	所属分类	税率（%）	存货属性	参考成本（元）	参考售价（元）
1001	圆钢	吨	101	17	外购、生产耗用	5000	
1002	角钢	吨	101	17	外购、生产耗用	6000	
1003	生铁	吨	102	17	外购、生产耗用	3000	
1004	轮胎	个	103	17	外购、生产耗用	250	
1005	柴油机	台	103	17	外购、生产耗用	2000	
2001	闽东1号农用机	辆	201	17	自制销售	4000	5000
2002	闽东2号农用机	辆	201	17	自制销售	3000	3500

（六）设置结算方式

具体结算方式如表 2-11 所示。

表 2-11　结算方式

结算方式编码	结算方式名称	票据管理
1	现金结算	否
2	支票结算	否
201	现金支票	是
202	转账支票	是
3	银行汇票	否
4	商业汇票	否
401	商业承兑汇票	否
402	银行承兑汇票	否

（七）设置本单位开户银行及账号

编码：01；基本存款户：工商银行福州科技园支行；账号：935678945612。

（八）建立仓库档案

仓库档案相关信息如表 2-12 所示。

表 2-12　仓库档案

仓库编码	仓库名称	所属部门	负责人	计价方式
1	材料库	采购部	王小小	先进先出法
2	成品库	生产部	付晓航	先进先出法

（九）设置收发类别

收发类别如表 2-13 所示。

表 2-13　收发类别

收发类别代码	收发类别名称	收发标志	收发类别代码	收发类别名称	收发标志
1	入库	收	2	出库	发
101	采购入库	收	201	领料出库	发
102	产成品入库	收	202	销售出库	发
103	采购退货	收	203	销售退货	发
104	其他入库	收	204	其他出库	发

（十）设置采购类型

采购类型如表 2-14 所示。

表 2-14　采购类型

采购类型编码	采购类型名称	入库类别	是否默认值
1	原材料采购	采购入库	是
2	采购退回	采购退货	否

（十一）设置销售类型

销售类型如表 2-15 所示。

表 2-15　销售类型

销售类型编码	销售类型名称	出库类型	是否默认值
1	批发	销售出库	是
2	零售	销售出库	否
3	销售退回	销售退货	否

（十二）设置费用项目

费用项目如表 2-16 所示。

表 2-16　费用项目

费用项目分类	费用项目编码	费用项目名称
分类——无分类	01	运输费
	02	业务招待费

（十三）设置发运方式

发运方式如表 2-17 所示。

表 2-17　发运方式

发运方式编码	发运方式名称
01	公路运输
02	铁路运输
03	水运
04	航空运输

（十四）设置付款条件

付款条件如表 2-18 所示。

表 2-18　付款条件

编码	信用天数	优惠天数 1	优惠率 1	优惠天数 2	优惠率 2	优惠天数 3	优惠率 3
01	30	5	2				
02	60	5	4	15	2	30	1
03	90	5	4	20	2	45	1

四、实验操作步骤

相关实验操作步骤如下。

（一）引入"实验一"账套数据

（1）执行"开始"/"所有程序"/"用友 U8v10.1"/"系统服务"命令，启动系统管理。

（2）执行"系统"/"注册"命令，打开"登录"对话框。

（3）单击"确定"按钮，则以系统管理员身份进入系统管理。

（4）在"系统管理"窗口中，执行"账套"/"引入"命令，打开"账套引入"对话框。

（5）选择引入之前已保存的"实验一"账套，系统提示如图 2-1 所示。

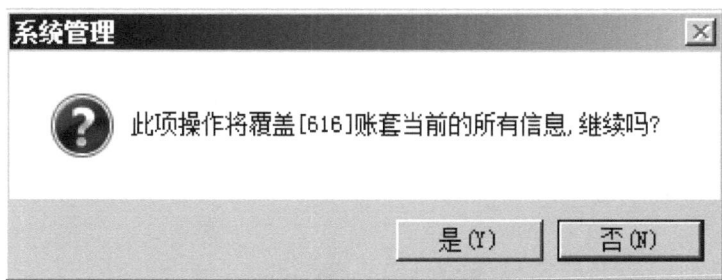

图 2-1　系统管理

（6）单击"是"按钮，系统开始引入账套。

（7）待系统提示引入成功后，系统管理界面左方列表显示"[616]闽东公司"账套，如图 2-2 所示。

图 2-2　系统管理——引入账套

（二）启动企业应用平台

（1）执行"开始"/"所有程序"/"用友 U8v10.1"/"企业应用平台"命令，启动企业应用平台。

（2）以账套主管王明亮的身份注册进入企业应用平台，密码为 1，设置登录时间为2018-01-01，如图 2-3 所示。

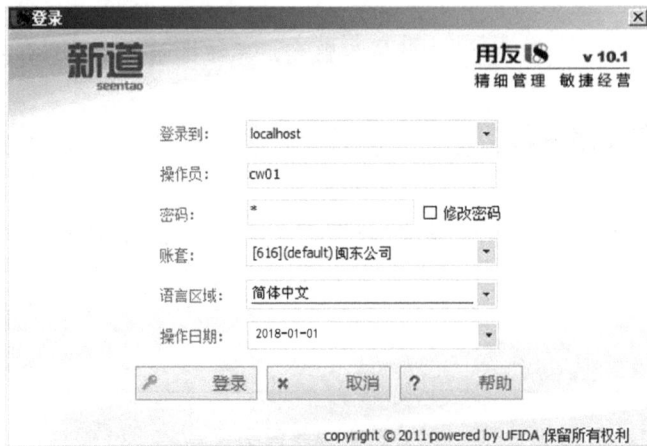

图 2-3　登录界面

（3）单击"登录"按钮，进入"企业应用平台"窗口，企业应用平台界面如图 2-4所示（右下方显示王明亮为账套主管）。

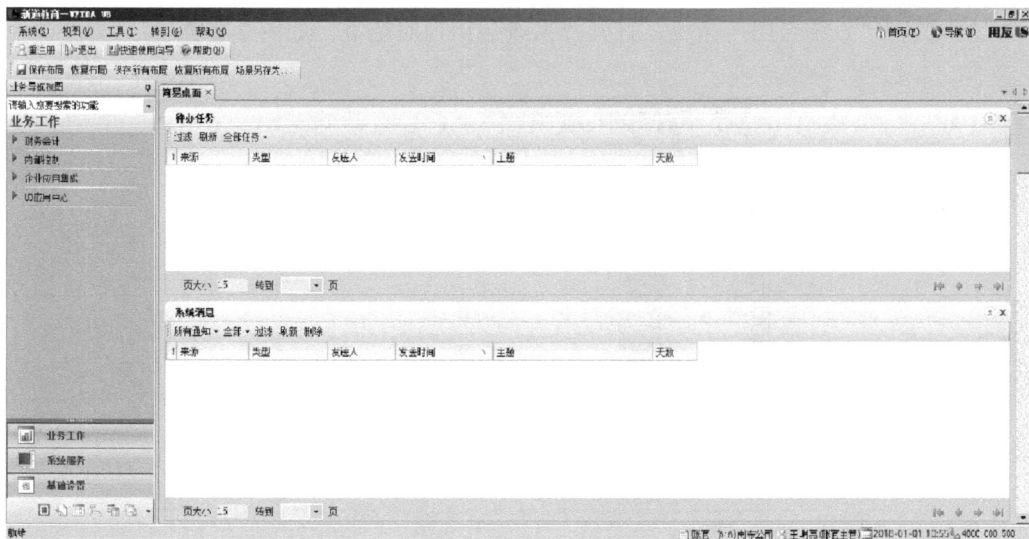

图 2-4　企业应用平台

（三）启用系统

（1）在窗口左侧左下方单击"基础设置"标签，执行"基本信息"命令，打开"基本信息"对话框，如图 2-5 所示。

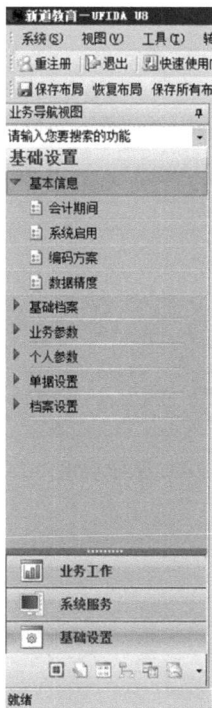

图 2-5　企业应用平台控制栏

（2）执行"系统启用"命令，打开"系统启用"对话框，如图 2-6 所示。

图 2-6　系统启用（一）

（3）按照实验要求，选中所要启用系统的复选框，如"采购管理"，选择启用会计期间，本实验为"2018 年 1 月 1 日"。

（4）单击"是"按钮，确认并完成采购管理系统的启用。

（5）重复上述步骤，分别启用"销售管理""库存管理""存货核算""总账""应收款管理""应付款管理"系统，完成供应链管理系统及其相关子系统的启用，如图 2-7 所示。

图 2-7　系统启用（二）

（6）完毕退出。

（四）建立基础档案

1. 设置部门档案

具体操作步骤如下：

（1）执行"基础设置"/"基础档案"/"机构人员"/"部门档案"命令，打开"部门档案"窗口。

（2）部门档案窗口界面如图2-8所示。

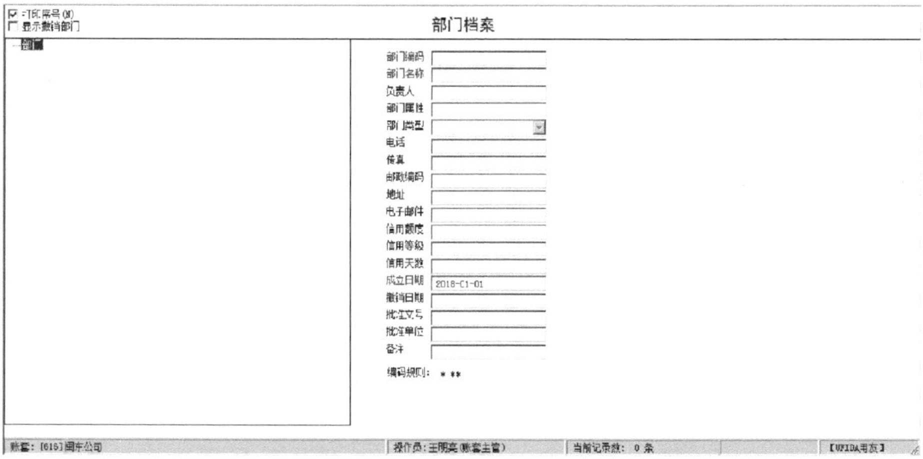

图2-8　部门档案（一）

（3）单击"增加"按钮。

（4）按实验资料输入部门信息，在这里要注意一级部门与二级部门的编码规则。

（5）全部输入完毕显示如图2-9所示。

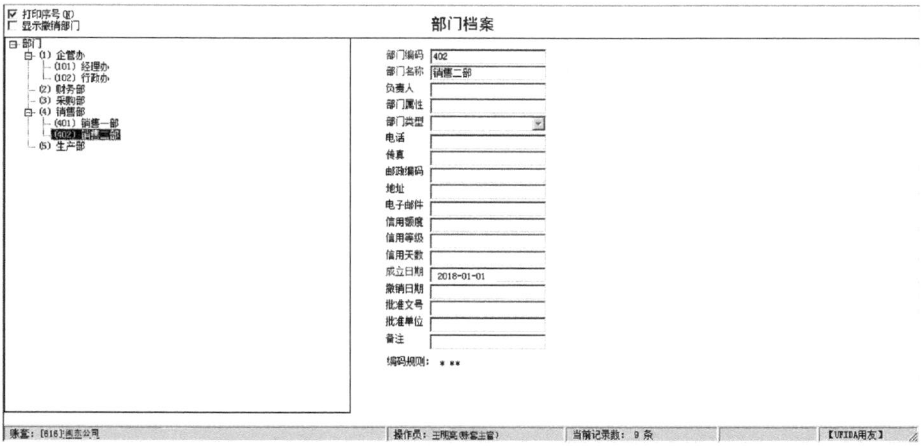

图2-9　部门档案（二）

2. 设置人员类别

具体操作步骤如下：

（1）执行"基础设置"/"基础档案"/"机构人员"/"人员类别"命令，打开"人员类别"窗口。

（2）系统中原来存在默认的人员类别档案，编号与实验资料重复，因此先删除系统中默认的人员类别，选中该项档案，单击左上方"删除"按钮。

（3）删除后，单击"增加"按钮，系统出现"增加档案项"窗口如图 2-10 所示。

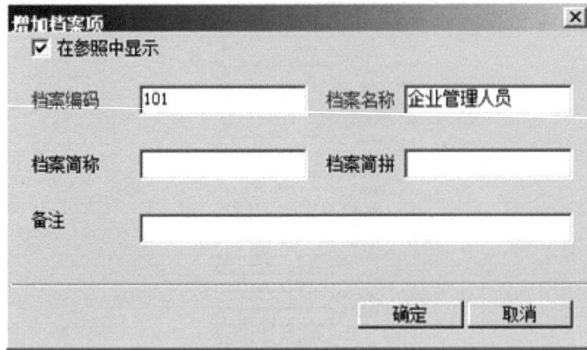

图 2-10　增加档案

（4）按实验资料录入职员分类信息，结果如图 2-11 所示。

图 2-11　人员类别

（5）单击"退出"按钮。

3. 设置人员档案

具体操作步骤如下：

（1）执行"基础设置"/"基础档案"/"机构人员"/"人员档案"命令。

（2）打开"人员列表"窗口，如图 2-12 所示。

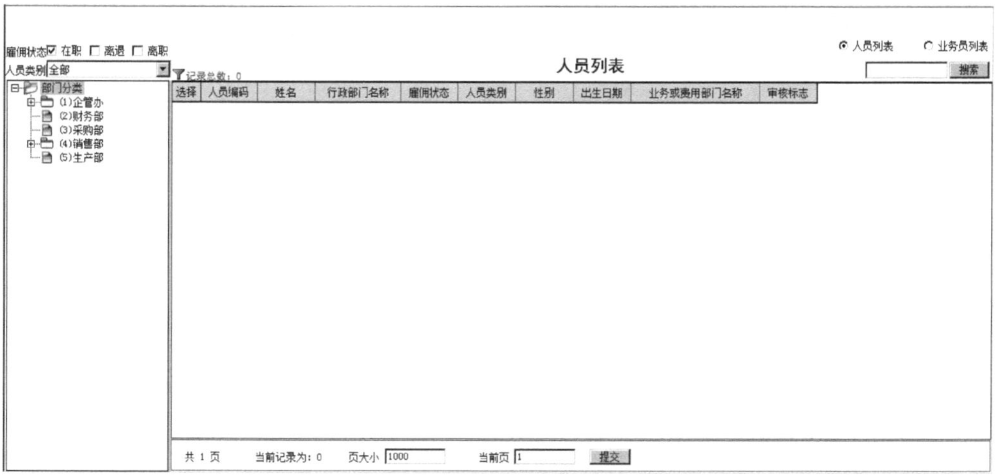

图 2-12　人员列表

（3）单击"增加"按钮。

（4）按实验资料录入职员信息，如王明亮，如图 2-13 所示。

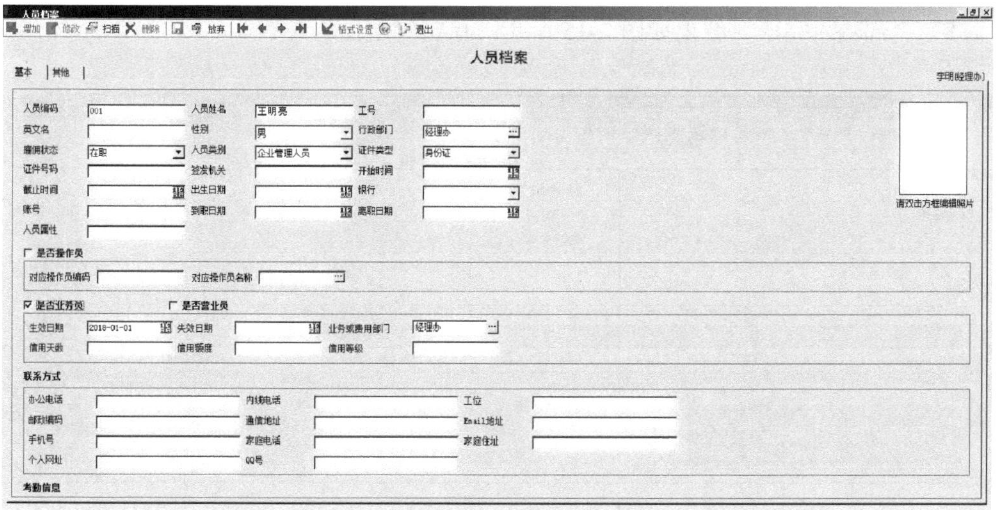

图 2-13　人员档案

（5）单击"保存"按钮。

（6）全部输入完毕后，结果如图 2-14 所示。

4. 设置地区分类

具体操作步骤如下：

（1）执行"基础设置"/"基础档案"/"商客信息"/"地区分类"命令。

（2）打开"地区分类"窗口。

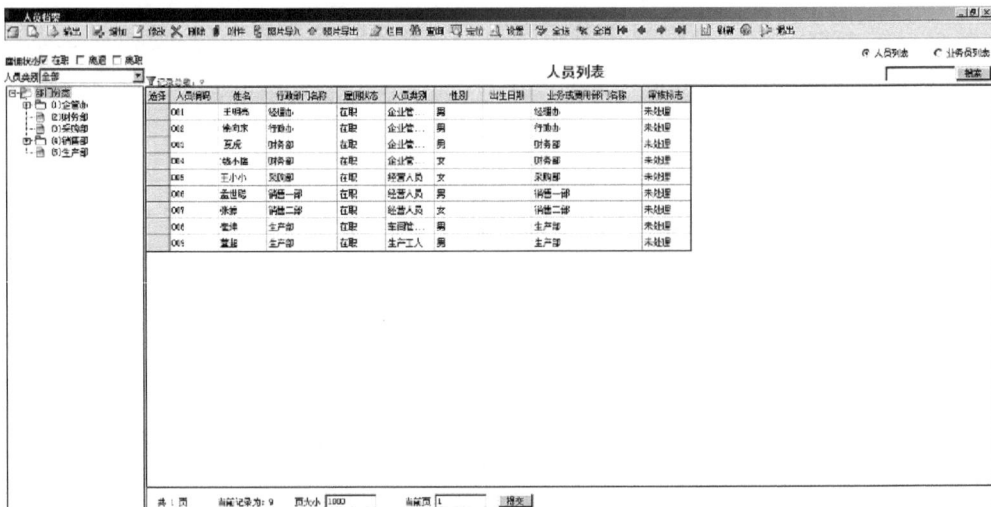

图 2-14　人员档案列表

（3）单击"增加"按钮，按实验资料录入地区分类信息。

（4）输入完毕，单击"保存"按钮。

（5）全部输入完毕，结果如图 2-15 所示，单击"退出"按钮。

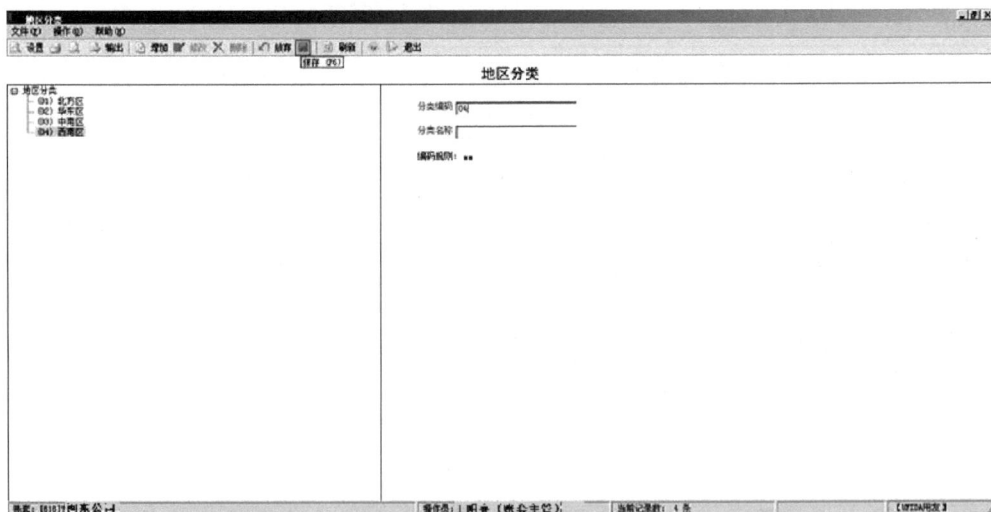

图 2-15　地区分类

5. 建立供应商档案

具体操作步骤如下：

（1）执行"基础设置"/"基础档案"/"客商信息"/"供应商档案"命令。

（2）打开"供应商档案"窗口。窗口分为左右两部分，左窗口显示已经设置的供应商分类，选中某一供应商分类，则在右窗口显示该分类下所有的供应商列表。

（3）单击"增加"按钮，打开"增加供应商档案"窗口。

（4）按实验资料录入供应商信息，如图 2-16 所示。

图 2-16 供应商档案信息

（5）此处要注意增加供应商的银行档案，单击左上角"银行"按钮，按实验材料输入相关信息后保存，并退出。

（6）供应商信息输入完毕，保存退出。

（7）全部供应商输入完毕，结果如图 2-17 所示。

图 2-17 供应商档案

6. 设置客户分类

具体操作步骤如下：

（1）执行"基础设置"/"基础档案"/"客商信息"/"客户分类"命令。

（2）打开"客户分类"窗口，单击"增加"按钮，按实验资料录入客户分类信息。

（3）输入完毕，保存。

（4）全部输入完毕后，结果如图 2-18 所示。

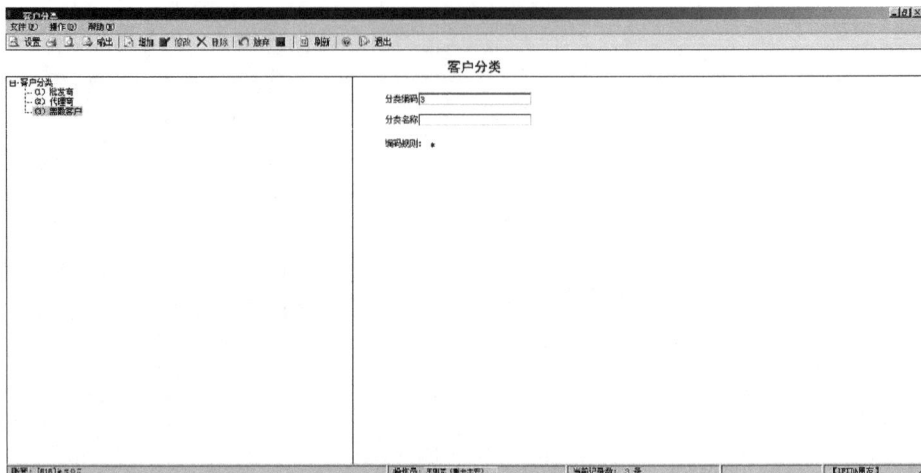

图 2-18　客户分类

7. 建立客户档案

具体操作步骤如下：

（1）执行"基础设置"/"基础档案"/"客商信息"/"客户档案"命令。

（2）打开"客户档案"窗口，窗口分为左右两部分，左窗口显示已经设置的客户分类，选中某一客户分类，则在右窗口显示该分类下所有的客户列表。

（4）单击"增加"按钮，打开"增加客户档案"窗口。窗口中共包括 4 个选项卡，即"基本""联系""信用""其他"，对客户不同的属性分别归类记录。

（5）按实验资料录入客户信息，注意要单击左上方"银行"按钮，输入用户银行账户相关信息，保存并退出，如图 2-19 所示。

序号	所属银行	开户银行	银行账号	账户名称	默认值
1	中国工商银行	工行湖州分行	22106032341	湖北湖州农机公司	是

图 2-19　客户银行档案

（6）输入客户相关信息完毕后，保存并新增。

（7）按实验资料将客户档案全部输入完毕后，结果如图 2-20 所示。

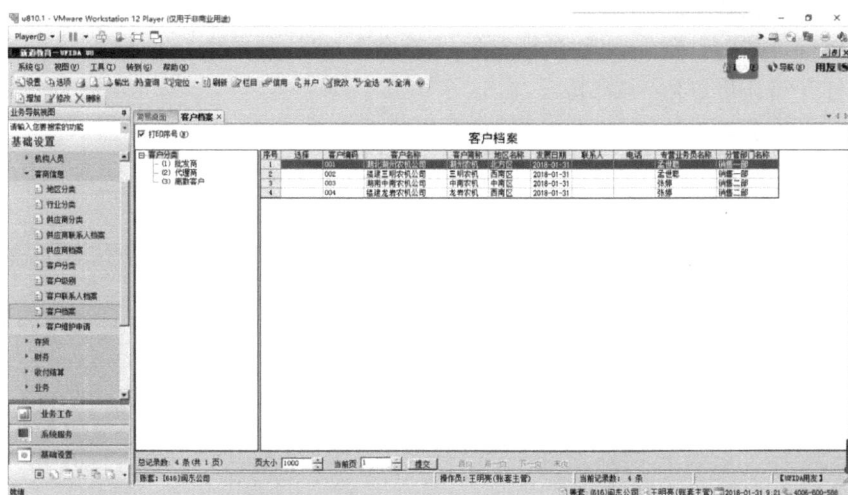

图 2-20　客户档案

（五）建立存货分类、计量单位和存货档案

1. 设置存货分类

具体操作步骤如下：

（1）执行"基础设置"/"基础档案"/"存货"/"存货分类"命令。

（2）打开"存货分类"窗口。

（3）按实验资料录入存货分类信息，全部输入完毕后结果如图 2-21 所示。

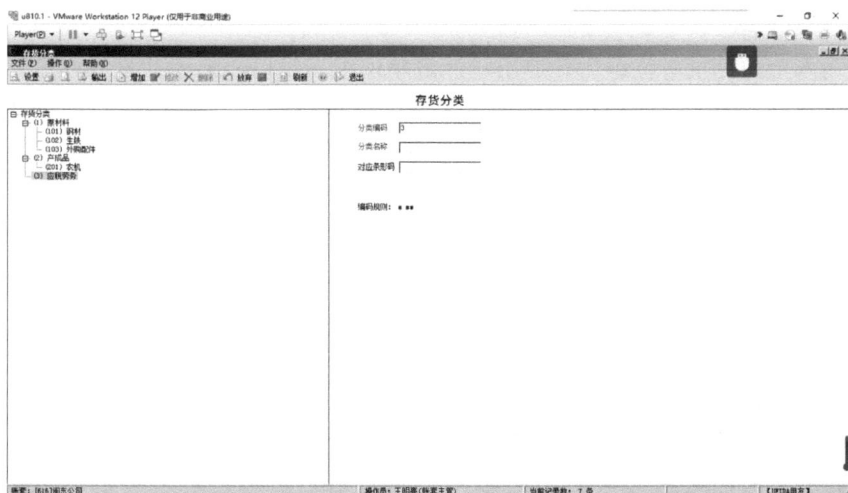

图 2-21　存货分类

注：此处要注意编码规则，二级分类编码要包含一级分类编码

2. 设置计量单位组及计量单位

具体操作步骤如下：
（1）执行"基础设置"/"基础档案"/"存货"/"计量单位"命令。
（2）打开"计量单位"窗口。
（3）单击"分组"按钮，打开"计量单位组"窗口。
（4）单击"增加"按钮，输入计量单位组编码、名称、类别等信息，如图 2-22 所示。

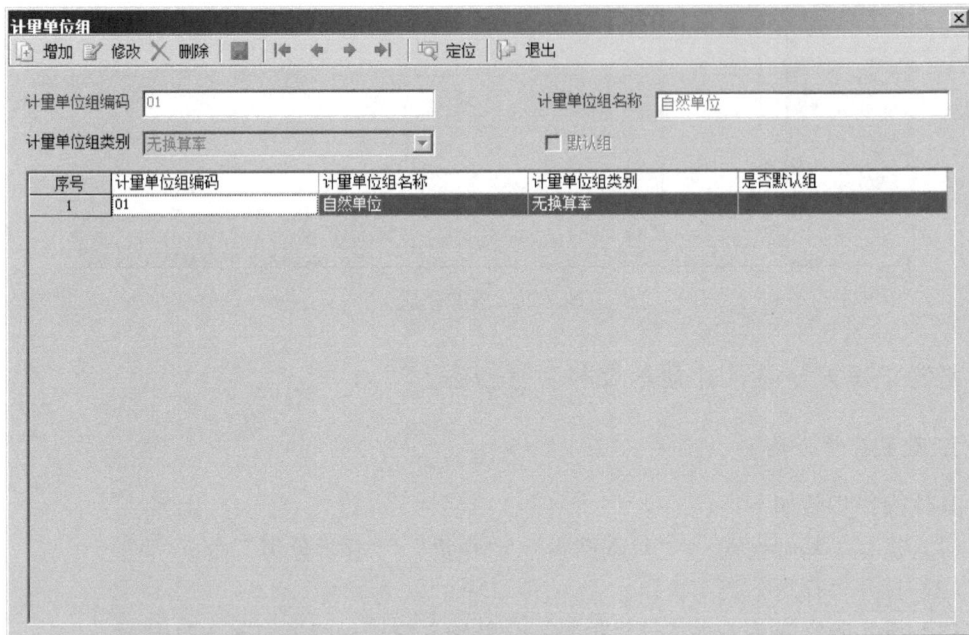

图 2-22　计量单位组

（5）输入全部计量单位组后，退出"计量单位组"窗口，显示计量单位组列表。
（6）选中"（01）自然单位＜无换算率＞"计量单位组，单击"单位"按钮，打开"计量单位"对话框。
（7）单击"增加"按钮，输入计量单位编码、名称、计量单位组编码、换算率等信息。
（8）单击"保存"按钮，保存计量单位信息，如图 2-23 所示。
（9）单击"退出"按钮，退出自然单位组计量单位的设置，如图 2-24 所示。

3. 设置存货档案

具体操作步骤如下：
（1）执行"基础设置"/"基础档案"/"存货"/"存货档案"命令。
（2）打开"存货档案"窗口。
（3）选中"（1）原材料"存货分类，单击"增加"按钮，打开"增加存货档案"对话框。

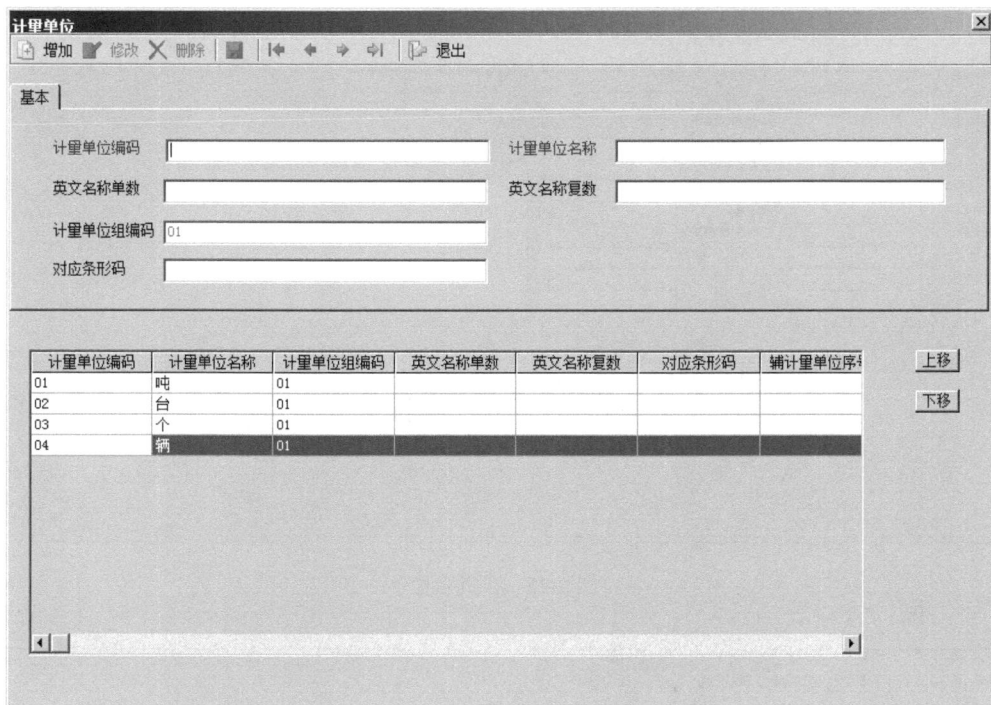

图 2-23 计量单位（一）

图 2-24 计量单位（二）

根据所给资料填制"1001 圆钢"存货档案的"基本""成本"选项卡，如图 2-25 和图 2-26 所示。

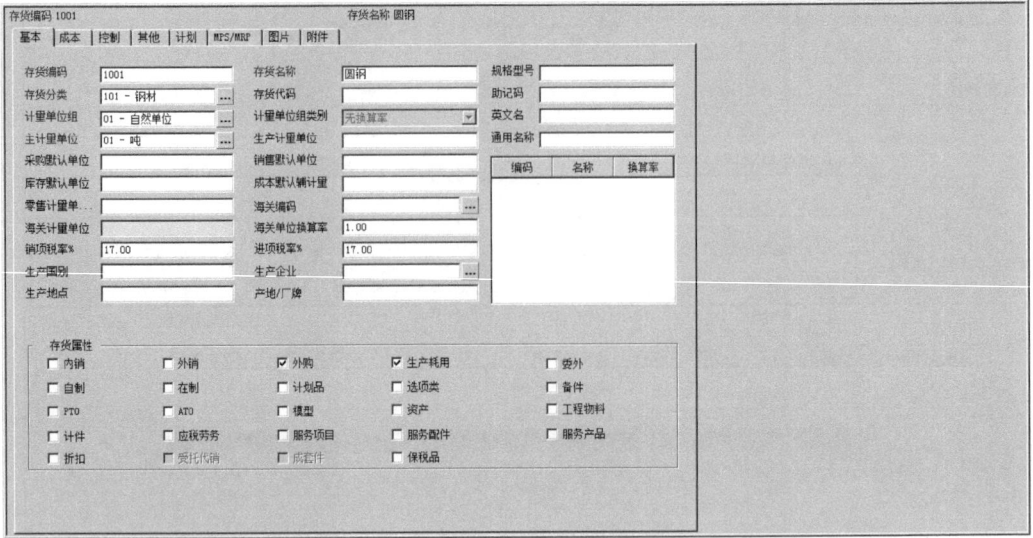

图 2-25　存货名称

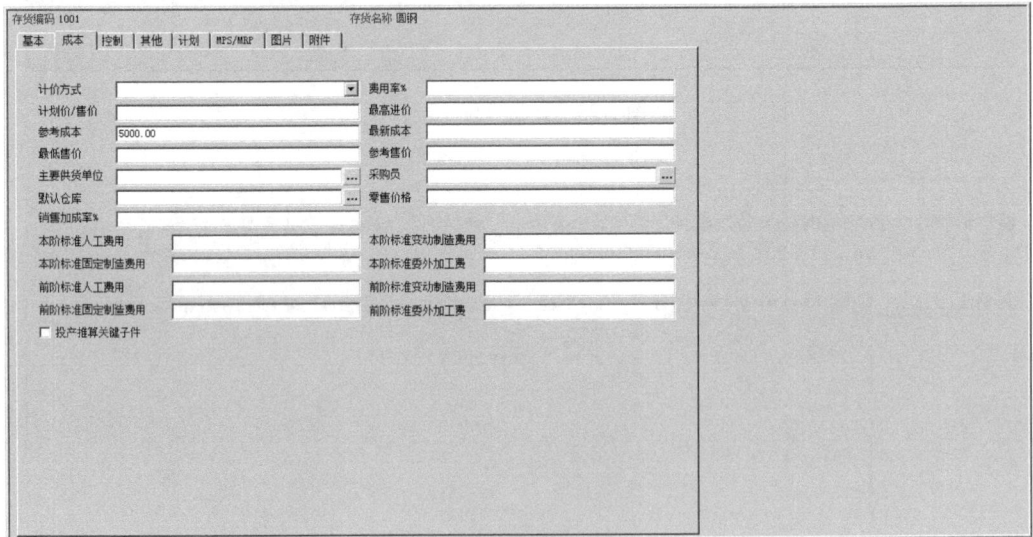

图 2-26　存货编码

（4）单击"保存"按钮，保存存货档案信息。

（5）重复上述步骤，输入全部存货档案，全部输入完毕后，存货档案列表如图 2-27 所示。

（六）设置结算方式

具体操作步骤如下：

（1）执行"基础设置"/"基础档案"/"收付结算"/"结算方式"命令。

（2）打开"结算方式"窗口。

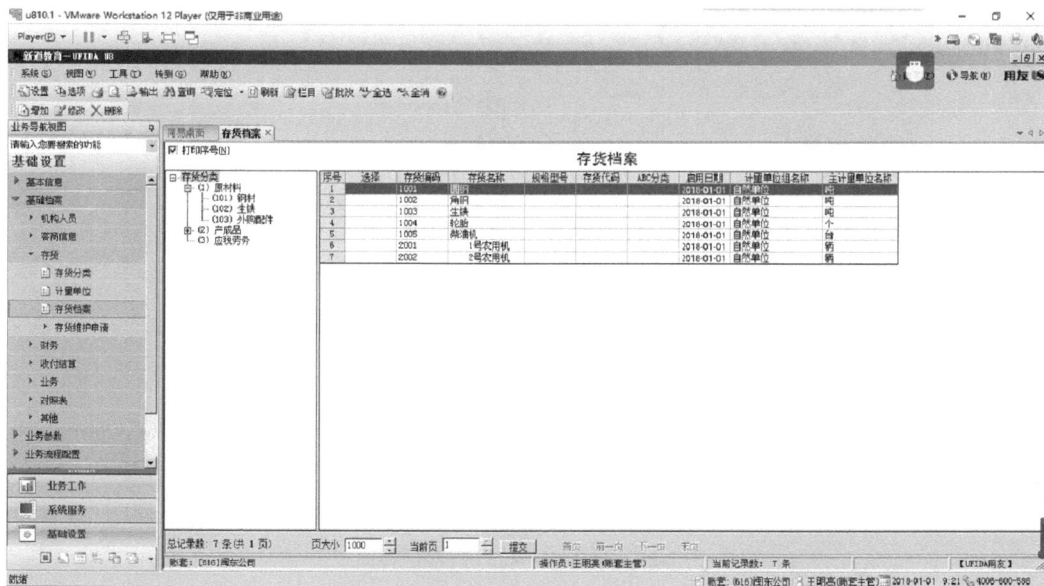

图 2-27 存货档案

（3）按实验资料输入结算方式，全部输入完毕后，结果如图 2-28 所示。

图 2-28 结算方式

（七）设置本单位开户银行及账号

具体操作步骤如下：
（1）执行"基础设置"/"基础档案"/"收付结算"/"本单位开户银行"命令。
（2）打开"本单位开户银行"窗口。
（3）单击"增加"按钮，按实验资料输入开户银行信息，如图 2-29 所示。

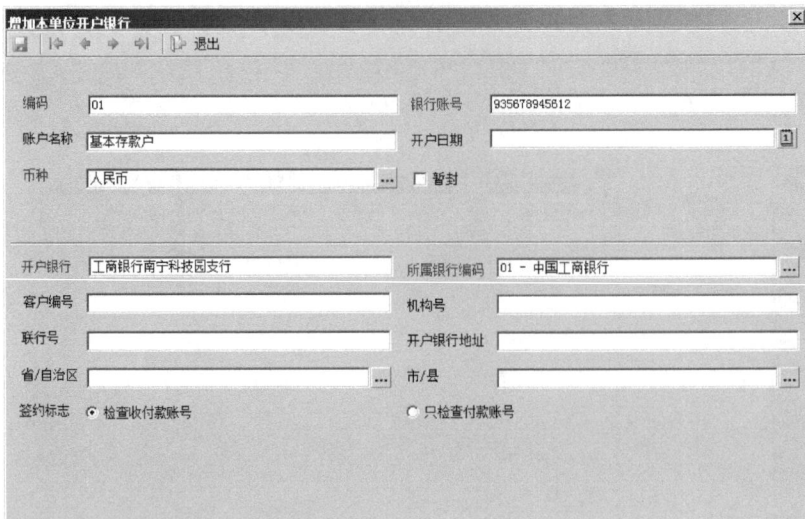

图 2-29　增加本单位开户银行界面

（4）保存后退出，输入完毕后结果如图 2-30 所示。

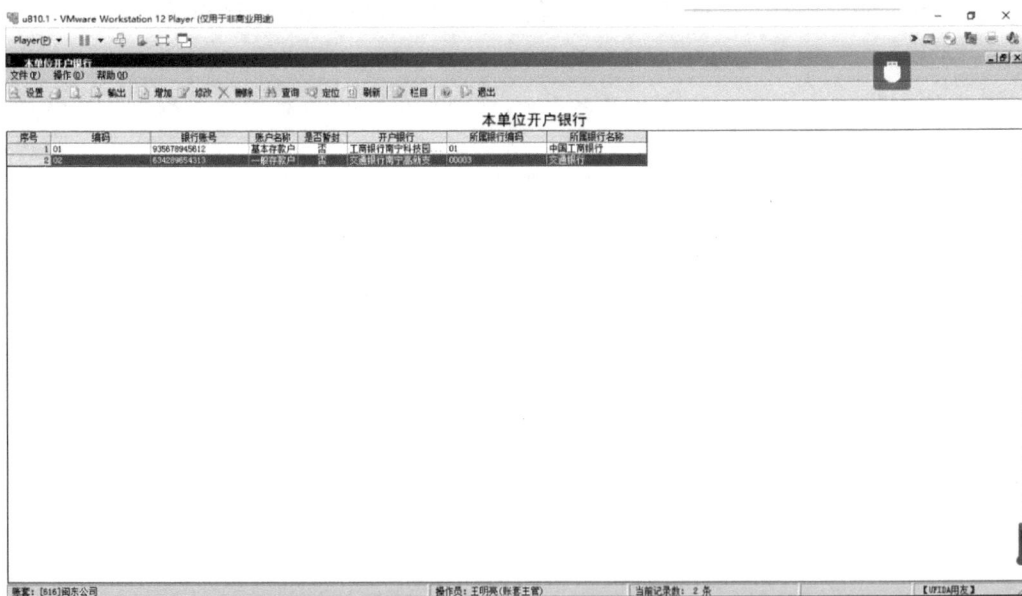

图 2-30　本单位开户银行

（八）建立仓库档案

具体操作步骤如下：
（1）执行"基础设置"/"基础档案"/"业务"/"仓库档案"命令。
（2）打开"仓库档案"窗口。
（3）按实验资料输入企业仓库信息，如图 2-31 所示。

图 2-31 仓库档案（一）

（4）全部输入完毕后，结果如图 2-32 所示。

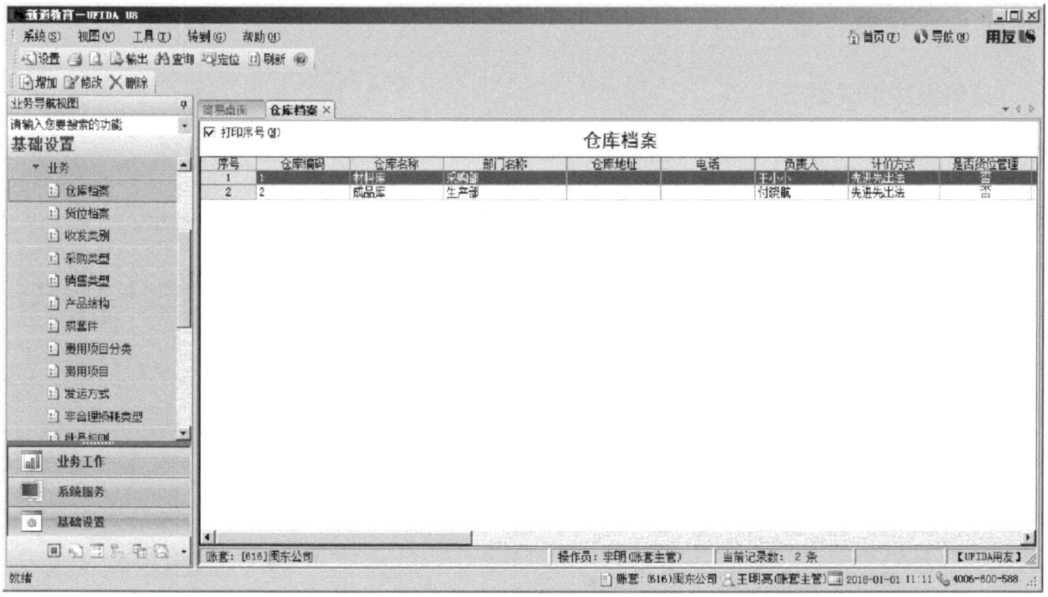

图 2-32 仓库档案（二）

（九）设置收发类别

具体操作步骤如下：

（1）执行"基础设置"/"基础档案"/"业务"/"收发类别"命令，打开"收发类别"窗口，按实验资料输入收发类别。

（2）全部收发类别的设置结果如图2-33所示。

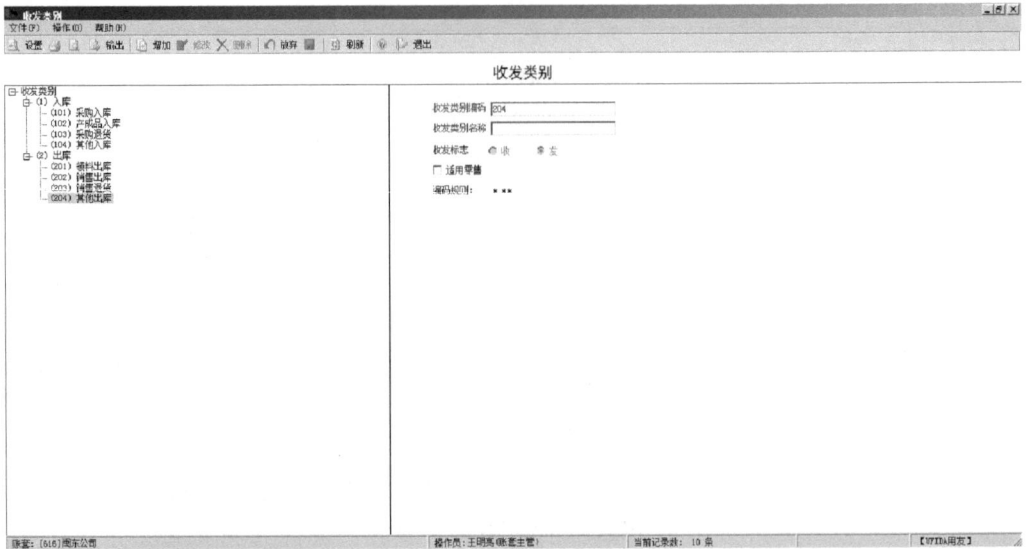

图 2-33　收发类别

（十）设置采购类型

具体操作步骤如下：
（1）执行"基础设置"/"基础档案"/"业务"/"采购类型"命令。
（2）打开"采购类型"窗口。
（3）按实验资料输入采购类型，全部采购类型的设置结果如图2-34所示。

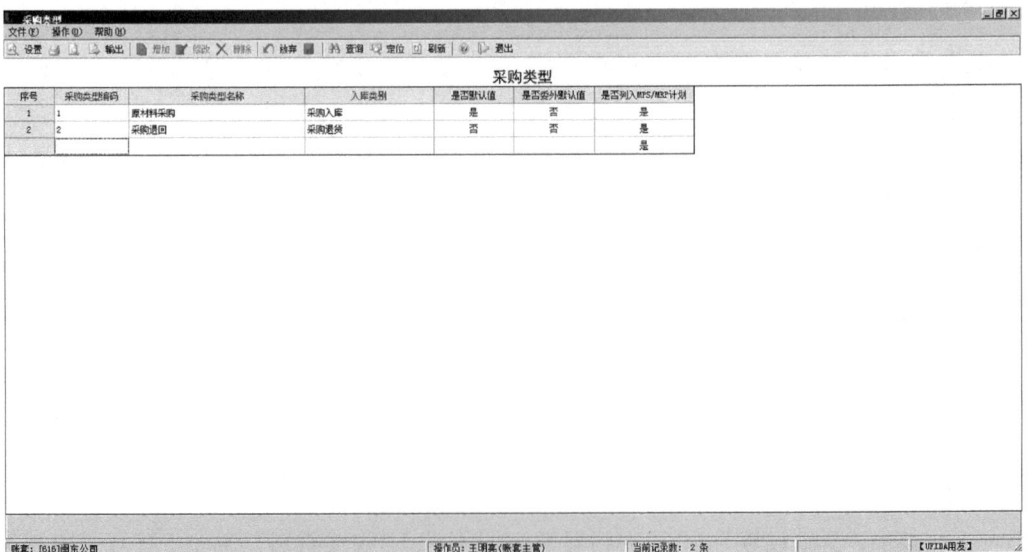

图 2-34　采购类型

（十一）设置销售类型

具体操作步骤如下：
（1）执行"基础设置"/"基础档案"/"业务"/"销售类型"命令。
（2）打开"销售类型"窗口。
（3）按实验资料输入销售类型，全部销售类型的设置结果如图 2-35 所示。

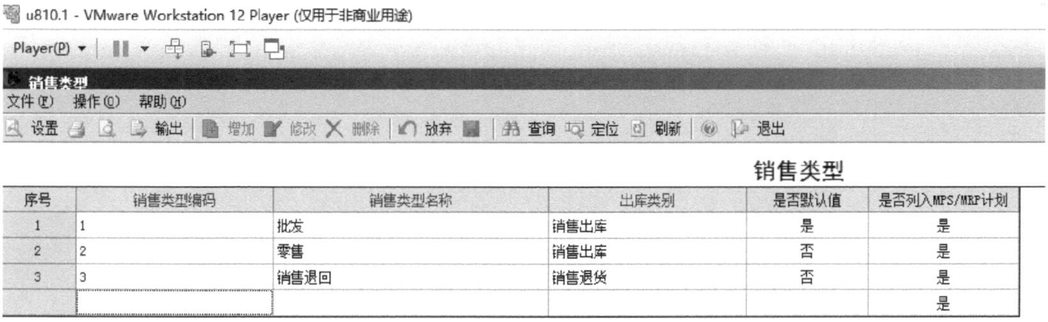

销售类型

序号	销售类型编码	销售类型名称	出库类别	是否默认值	是否列入MPS/MRP计划
1	1	批发	销售出库	是	是
2	2	零售	销售出库	否	是
3	3	销售退回	销售退货	否	是
					是

图 2-35　销售类型

（十二）设置费用项目分类

具体操作步骤如下：
（1）执行"基础设置"/"基础档案"/"业务"/"费用项目分类"命令。
（2）打开"费用项目分类"窗口。
（3）设置一个"无分类"项目，结果如图 2-36 所示。

（十三）设置费用项目

具体操作步骤如下：
（1）执行"基础设置"/"基础档案"/"业务"/"费用项目"命令。
（2）打开"费用项目"窗口。
（3）按实验资料输入费用项目，全部费用项目的设置结果如图 2-37 所示。

（十四）设置发运方式

具体操作步骤如下：
（1）执行"基础设置"/"基础档案"/"业务"/"发运方式"命令。

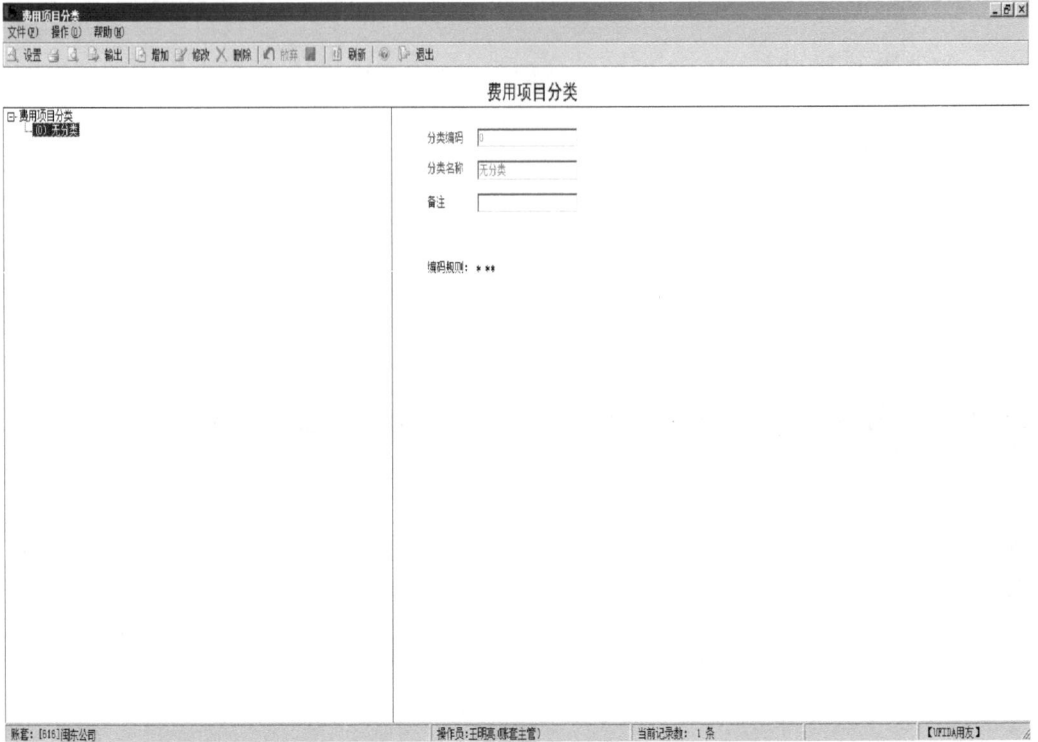

图 2-36　费用项目分类

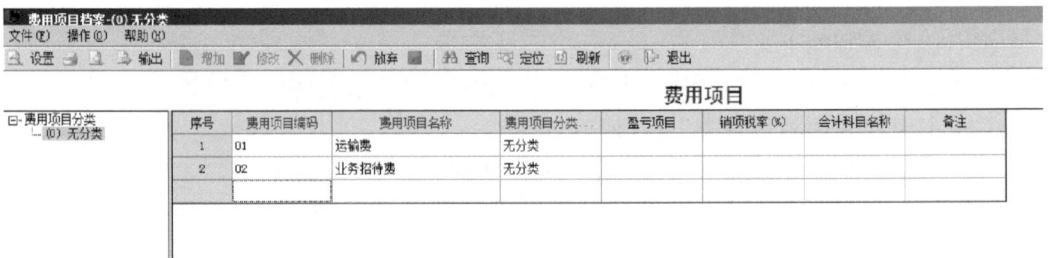

图 2-37　费用项目

（2）打开"发运方式"窗口。

（3）按实验资料输入发运方式，全部发运方式的设置结果如图 2-38 所示。

（十五）设置付款条件

具体操作步骤如下：

（1）执行"基础设置"/"基础档案"/"收付结算"/"付款条件"命令。

（2）打开"付款条件"窗口。

（3）按实验资料输入付款条件，全部付款条件的设置结果如图 2-39 所示。

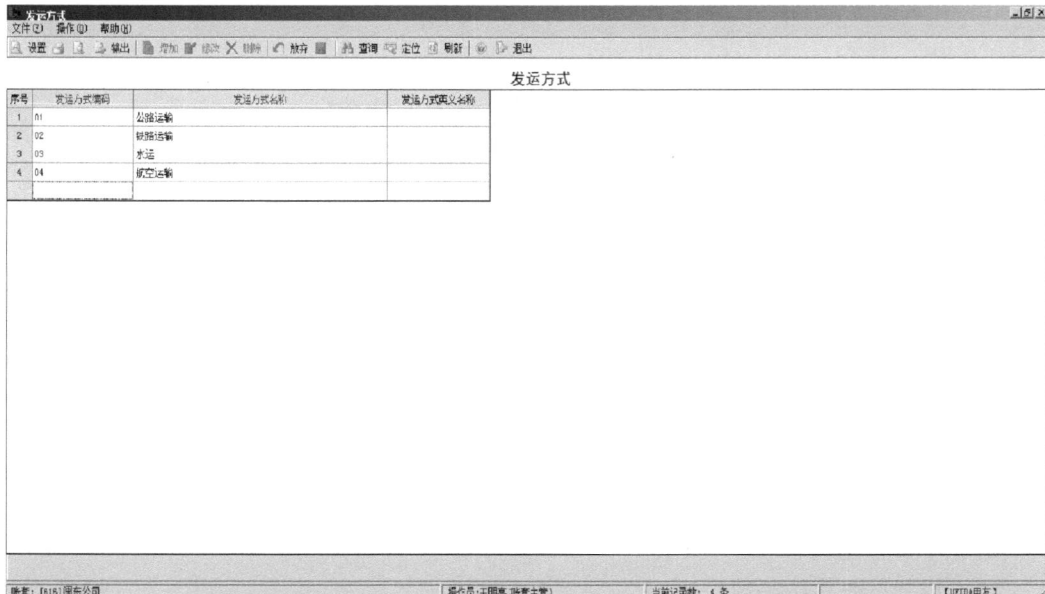

图 2-38　发运方式

图 2-39　付款条件

（十六）账套备份

具体操作步骤如下：

（1）单击左上方"退出"按钮，退出"企业应用平台"窗口。

（2）在"系统管理"窗口中，执行"账套"/"输出"命令，打开"账套输出"对话框。

（3）选择"账套号"和"账套输出路径"，等待系统输出账套。

（4）待系统弹出"输出成功"对话框，单击"确定"按钮，备份完成。

实验三　财务基础设置

一、实验准备

将已完成的实验二的 616 账套的备份数据引入用友 ERP-U8 管理系统中。将系统时间调整为 2018 年 1 月 1 日。

二、实验要求

通过本实验完成以下各项工作：
（1）设置总账系统参数。
（2）设置会计科目。
（3）设置凭证类别。
（4）录入期初余额。
（5）账套备份。

三、实验资料

（一）设置总账系统参数

不允许修改、作废其他人填制的凭证；凭证审核控制到操作员。

（二）设置会计科目

增加及修改的会计科目及其属性，如表 3-1 所示。

表 3-1　增加的会计科目及其属性表

科目编码	科目名称	辅助账类型	受控系统
100201	工商银行存款	日记账、银行账	
100202	交通银行存款	日记账、银行账	
1121	应收票据	客户往来	应收系统
1122	应收账款	客户往来	应收系统
1221	其他应收款		
122101	职工借款	个人往来	

续表

科目编码	科目名称	辅助账类型	受控系统
1123	预付账款	供应商往来	应付系统
160101	房屋建筑物		
160102	机器设备		
1605	工程物资	项目核算	
190101	待处理流动资产损益		
190102	待处理固定资产损益		
2201	应付票据	供应商往来	应付系统
2202	应付账款	供应商往来	应付系统
220201	应付采购款	供应商往来	应付系统
220202	暂估应付款		
2203	预收账款	客户往来	应收系统
221101	应付工资		
221102	应付福利费		
222101	应交增值税		
22210101	进项税额		
22210102	销项税额		
22210103	进项税额转出		
22210104	转出未交增值税		
222102	未交增值税		
222103	所得税		
400101	福建桂海		
400102	福州南通		
410401	未分配利润		
500101	直接材料		
500102	直接人工		
500103	制造费用		
660201	办公费	部门核算	
660202	差旅费	部门核算	
660203	工资	部门核算	
660204	福利费	部门核算	
660205	折旧费	部门核算	

指定"1001　库存现金"为现金总账科目,"1002　银行存款"为银行总账科目;指定"1001　库存现金""1002　银行存款""1012　其他货币资金"为现金流量科目。

（三）设置凭证类别

凭证类别如表 3-2 所示。

表 3-2　凭证类别表

凭证分类	限制类型	限制科目
收款凭证	借方必有	1001，1002
付款凭证	贷方必有	1001，1002
转账凭证	凭证必无	1001，1002

（四）录入期初余额

1. 有关会计科目的期初余额

有关科目的期初余额数据如表 3-3 所示。

表 3-3　期初余额列表

科目	方向	金额（元）	科目	方向	金额（元）
库存现金（1001）	借	1500	累计折旧（1602）	贷	12000000
银行存款（1002）	借	1000000	短期借款（2001）	贷	250000
工商银行（100201）	借	600000	应付票据（2201）	贷	468000
交通银行（100202）	借	400000	商业汇票（220101）	贷	468000
应收票据（1121）	借	122850	应付采购款（220201）	贷	2632500
应收账款（1122）	借	3480750	应付职工薪酬（2211）	贷	33000
其他应收款/职工借款（122101）	借	10600	职工福利（221101）	贷	33000
坏账准备（1231）	贷	34913.5	应交税费（2221）	贷	26000
原材料（1403）	借	143000	未交增值税（222102）	贷	26000
钢铁（140301）	借	110000	长期借款（2501）	贷	30000000
生铁（140302）	借	33000	实收资本（4001）	贷	30000000
库存商品（1405）	借	287000	福建桂海公司（400101）	贷	20000000
闽东 1 号农用机（140501）	借	212000	福州南通设备公司（400102）	贷	10000000
闽东 2 号农用机（140502）	借	75000	资本公积（4002）	贷	661286.5
固定资产（1601）	借	72000000	盈余公积（4101）	贷	330000
房屋建筑物（160101）	借	61200000	未分配利润（410401）	贷	610000
机器设备（160102）	借	10800000			

2. 应收账款的期初余额

应收账款的期初余额（税率为 17%，开票日期均为 2017 年）数据如表 3-4 所示。

表 3-4　应收账款期初余额表

单据名称	开票日期	票号	客户	销售人员	科目编码	货物名称	数量（吨）	单价（元）	价税合计（元）
销售专用发票	10.3	111333	湖州农机	孟世聪	1122	1 号	500	5000	2925000
销售专用发票	11.11	222666	桂中农机	孟世聪	1122	1 号	160	5000	936000
销售专用发票	12.3	555999	中南农机	张婷	1122	2 号	50	3500	204750

3. 应收票据的期初余额

应收票据的期初余额如表 3-5 所示。

表 3-5　应收票据的期初余额表

单据名称	开票日期	票号	客户	销售人员	科目编码	货物名称	数量（吨）	单价（元）	价税合计（元）
销售专用发票	12.13	789789	龙岩农机	张婷	1121	2 号	30	3500	122850

4. 应付账款的期初余额

应付账款的期初余额如表 3-6 所示。

表 3-6　应付账款的期初余额表

单据名称	开票日期	票号	供应商	采购人员	科目编码	货物名称	数量（吨）	单价（元）	价税合计（元）
采购专用发票	11.13	123456	晋江钢铁	王小小	220201	圆钢	210	5000	1228500
采购专用发票	12.26	654321	晋江钢铁	王小小	220201	角钢	200	6000	1404000

5. 应付票据的期初余额

应付票据的期初余额如表 3-7 所示。

表 3-7　应付票据的期初余额表

单据名称	开票日期	票号	供应商	采购人员	科目编码	货物名称	数量（吨）	单价（元）	价税合计（元）
采购专用发票	12.6	987987	晋江钢铁	王小小	2201	圆钢	80	5000	468000

6. 其他应收款/职工借款

其他应收款/职工借款（122101）——个人往来——徐向东（行政办）的期初余额为 10600 元。

7. 基础档案的修改仓库档案

仓库档案的信息如表 3-8 所示。

表 3-8　仓库档案信息表

仓库编码	仓库名称	所属部门	负责人	计价方式
1	材料库	采购部	王小小	先进先出法
2	成品库	生产部	付晓航	先进先出法

四、实验操作步骤

相关实验操作步骤如下。

（一）引入实验二账套

（1）执行"开始"/"所有程序"/"用友 U8v10.1"/"系统服务"命令，启动系统管理。

（2）执行"系统"/"注册"命令，打开"登录"对话框，如图 3-1 所示。

图 3-1　系统管理员登录

（3）单击"登录"按钮，则以系统管理员身份进入系统管理。

（4）在"系统管理"窗口中，执行"账套"/"引入"命令，打开"账套引入"对话框。

（5）选择引入之前已保存的"实验二"账套，系统提示如图 3-2 所示。

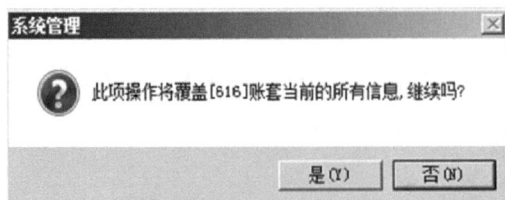

图 3-2　账套引入指引

（6）单击"是"按钮，系统开始引入账套。

（7）待系统提示引入成功后，系统管理界面左方列表显示"[616]闽东公司"账套。

（二）以账套主管身份进入企业应用平台

（1）执行"开始"/"所有程序"/"用友 U8v10.1"/"企业应用平台"命令，启动企业应用平台。

（2）以账套主管王明亮（cw01）的身份注册进入企业应用平台，密码为 1，设置登录时间为 2018-01-01，如图 3-3 所示。

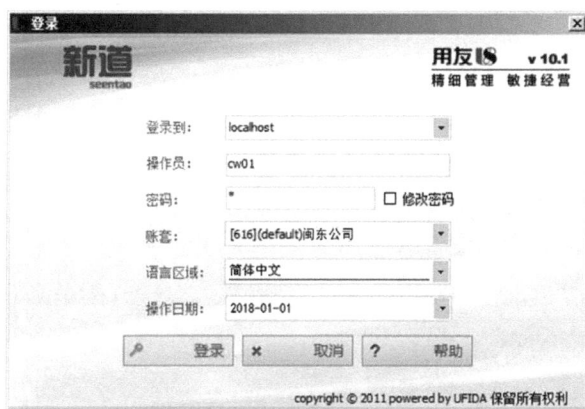

图 3-3　账套主管登录

（3）单击"登录"按钮，进入"企业应用平台"窗口，企业应用平台界面如图 3-4 所示（右下方显示王明亮为账套主管）。

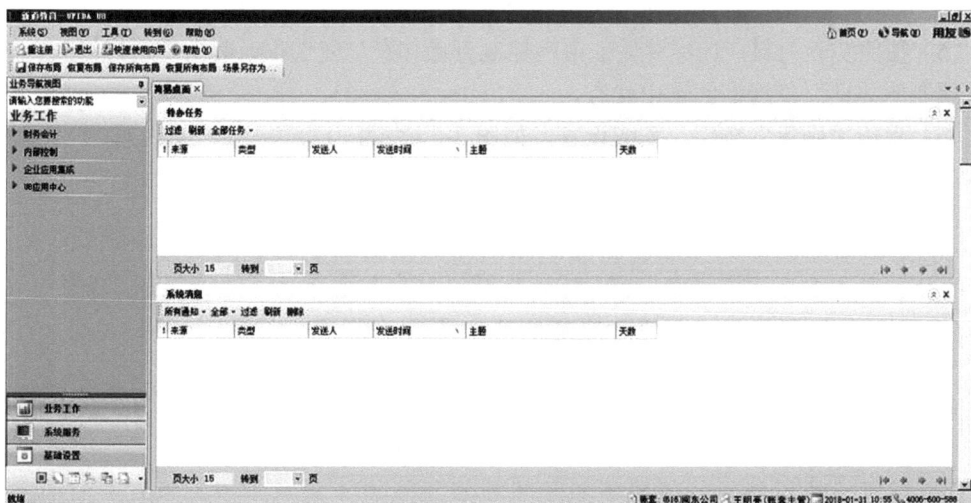

图 3-4　企业应用平台

（三）616 账套总账系统的参数

（1）在"企业应用平台"窗口中，打开"业务"选项卡，执行"财务会计"/"总账"命令，打开"总账"系统。

（2）在"总账"系统中，执行"总账"/"设置"/"选项"命令。

（3）打开"选项"对话框，如图 3-5 所示。

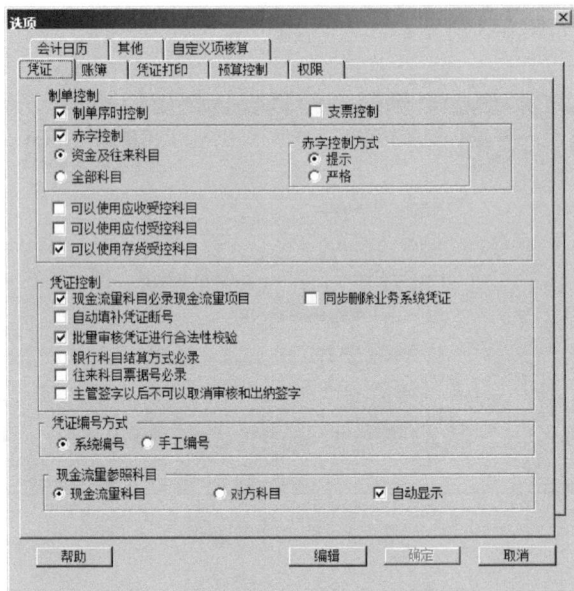

图 3-5   选项（一）

（4）单击"权限"标签，然后再单击"编辑"按钮。

（5）按照实验材料，选中"凭证审核控制到操作员"复选框，取消"允许修改、作废他人填制的凭证"复选框的选中状态。

（6）单击"确定"按钮，完成设置，如图 3-6 所示。

（四）设置会计科目

首先，在"企业应用平台"窗口中，打开"设置"选项卡，执行"基础档案"/"财务"/"会计科目"命令。

然后，打开"会计科目"对话框，如图 3-7 所示。

此步操作可分为两类，分别为"增加会计科目"与"修改会计科目"。

1. 增加会计科目

增加会计科目主要包括以下步骤：

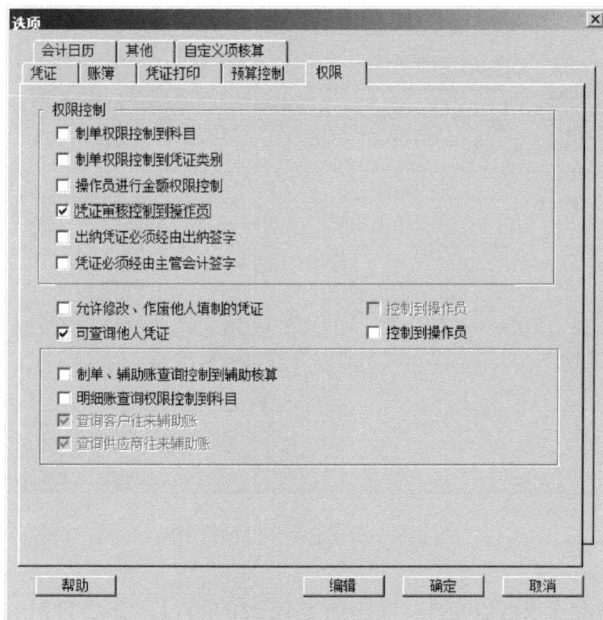

图 3-6 选项（二）

图 3-7 会计科目对话框

（1）单击左上方"增加"按钮，打开"新增会计科目"对话框。

（2）按实验材料输入需要新增的会计科目相关信息并勾选相应选项，如"100201 工商银行存款"，单击"确定"按钮，完成新增科目操作，如图 3-8 所示。

2. 修改会计科目

修改会计科目主要包括以下步骤：

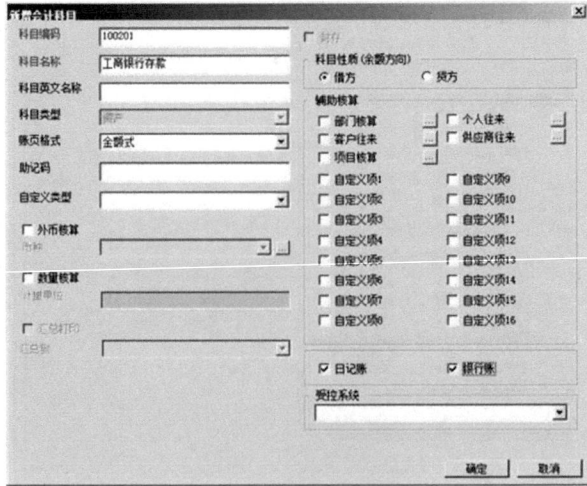

图 3-8　新增会计科目对话框

（1）在"会计科目"对话框中，双击所要修改的科目，如"1121　应收票据"，或在选中"1121　应收票据"后单击"修改"按钮，打开"会计科目_修改"对话框，如图 3-9 所示。

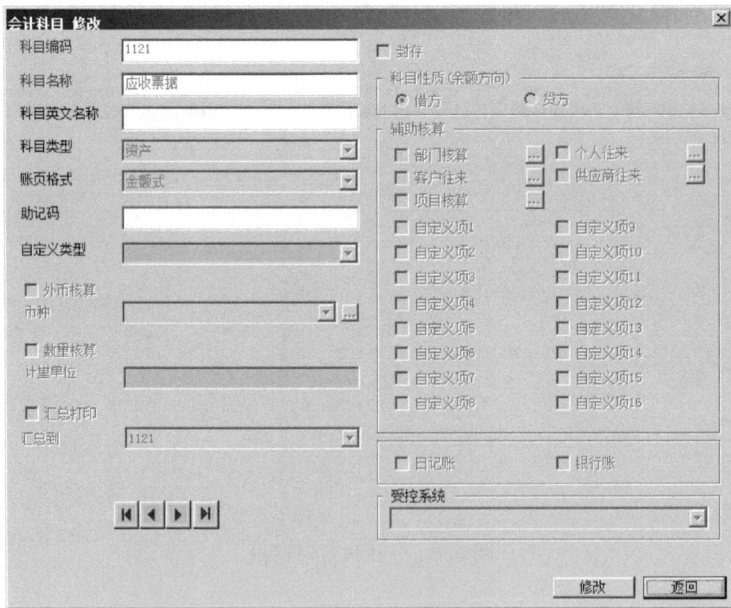

图 3-9　会计科目修改对话框

（2）在"会计科目_修改"对话框中，单击"修改"按钮。

（3）选中"客户往来"复选框，默认"受控系统"为"应收系统"，如图 3-10 所示，单击"确定"按钮，完成修改设置。

图 3-10　会计科目修改对话框

　　按上述同样方法，依据实验所给材料完成所有会计科目的新增与修改后，"会计科目"列表界面如图 3-11 所示。

图 3-11　会计科目列表

（五）指定会计科目

　　具体操作步骤如下：

　　（1）在"企业应用平台"窗口中，打开"设置"选项卡，执行"基础档案"/"财务"/"会计科目"命令，打开"会计科目"对话框。

（2）单击"编辑"按钮，打开"编辑"选项卡，单击"指定科目"命令，打开"指定科目"对话框。

（3）单击"现金科目"选项，在"待选科目"选项卡中选择"1001 库存现金"会计科目，单击"＞"按钮，将"1001 库存现金"移动至"已选科目"选项卡中，如图 3-12 所示。

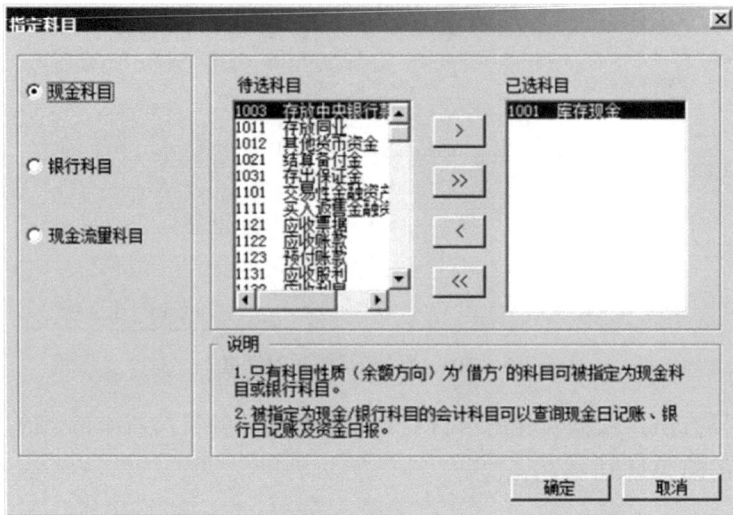

图 3-12 指定会计科目对话框（一）

（4）单击"银行科目"选项，在"待选科目"选项卡中选择"1001 库存现金"和"1002 银行存款"会计科目，单击"＞"按钮，将"1001 库存现金"和"1002 银行存款"移动至"已选科目"选项卡中，如图 3-13 所示。

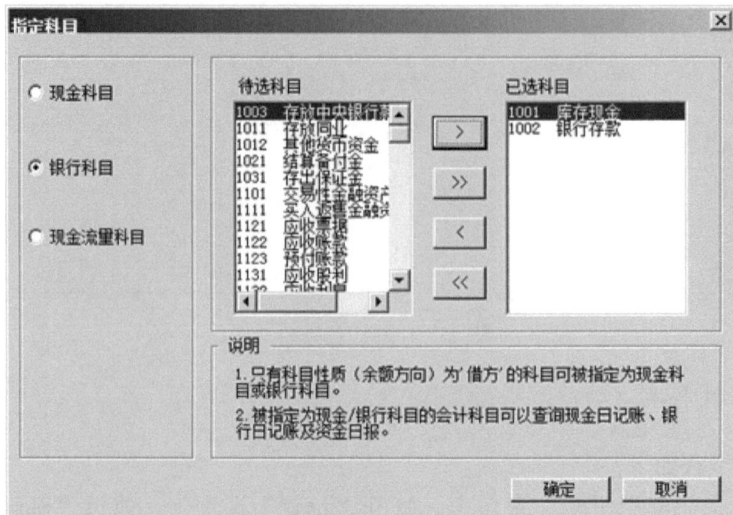

图 3-13 指定会计科目对话框（二）

（5）单击"现金流量科目"选项，在"待选科目"选项卡中选择"1001　库存现金"
"100201　工商银行存款""100202　交通银行存款""1012　其他货币资金"会计科目，
单击"＞"按钮，将上述会计科目移动至"已选科目"选项卡中，如图3-14所示。

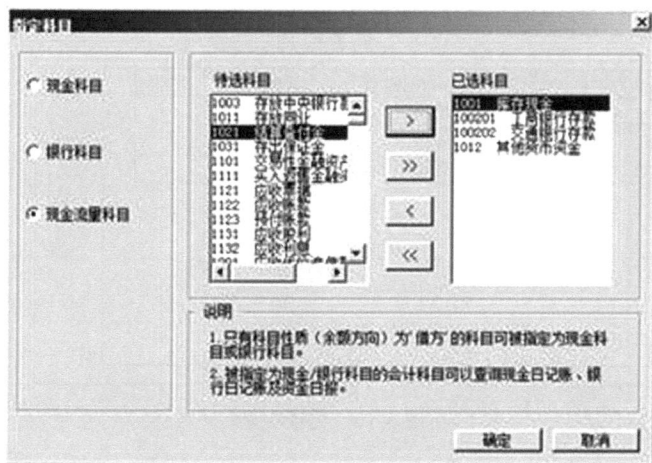

图3-14　指定会计科目对话框（三）

（六）设置凭证类别

具体操作步骤如下：

（1）在"企业应用平台"窗口中，打开"设置"选项卡，执行"基础档案"/"财
务"/"凭证类别"命令，打开"凭证类别预置"对话框。

（2）打开"凭证类别"对话框。在"凭证类别预置"对话框中，选中"收款凭证 付
款凭证 转账凭证"单选按钮如图3-15所示。

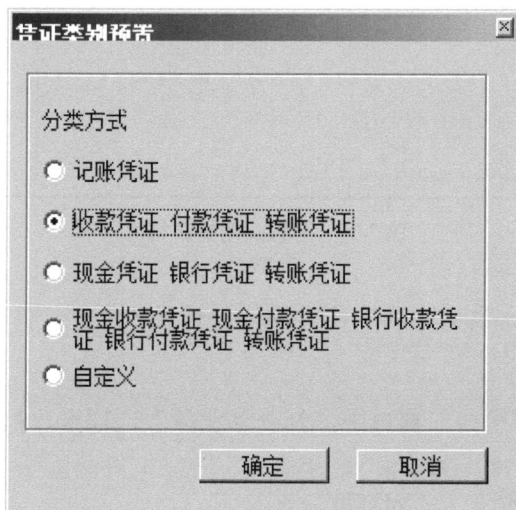

图3-15　凭证类别设置对话框

（3）单击"确定"按钮，打开"凭证类别"窗口，如图 3-16 所示。

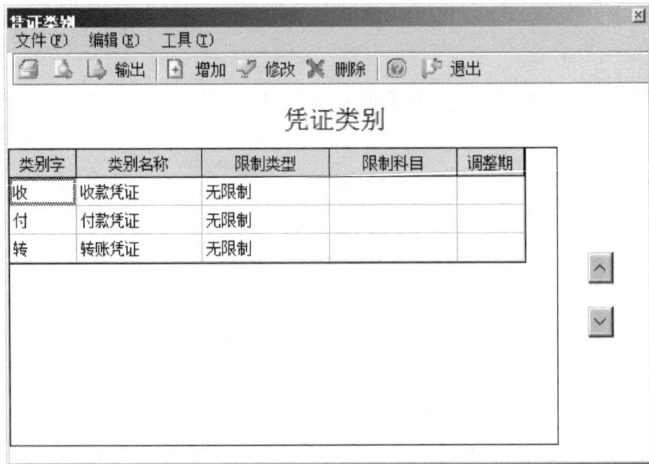

图 3-16 凭证类别

（4）单击"修改"按钮，根据所给资料设置各种凭证类别的限制内容，如图 3-17 所示。

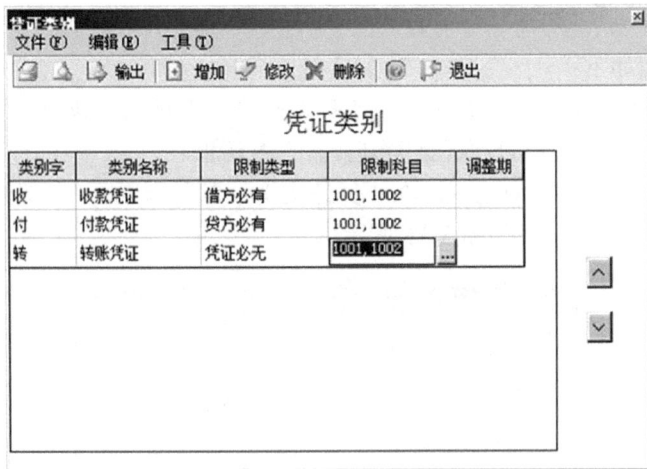

图 3-17 修改后的凭证类别

（七）录入期初余额

具体操作步骤如下：

（1）在"企业应用平台"窗口中，打开"业务"选项卡，执行"财务会计"/"总账"/"设置"/"期初余额"命令。

（2）打开"期初余额录入"对话框。

（3）系统显示"正在调入[期初余额]"。

（4）在"期初余额录入"对话框中，依次录入每一个会计科目的期初余额，如图3-18所示。

图 3-18　期初余额录入对话框

操作提示

在这里要特别注意"会计科目"栏目不同颜色的含义。

● 白色单元格表示该科目为末级科目，可以直接录入该科目期初余额。

● 灰色单元格表示该科目为非末级科目，不允许录入，须待下级科目余额录入完成后自动汇总生成。如图3-18中"其他应收款"，需录完"职工借款"后自动汇总生成。

● 黄色单元格表示该科目设置了辅助核算，不允许直接录入，需要在双击后进入辅助账期初设置。

现在以"应收票据"为例说明：

双击"应收票据"科目，进入"辅助期初余额"窗口。然后，单击上方"往来明细"按钮，进入"期初往来明细"窗口。接下来，单击"增行"按钮，按照实验所给材料输入相关数据，如图3-19所示。

输入完毕后，单击"退出"按钮，返回"辅助期初余额"窗口，并输入相关数据。

全部输入完成后，"应收票据"期初余额自动汇总生成，如图3-20所示。

（5）将不同颜色单元格所对应的输入方法录入各会计科目期初余额后，单击上方"试算"按钮，进行试算平衡，生成"期初试算平衡表"，如图3-21所示。

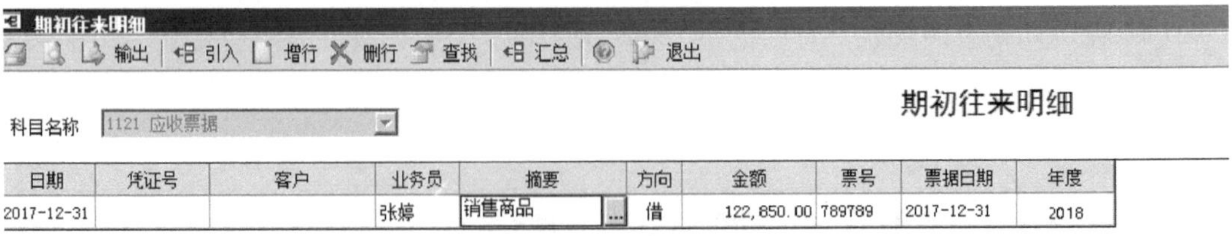

图 3-19　期初往来明细

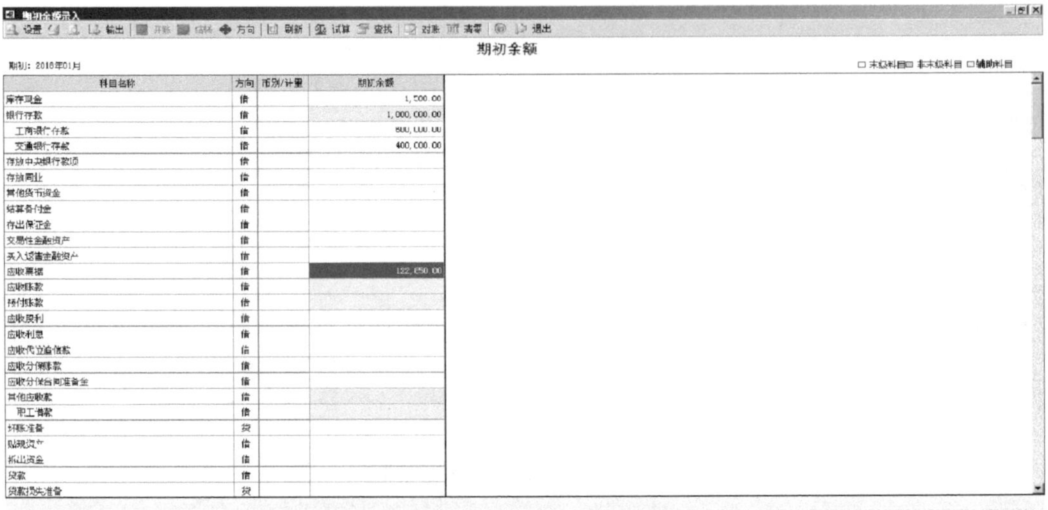

图 3-20　期初余额汇总表

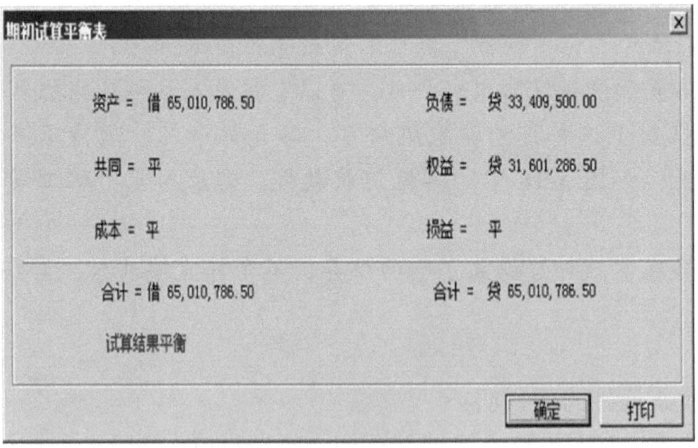

图 3-21　期初试算平衡表

（6）单击"确定"按钮，返回"期初余额录入"窗口，单击"退出"按钮，完成录入。

（八）基础档案的修改

具体操作步骤如下：

（1）在"企业应用平台"窗口中，打开"设置"选项卡，执行"基础档案"/"业务"/"仓库档案"命令。

（2）打开"仓库档案"窗口。

（3）按实验材料修改完成后，如图3-22所示。

图3-22　仓库档案

（九）供应链备份

具体操作步骤如下：

（1）单击左上方"退出"按钮，退出"企业应用平台"窗口。

（2）在"系统管理"窗口中，执行"账套"/"输出"命令，打开"账套输出"对话框。

（3）选择"账套号"和"输出文件位置"，如图3-23所示。

（4）单击"确认"按钮，等待系统输出账套。

（5）待系统弹出"输出成功"对话框，单击"确定"按钮，备份完成。

（6）执行"系统"/"退出"命令，退出系统管理。

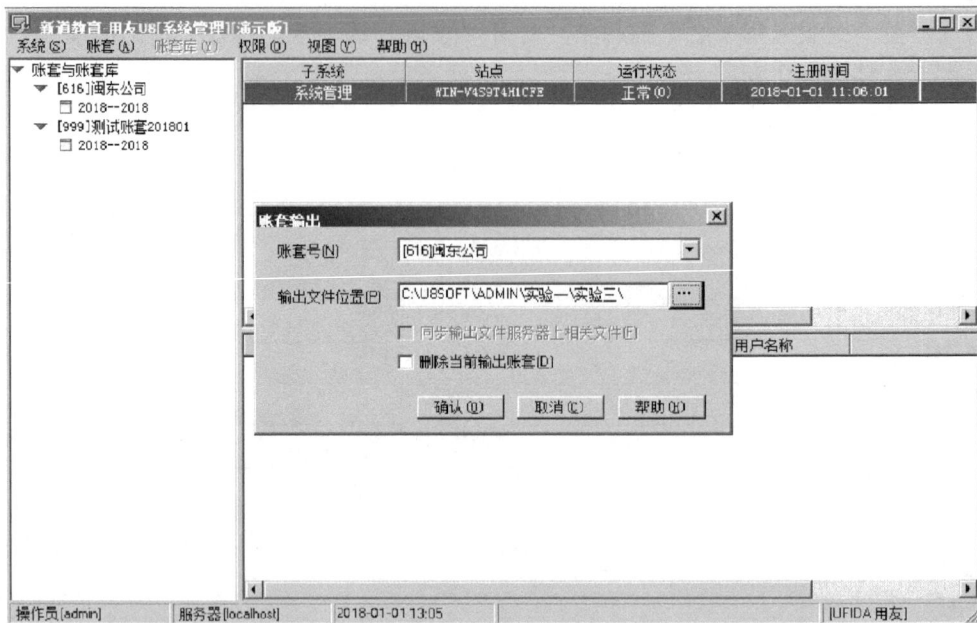

图 3-23　账套输出对话框

实验四 采购系统初始化

一、实验目的

（1）在采购管理模块中进行采购业务、直运业务、退货业务和暂估业务的处理，并及时进行采购结算。在采购付款循环中，将采购管理与库存管理、存货核算、应付款管理系统、总账系统集成使用。通过本章的学习，要求掌握采购付款的相关流程和业务处理方法，深入了解采购管理与其他子系统之间的数据传递关系和内部控制的牵制环节。

（2）掌握用友 ERP-U8 管理软件中有关采购管理的相关内容。

（3）理解采购管理系统各项参数设置的意义。

二、实验内容

本实验的主要内容包括以下几个部分：

（1）分别进行采购管理、库存管理、存货核算和应付款管理系统的初始设置并输入供应链各个模块启用期间的期初余额。

（2）对采购管理、库存管理和存货核算系统进行期初记账。

（3）备份 616 账套的期初数据。

三、实验资料

（一）设置系统参数

1. 设置采购管理系统参数

普通业务必有订单；允许超订单到货及入库；订单/到货单/发票单价录入方式：手工录入；单据发票默认税率：17%。

2. 设置库存管理系统参数

（1）采购入库审核时改现存量；产成品入库审核时改现存量；材料出库审核时改现存量；销售出库审核时改现存量；其他出入库审核时改现存量。

（2）不允许超可用量出库；出入库检查可用量。

（3）自动带出单价的单据包括全部的出库单，其他设置为系统默认。

3. 设置存货核算系统参数

（1）核算方式：按仓库核算。

（2）暂估方式：单到回冲。

（3）销售成本核算方式：按销售发票。

（4）结算单价与暂估单价不一致需要调整出库成本。

（5）其他设置由系统默认。

（6）存货科目，如表4-1所示。

表4-1　存货科目初始设置

仓库编码	仓库名称	存货编码及名称	存货科目编码及名称
1	材料库	1001 圆钢	140301 原材料/钢铁
1	材料库	1002 角钢	140301 原材料/钢铁
1	材料库	1003 生铁	140302 原材料/生铁
1	材料库	1004 轮胎	140303 原材料/外购配件
1	材料库	1005 柴油机	140303 原材料/外购配件
2	成品库	2001 闽东1号农用机	140501 库存商品
2	成品库	2002 闽东2号农用机	140502 库存商品

（7）存货对方科目，如表4-2所示。

表4-2　存货对方科目初始设置

收发类别	对方科目	收发类别	对方科目
采购入库	应付采购款（220201）	领料出库	生产成本/直接材料（500101）
产成品入库	生产成本/直接材料（500101）	销售出库	主营业务成本
采购退货	应付采购款（220201）	销售退货	主营业务成本
其他入库	待处理流动资产财产损益	其他出库	待处理流动资产财产损益

4. 应付款管理系统参数设置和初始设置

（1）应付款管理系统选项，如表4-3所示。

表4-3　应付款管理系统选项初始设置

单据审核日期依据	业务日期	应付款核算类型	详细核算
控制科目依据	按供应商	受控科目制单方式	明细到单据
采购科目依据	按存货	应付款核销方式	按单据

（2）应付款管理系统基本科目设置，如表4-4所示。

表4-4　应付款管理系统基本科目初始设置

基本科目和初始设置	基本科目和初始设置
应付科目：220201 应付货款	预付科目：1123 预付账款
采购科目：1402 在途物资	税金科目：22210101 进项税
银行承兑科目：2201 应付票据	商业承兑科目：2201 应付票据

（3）结算方式设置：现金支票、转账支票、银行汇票、银行承兑汇票、商业承兑汇票，结算方式科目为"100201　工商银行存款"。

（4）逾期账龄区间。总天数分别为30天、60天、90天和120天。

（二）启用期初数据（价格为不含税价格）

1. 采购管理系统期初数

期初采购入库单（暂估）。

2016年12月21日，向晋江钢铁公司购入圆钢3吨，单价为5000元，入材料仓库。

2. 库存管理系统、存货核算系统期初数

2016年12月31日，对各个仓库进行了盘点，结果如表4-5所示。

表 4-5　库存管理系统、存货核算系统期初数

仓库名称	存货编码	存货名称	数量	单位	参考成本（元）	参考单价（元）	金额（元）	价税合计（元）
材料库	1001	圆钢	10	吨	5000		50000	
材料库	1002	角钢	10	吨	6000		60000	143000
材料库	1003	生铁	11	吨	3000		33000	
成品库	2001	闽东1号农用机	50	台	4000	5000	200000	
成品库	2002	闽东2号农用机	25	台	3000	3500	75000	275000

3. 应付管理系统期初数

（1）应付账款的期初余额，如表4-6所示。

表 4-6　应付账款的期初余额

单据名称	开票日期	票号	供应商	采购人员	科目编码	货物名称	数量（吨）	单价（元）	价税合计（元）
采购专用发票	11.13	123456	晋江钢铁公司	王小小	220201	圆钢	210	5000	1228500
采购专用发票	12.26	654321	晋江钢铁公司	王小小	220201	角钢	200	6000	1404000

（2）应付票据的期初余额，如表4-7所示。

表 4-7　应付票据的期初余额

单据名称	开票日期	票号	供应商	采购人员	科目编码	货物名称	数量（吨）	单价（元）	价税合计（元）
采购专用发票	12.6	987987	晋江钢铁公司	王小小	2201	圆钢	80	5000	468000

（3）应付款管理系统期初余额与总账系统对账。

（三）设置账套主管

账套主管"王明亮"在企业应用平台"基础设置"中进行以下设置：

（1）在计量单位中增加"05 次"。

（2）在存货档案中增加"9001　运费"，所属分类"（9）应税劳务"，计量单位"次"，税率"7%"，属性"外购、销售、应税劳务"，如表 4-8 所示。

表 4-8　存货档案补充信息

存货编码	存货名称	计量单位	所属分类	税率（%）	存货属性	参考成本	参考售价
9001	运费	次	（9）应税劳务	7	外购、销售、应税劳务		

（3）在供应商中增加上海米奇轮胎厂，如表 4-9 所示。

表 4-9　供应商档案补充信息

供应商编号	供应商名称	供应商简称	所属地区码	税号	开户银行	银行账号	分管部门	分管业务员
004	上海米奇轮胎厂	米奇轮胎	02	12345678987654	工行晋江分行	33333355555	采购部	王小小

（四）库存管理系统和存货核算系统对账

将库存管理系统和存货核算系统进行数据核对。

（五）采购管理、库存管理、存货核算系统期初记账

分别对采购管理、库存管理、存货核算系统进行期初记账处理。

四、实验操作步骤

（一）设置系统参数

1. 设置采购管理系统参数

在处理日常采购业务之前，需要对采购管理系统参数进行设置，以确定采购业务的类型、核算要求、内部控制权限设置。这是采购管理系统初始化的一项重要工作。当采购管理系统进行期初记账或开始处理日常业务，相关的系统参数就不能修改，也不能重新设置。因此，在系统初始化时就设置好相关的系统参数非常重要。

本阶段的操作步骤如下：

（1）在企业应用平台中，打开"业务工作"选项卡，执行"供应链"/"采购管理"命令，打开采购管理系统。

（2）在系统菜单下，执行"设置"/"采购选项"命令，弹出"采购系统选项设置—请按照贵单位的业务认真设置"对话框。

（3）打开"业务及权限控制"选项卡，对本单位需要的参数进行选择。选中"普通业务必有订单"和"允许超订单到货及入库"复选框，以及"订单\到货\发票单价录入方式"选项区域中的"手工录入"单选按钮，其他选项可以按系统默认设置，如图4-1所示。

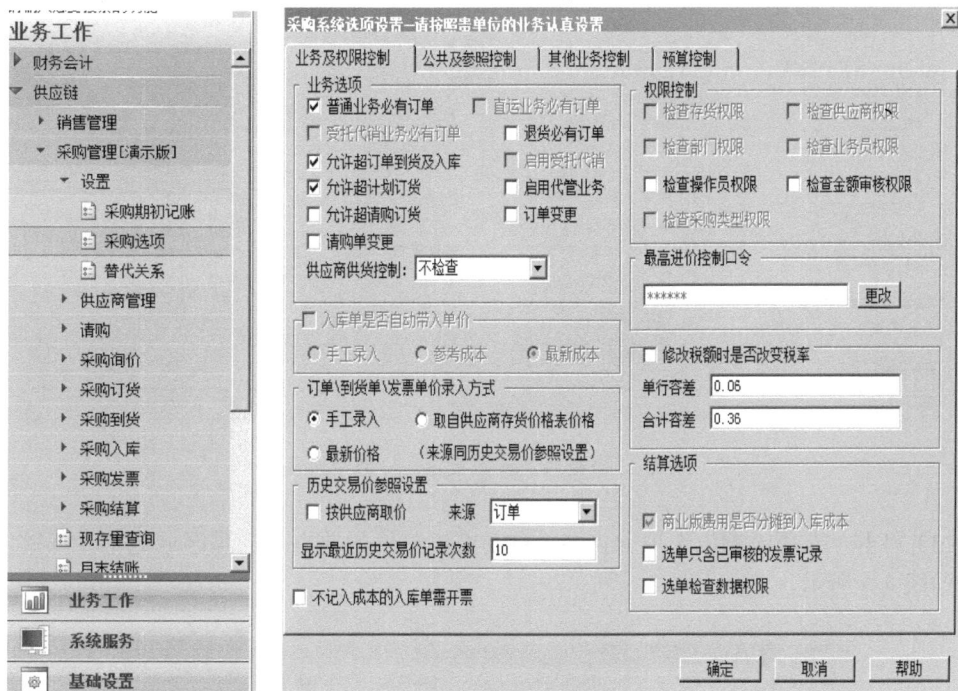

图4-1　采购系统选项设置

（4）打开"公共及参照控制"选项卡，修改"单据默认税率"为17%。

2. 设置库存管理系统参数

在处理库存日常业务之前需要设置库存管理系统参数，以确定库存业务的范围、核算要求和内部控制权限设置，这是库存管理系统初始化的一项重要工作。当库存管理系统开始处理日常业务，相关的系统参数就不能修改，也不能重新设置。因此，在系统初始化时应该设置好相关的参数。

本阶段的操作步骤如下：

（1）在企业应用平台中，打开"业务工作"选项卡，执行"供应链"/"库存管理"命令，打开库存管理系统，在系统菜单下，执行"初始设置"/"选项"命令，打开"库存选项设置"对话框。

（2）选中"通用设置"选项卡下的"采购入库审核时改现存量""销售出库审核时改现存量""产成品入库审核时改现存量""材料出库审核时改现存量""其他出入库审核时改现存量"复选框，如图4-2所示。

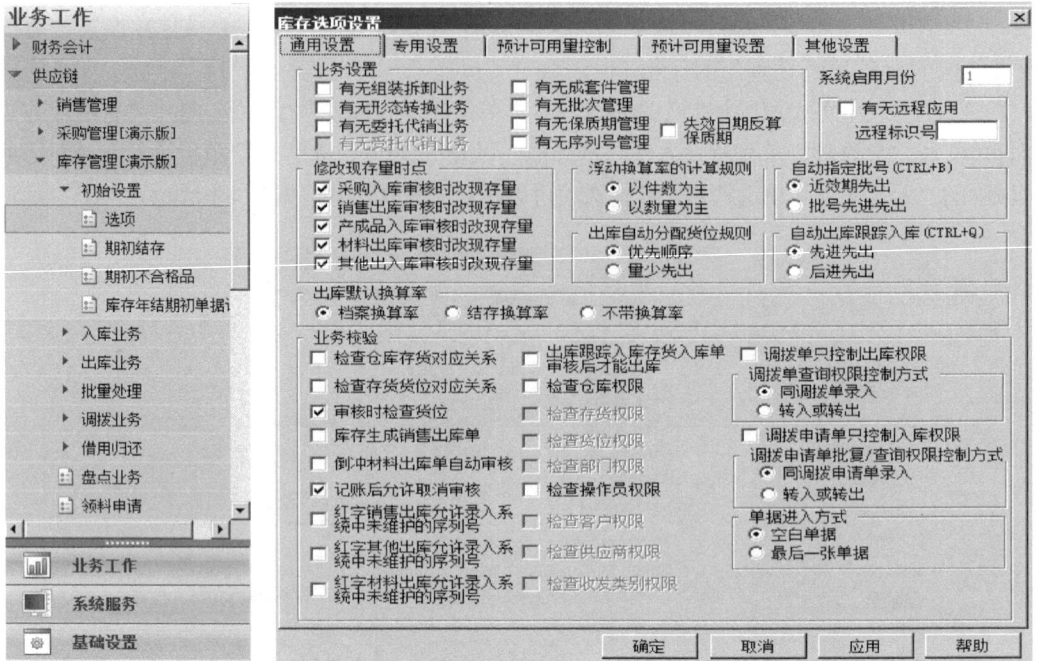

图 4-2　采购管理初始设置——通用设置

（3）打开"专用设置"选项卡，在"自动带出单价的单据"选项区域选中全部的出库单，如图 4-3 所示。

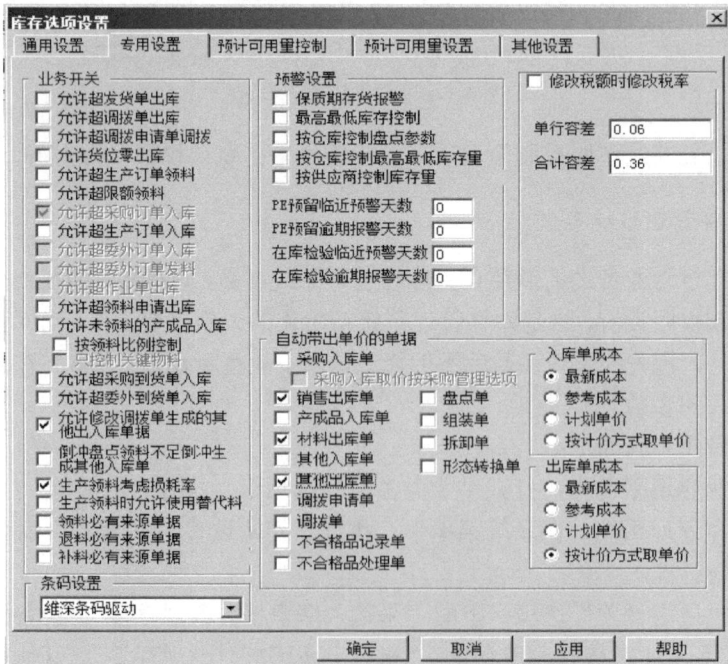

图 4-3　采购管理初始设置——专用设置

（4）打开"预计可用量控制"选项卡，默认不允许超可用量出库。

（5）打开"预计可用量设置"选项卡，选中"出入库检查预计可用量"复选框。

（6）单击"确定"按钮，保存库存系统的参数设置。

3. 设置存货核算系统参数

存货核算系统参数的设置，是指在处理存货日常业务之前，确定存货业务的核算方式和核算要求，这是存货核算系统初始化的一项重要工作。因为一旦存货核算系统开始处理日常业务，相关的系统参数就不能修改，也不能重新设置。因此，在系统初始化时应该设置好相关的参数。

本阶段的操作步骤如下：

（1）在企业应用平台中，打开"业务工作"选项卡，执行"供应链"/"存货核算"命令，打开存货核算系统，在系统菜单下，执行"初始设置"/"选项"/"选项录入"命令，打开"选项录入"对话框。

（2）在"核算方式"选项卡中设置核算参数。核算方式：按仓库核算，暂估方式：单到回冲，销售成本核算方式：销售发票，具体如图4-4所示。

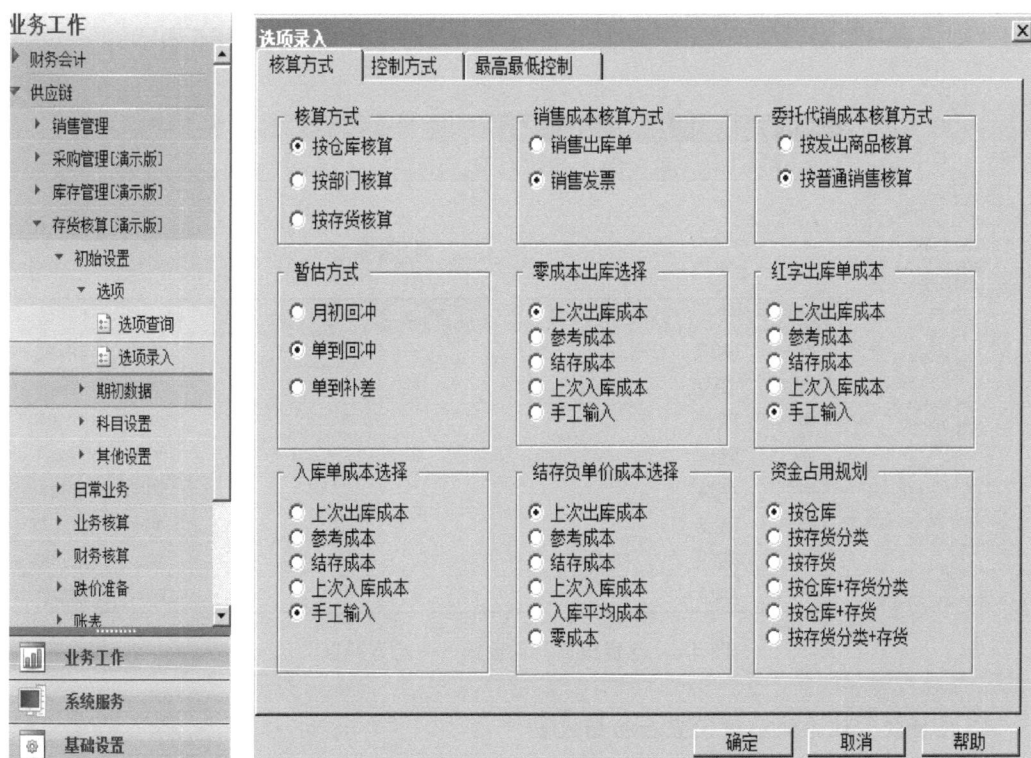

图 4-4　存货核算初始设置——选项录入

（3）打开"控制方式"选项卡，选中"结算单价与暂估单价不一致是否调整出库成本"复选框，其他选项由系统默认。

（4）单击"确定"按钮，保存存货核算系统的参数设置。

（5）在存货核算系统菜单下，执行"初始设置"/"科目设置"/"存货科目"命令，打开"存货科目"对话框，单击"增加"按钮，录入存货科目，如图4-5所示。

仓库编码	仓库名称	存货分类编码	存货分类名称	存货编码	存货名称	存货科目编码	存货科目名称	差异科目编码	差异科目名称
1	材料库			1001	圆钢	140301	钢铁		
1	材料库			1002	角钢	140301	钢铁		
1	材料库			1003	生铁	140302	生铁		
1	材料库			1004	轮胎	140303	外购配件		
1	材料库			1005	柴油机	140303	外购配件		
2	成品库			2001	闽东1号农用机	140501	闽东1号农用机		
2	成品库			2002	闽东2号农用机	140502	闽东2号农用机		

图4-5 存货核算科目设置——存货科目

（6）在存货核算系统菜单下，执行"初始设置"/"科目设置"/"对方科目"命令，打开"对方科目"对话框，单击"增加"按钮，录入对方科目，如图4-6所示。

收发类别编码	收发类别名称	存货…	存货…	存货…	存货…	存…	部门…	部门名称	项目…	项目大…	项目…	项目名称	对方科目编码	对方科目名称
101	采购入库												220201	应付采购款
102	产成品入库												500101	直接材料
103	采购退货												220201	应付采购款
104	其他入库												190101	待处理流动资
201	领料出库												500101	直接材料
202	销售出库												6401	主营业务成本
203	销售退货												6401	主营业务成本
204	其他出库												190101	待处理流动资

图4-6 存货核算科目设置——对方科目

4. 应付款管理系统参数设置和初始设置

当应付款管理系统与采购管理系统集成使用时，彼此之间存在数据传递关系。因此，启用采购管理系统的同时，应该同时启用应付款管理系统。如果应付款管理系统已经进行日常业务处理，则其系统参数和初始设置就不能随便修改。因此，应付款管理系统的参数设置和初始设置应该在处理日常业务之前完成。

本阶段的操作步骤如下：

（1）在企业应用平台中，打开"业务工作"选项卡，执行"财务会计"/"应付款管理"命令，进入应付款管理系统，在系统菜单下，执行"设置"/"选项"命令，弹出"账套参数设置"对话框。

（2）打开"常规"选项卡，单击"编辑"按钮，使所有参数处于可修改状态，"单据审核日期依据"选择"业务日期"，"应付账款核算模型"选择"详细核算"，如图4-7所示。

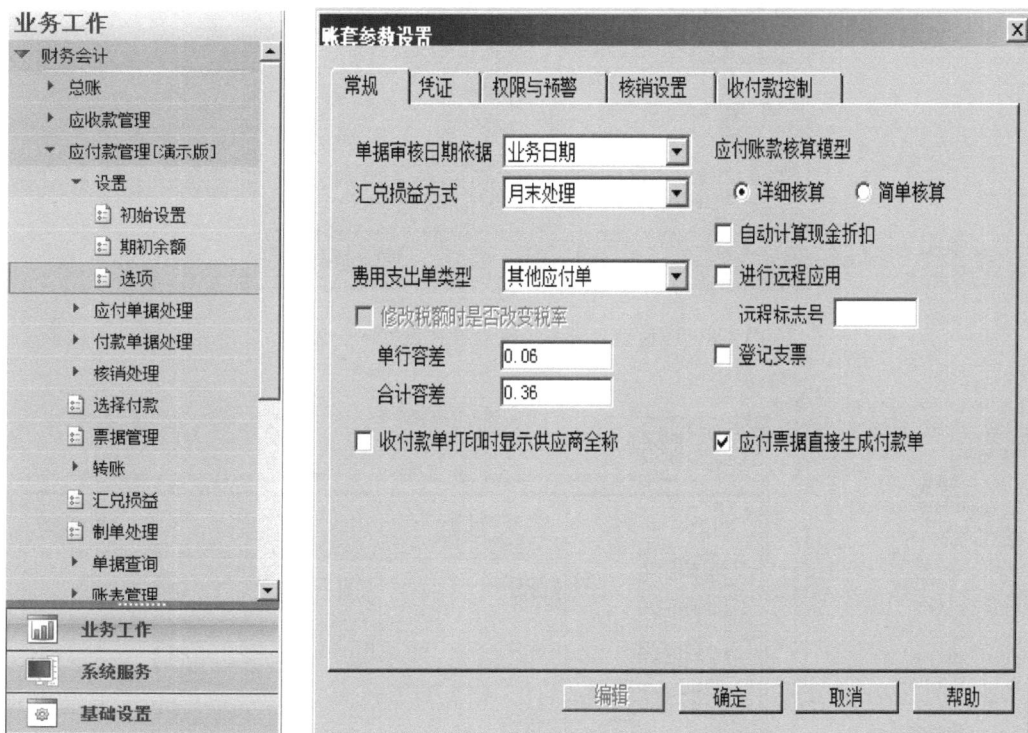

图4-7 应付款管理系统账套参数设置——常规

（3）打开"凭证"选项卡，"受控科目制单方式"选择"明细到单据"，"控制科目依据"选择"按供应商"，"采购科目依据"选择"按存货"，如图4-8所示。

（4）打开"核销设置"选项卡，"应付款核销方式"选择"按单据"。

（5）单击"确定"按钮，保存应付款管理系统的参数设置。

（6）执行"设置"/"初始设置"命令，打开"初始设置"窗口。单击"设置科目"中的"基本科目设置"，根据实验要求对应付款管理系统的基本科目进行设置，如图4-9所示。

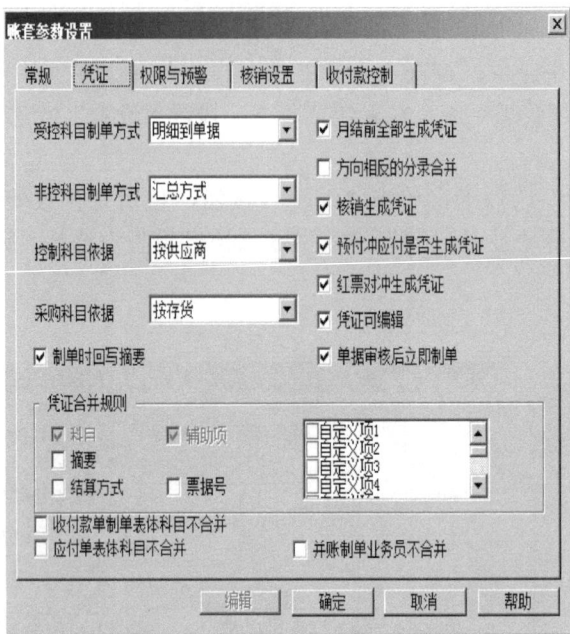

图 4-8　应付款管理系统账套参数设置——凭证

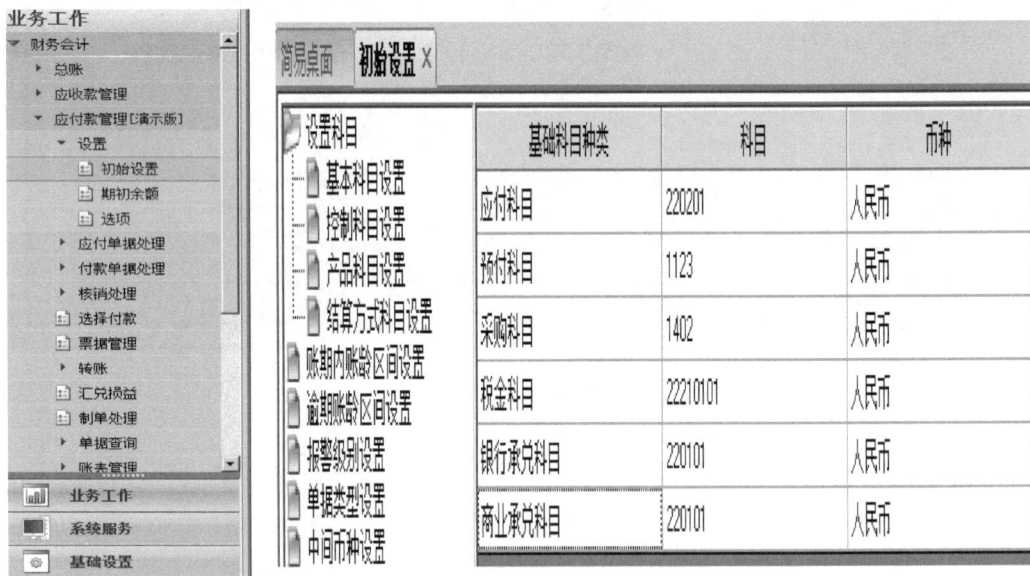

图 4-9　应付款管理系统初始设置——基本科目设置

（7）执行"结算方式科目设置"命令，根据实验要求对应付款管理系统的结算方式科目进行设置，如图 4-10 所示。

（8）执行"逾期账龄区间设置"命令，根据实验要求对应付款管理系统的逾期账龄区间进行设置，如图 4-11 所示。

图 4-10　应付款管理系统初始设置——结算方式科目设置

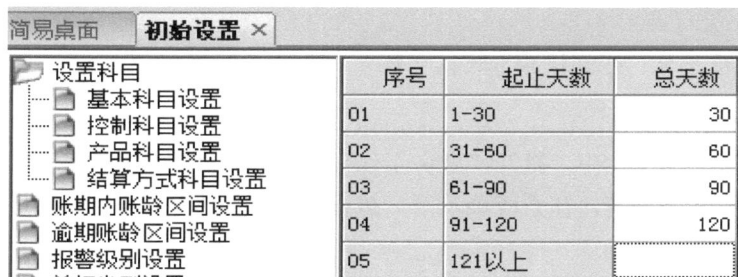

图 4-11　应付款管理系统初始设置——逾期账龄区间设置

操作提示

● 在供应链期初记账或处理日常业务之前，供应链管理的系统参数可以修改或重新设置；在期初记账或处理日常业务之后，相关的系统参数就不允许被修改。所以需要谨慎设置相关参数。

（二）启用期初数据

1. 采购管理系统期初数

采购管理系统的期初数据是指在启用系统之前，已经收到采购货物，但尚未收到对方开具的发票。对于这类采购货物，可以按暂估价先办理入库手续，待以后收到发票，再进行采购结算。对于这些已经办理入库手续的货物，必须录入期初入库信息，以便将来及时进行清算。

期初采购入库单录入（暂估）操作步骤如下：

（1）在企业应用平台中，打开"业务工作"选项卡，执行"供应链"/"采购管理"命令，打开采购管理系统，在系统菜单下，执行"采购入库"/"入库单"命令，打开"期初采购入库单"窗口。

（2）单击"增加"按钮，按实验资料要求录入期初采购入库单信息，如图 4-12 所示。

（3）单击"保存"按钮，保存期初采购入库单信息。

图 4-12　期初采购入库单

2. 库存管理系统、存货核算系统期初数

本阶段的操作步骤如下：

（1）在企业应用平台中，打开"业务工作"选项卡，执行"供应链"/"库存管理"命令，打开库存管理系统，在系统菜单下，执行"初始设置"/"期初结存"命令，打开"库存期初"窗口。

（2）在"库存期初"窗口中将仓库选择为"（1）材料库"，单击"修改"按钮，再单击"存货编码"栏中的参照按钮，选择"圆钢"，在"数量"栏中输入"10"，在"单价"栏中输入"5000"，以此方法依次输入材料库的其他期初结存数据。单击"保存"按钮，保存录入的存货信息，如图 4-13 所示。

图 4-13　库存期初数据

（3）在“库存期初”窗口中将仓库选择为“（2）成品库”，单击“修改”按钮，依次输入成品库的期初结存数据，单击“保存”按钮，保存录入存货信息。

（4）单击“审核”按钮，确认录入的存货信息。

（5）在企业应用平台中，打开“业务工作”选项卡，执行“供应链”/“存货核算”命令，打开存货核算系统，在系统菜单下，执行“初始设置”/“期初数据”/“期初余额”命令，打开“期初余额”窗口。

（6）仓库选择“材料库”，双击“取数”按钮，系统自动从库存管理系统中取出该仓库的全部存货信息。

（7）仓库选择为“成品库”，双击“取数”按钮，系统自动从库存管理系统中取出该仓库的全部存货信息，如图 4-14 所示。

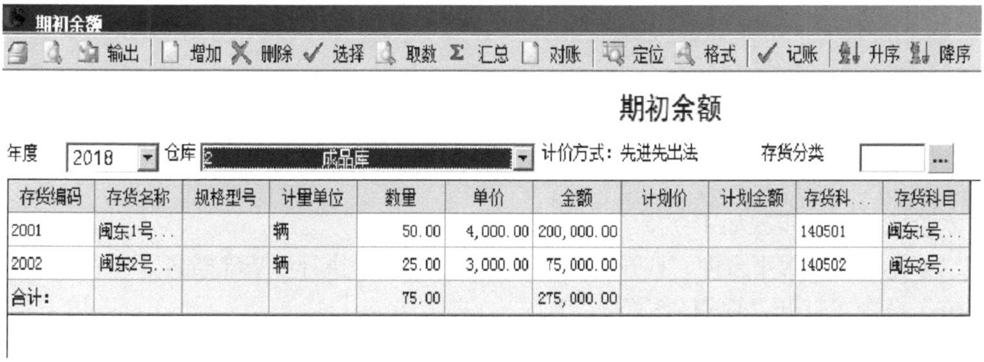

存货编码	存货名称	规格型号	计量单位	数量	单价	金额	计划价	计划金额	存货科...	存货科目
2001	闽东1号...		辆	50.00	4,000.00	200,000.00			140501	闽东1号...
2002	闽东2号...		辆	25.00	3,000.00	75,000.00			140502	闽东2号...
合计：				75.00		275,000.00				

图 4-14　成品库期初余额

3. *应付款管理系统期初数*

本阶段的操作步骤如下：

（1）在企业应用平台中，打开“业务工作”选项卡，执行“财务会计”/“应付款管理”命令，打开应付款管理系统，在系统菜单下，执行“设置”/“期初余额”命令，打开“期初余额”窗口。

（2）单击“增加”按钮，选择“采购专用发票”，单击“确定”按钮，根据实验要求依次录入应付账款和应付票据的期初数，如图 4-15 所示。

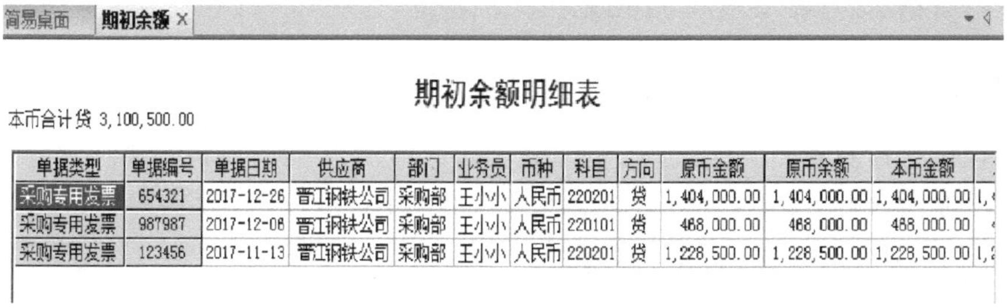

单据类型	单据编号	单据日期	供应商	部门	业务员	币种	科目	方向	原币金额	原币余额	本币金额
采购专用发票	654321	2017-12-26	晋江钢铁公司	采购部	王小小	人民币	220201	贷	1,404,000.00	1,404,000.00	1,404,000.00
采购专用发票	987987	2017-12-08	晋江钢铁公司	采购部	王小小	人民币	220101	贷	468,000.00	468,000.00	468,000.00
采购专用发票	123456	2017-11-13	晋江钢铁公司	采购部	王小小	人民币	220201	贷	1,228,500.00	1,228,500.00	1,228,500.00

图 4-15　应付账款和应付票据的期初余额

（3）在"期初余额"窗口中，单击"对账"按钮，进行应付款管理系统与总账系统的对账，如图 4-16 所示。

科目		应付期初		总账期初		差额	
编号	名称	原币	本币	原币	本币	原币	本币
1123	预付账款	0.00	0.00	0.00	0.00	0.00	0.00
220101	商业汇票	468,000.00	468,000.00	468,000.00	468,000.00	0.00	0.00
220201	应付采购款	2,632,500.00	2,632,500.00	2,632,500.00	2,632,500.00	0.00	0.00
	合计		3,100,500.00		3,100,500.00		0.00

图 4-16　应付款管理系统与总账系统的对账结果

（三）补充存货档案

1. 在计量单位中增加"05 次"

本阶段的操作步骤如下：

（1）在企业应用平台中，打开"基础设置"选项卡，执行"基础档案"/"存货"/"计量单位"命令，打开"期初余额"窗口。

（2）选中"（01）自然单位{无换算率}"计量单位组，单击"单位"按钮，打开"计量单位"对话框，单击"增加"按钮，输入计量单位编码"05"，计量单位名称"次"，单击"保存"按钮。

2. 在存货档案中增加"9001　运费"

本阶段的操作步骤如下：

（1）在企业应用平台中，打开"基础设置"选项卡，执行"基础档案"/"存货"/"存货档案"命令，打开"存货档案"窗口。

（2）选中"（9）应税劳务"存货分类，单击"增加"按钮，打开"增加存货档案"对话框。

（3）根据所给资料填制"9001　运费"存货档案的"基本"选项卡，单击"保存"按钮，保存存货档案信息，如图 4-17 所示。

3. 在供应商中增加上海米奇轮胎厂

本阶段的操作步骤如下：

（1）在企业应用平台中，打开"基础设置"选项卡，执行"基础档案"/"客商信息"/"供应商档案"命令，打开"供应商档案"窗口，单击"增加"按钮，打开"增加供应商档案"窗口。

（2）根据实验资料输入供应商信息。

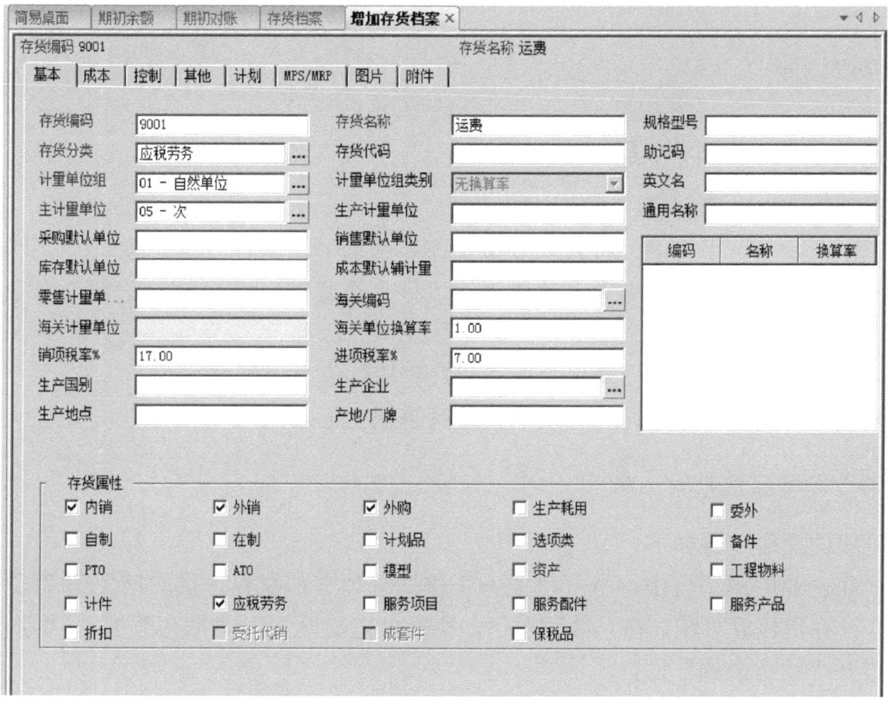

图 4-17 存货档案——9001 运费

（四）库存管理和存货核算对账

本阶段的操作步骤如下：

（1）在企业应用平台中，打开"业务工作"选项卡，执行"供应链"/"存货核算"命令，打开存货核算系统，在系统菜单下，执行"初始设置"/"期初数据"/"期初余额"命令，打开"期初余额"窗口。

（2）单击"对账"按钮，选择所有仓库，系统自动对存货核算系统与库存管理系统的存货数据进行核对。打开"对账成功"窗口，单击"确定"按钮，如图 4-18 所示。

图 4-18 库存管理系统和存货核算系统对账结果

（五）期初记账

1. 采购管理系统期初记账

本阶段的操作步骤如下：

（1）在企业应用平台中，打开"业务工作"选项卡，执行"供应链"/"采购管理"命令，打开采购管理系统，在系统菜单下，执行"设置"/"采购期初记账"命令，打开"期初记账"窗口。

（2）单击"记账"按钮，弹出"期初记账完毕"信息提示框。

（3）单击"确定"按钮，完成采购管理系统期初记账。

2. 存货核算系统期初记账

本阶段的操作步骤如下：

（1）在企业应用平台中，打开"业务工作"选项卡，执行"供应链"/"存货核算"命令，打开存货核算系统，在系统菜单下，执行"初始设置"/"期初数据"/"期初余额"命令，打开"期初余额"窗口。

（2）单击"记账"按钮，如图 4-19 所示，弹出"期初记账成功"信息提示框。

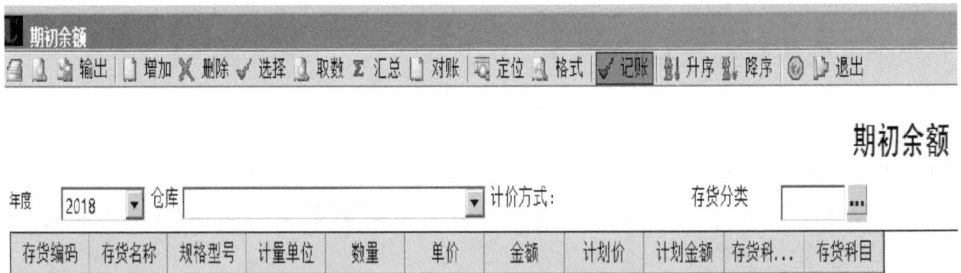

图 4-19　存货核算系统期初记账

（3）单击"确定"按钮，完成期初记账工作。

实验五　采购日常业务处理

一、实验目的

通过本实验，达到以下目的：

（1）掌握用友 ERP-U8 管理软件中有关采购管理的相关内容。

（2）掌握企业日常采购业务处理方法。

（3）理解采购管理与其他系统之间的数据传递关系。

二、实验资料

（一）实验四数据的引入

将系统时间修改为 2018 年 1 月 31 日。登录系统管理平台，以系统管理员 admin 的身份登录引入备份的实验四的账套数据。

（二）当年 1 月采购业务数据

1 月的采购业务如下。

1. 轮胎采购

（1）2018 年 1 月 1 日，业务员张婷向米奇轮胎提出采购轮胎的请求，采购信息如表 5-1 所示。

表 5-1　向米奇轮胎采购轮胎的信息

货品名	数量（个）	单价（元）	总价（元）
轮胎	10000	240	2400000

（2）2018 年 1 月 2 日，米奇轮胎回复，同意闽东公司的轮胎采购请求，但是要求修改采购价格，单价为 250 元，总价为 2500000 元。闽东公司同意修改采购价格，双方签订采购合同。

（3）2018 年 1 月 4 日，闽东公司收到所订购的轮胎 10000 个。填制到货单。轮胎经验收合格办理入库（原料库）手续。1 月 11 日闽东公司收到米奇轮胎发来的该批轮胎的发票（发票号：MQ975310）。同时，附有一张运杂费发票，发票载明运杂费 50000 元（不能抵扣进项税），按照合同约定，运杂费由闽东公司承担。财务部确认该笔存货成本和应付款项，尚未付款。（采购结算是根据采购入库单和采购发票核算采购入库成本的前提。）

2. 圆钢采购

2018 年 1 月 5 闽东公司收到 2018 年 12 月 21 日向晋江钢铁采购圆钢的专用发票（发票号：LZ00011），发票载明信息如表 5-2 所示。

表 5-2　向晋江钢铁采购圆钢的发票信息

货品名	数量（吨）	单价（元）	增值税率（%）	价税合计（元）
圆钢	3	5000	17	17550

闽东公司验收入库后立即支付货款和税款，收到现金支票（发票号：XJ0055）。

3. 柴油机采购

（1）2018 年 1 月 1 日闽东公司向南平机电订购柴油机，南平机电同意订购要求，并签订正式合同，合同信息如表 5-3 所示。

表 5-3　向南平机电订购柴油机的信息

货品名	数量（台）	单价（元）	增值税率（%）	价税合计（元）
柴油机	3100	2000	17	7254000

（2）2018 年 1 月 4 日闽东公司收到南平机电发来的柴油机，到货 3090 台。同时，也收到南平机电发来的专用发票（发票号：WH05055）。发票上的柴油机数量是 3100 台，短缺的 10 台属于非合理损耗，已查明属于采购员王小小的责任，王小小同意赔偿 20000 元（尚未收到），价税合计 23400 元。3090 台验收入库。财务部确认该笔存货成本和应付款项，尚未付款。

（3）2018 年 1 月 5 日闽东公司发现 4 日已入库结算的 40 台柴油机存在质量问题，要求将这 40 台退货。南平机电同意退货。

4. 订购圆钢等原材料

（1）2018 年 1 月 1 日闽东公司向晋江钢铁订购原材料，如表 5-4 所示。

表 5-4　向晋江钢铁订购原材料的信息

货品名	数量（吨）	单价（元）	增值税率（%）	价税合计（元）
圆钢	190	5000	17	1111500
角钢	190	6000	17	1333800
生铁	90	3000	17	315900

（2）2018 年 1 月 3 日到货验收入库，如表 5-5 所示。

表 5-5 收到向晋江钢铁订购原材料的到货信息

货品名	数量（吨）	单价（元）	增值税率（%）	价税合计（元）
圆钢	190	5000	17	1111500
角钢	190	6000	17	1333800
生铁	89	3000	17	312390

（3）同时收到发票（发票号：LZ55555），发票上的圆钢、角钢和生铁的数量金额与订单一致。生铁短缺 1 吨为合理损耗。闽东公司马上开出一张转账支票（支票号：ZZ34567）支付 30%的款项。财务部确认该笔存货成本和应付款项。

闽东 1 号/2 号农用机的 BOM（物料清单）如表 5-6 所示。

表 5-6 1 号/2 号农用机的 BOM

闽东 1 号农用机用料			闽东 2 号农用机用料		
货品名	单位	数量	货品名	单位	数量
圆钢	吨	0.08	圆钢	吨	0.04
角钢	吨	0.08	角钢	吨	0.04
生铁	吨	0.04	生铁	吨	0.02
轮胎	个	4	轮胎	个	2
柴油机	台	1	柴油机	台	1

5. 仓库发料业务

2018 年 1 月 5 日从原材料仓库领料，如表 5-7 所示。

表 5-7 原材料仓库领料单

仓库	货品名	单位	数量	单价（元）	金额
1 材料库	圆钢	吨	160	5000	
1 材料库	角钢	吨	160	6000	
1 材料库	生铁	吨	80	3000	
2 成品库	轮胎	个	8000	250	
2 成品库	柴油机	台	3000	2000	

操作提示

● 执行"库存管理"/"出库业务"/"材料出库单"命令，填写材料出库单，保存并审核。

6. 产品完工入库业务

2018 年 1 月 25 日以下完工产品入库，如表 5-8 所示。

表 5-8 完工产品入库单

货品名	数量（台）	仓库	入库成本（元）
闽东 1 号农用机	1000	产成品	4300
闽东 2 号农用机	2000	产成品	3100

操作提示

● 执行"库存管理"/"入库业务"/"产成品入库单"命令，填写产成品入库单，保存并审核。

7. 暂估入库业务

2018 年 1 月 26 日闽东公司向晋江钢铁订购生铁。30 日已收到货物，但是发票未到，31 日暂估入账，如表 5-9 所示。

表 5-9 向晋江钢铁订购生铁的信息

货品名	数量（吨）	单价（元）	增值税率（%）	价税合计
生铁	10	3000	17	

本月末暂估入库。企业应在本月末对发生的"货到单未到"入库业务进行暂估处理。操作方法如下：①录入采购订单/采购到货单，在库存管理中录入采购入库单，由于没有发票，可以只录数量；②在库存管理中对采购入库单进行审核；③在"存货核算"/"业务核算"/"暂估成本"录入处进行录入或修改暂估单位成本；④在存货核算中进行正常单据记账，并选择"采购入库单（暂估记账）"，生成凭证如下：借：原材料；贷：应付账款——暂估应付款。

三、实验操作步骤

（一）设置采购专用发票"允许手工修改发票号"

具体操作步骤如下：

（1）在"基础设置"选项卡中，执行"单据设置"/"单据编号设置"。

（2）在弹出的"单据编号设置"对话框中，选择"单据类型"/"采购管理"/"采购专用发票"，单击"修改"按钮，选中"手工改动，重号时自动重取"复选框，如图 5-1 所示。

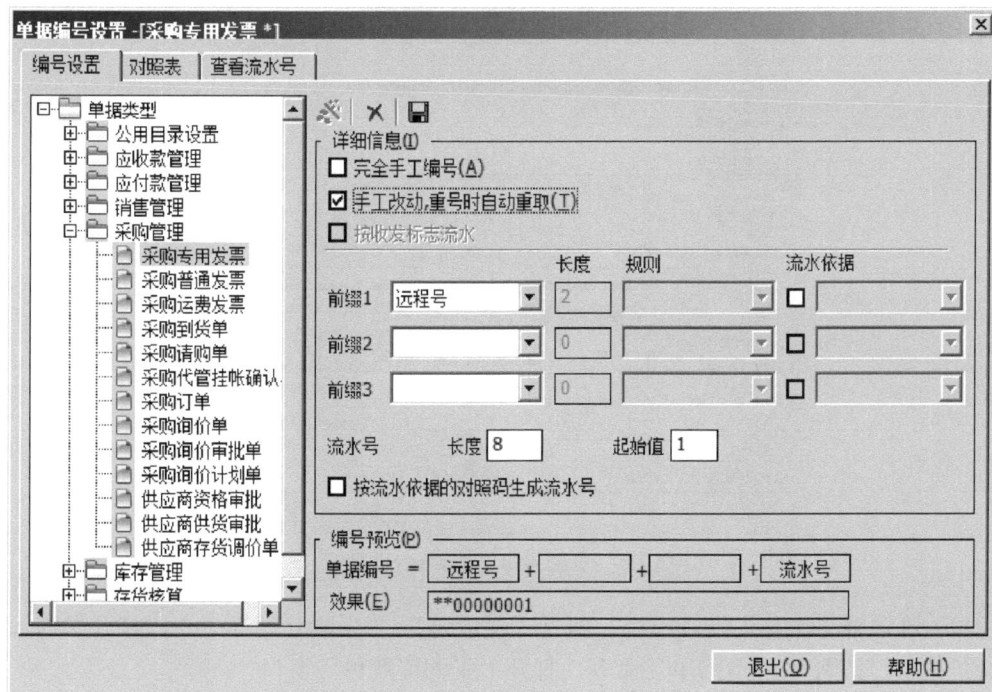

图 5-1   单据编号设置对话框

（3）单击"保存"按钮，再单击"退出"按钮。

（二）单据设计

具体操作步骤如下：

（1）在"基础设置"选项卡中，执行"单据设置"/"单据格式设置"。

（2）在弹出的"单据设计格式"窗口中，执行 U8 单据目录分类，"采购管理"/"专用发票"/"显示"/"专用发票显示模板"，在窗口右侧打开专用发票。

（3）单击"单据格式设计"窗口，执行"编辑"/"标题项目"命令，打开"表体"对话框。

（4）选中"换算率""采购单位""件数"复选框，如图 5-2 所示。

（5）单击"确定"按钮，再单击"保存"按钮。

（6）以此方法，继续设计采购模块中的到货单和采购订单的表体项目换算率、采购单位和件数，分别确定后保存。

（7）按照上述方法，在库存管理模块中设置采购入库单。在采购入库单显示模板的表体项目中增加"库存单位""应收件数""件数""换算率""应收数量"。

（三）第 1 笔业务

具体操作步骤如下：

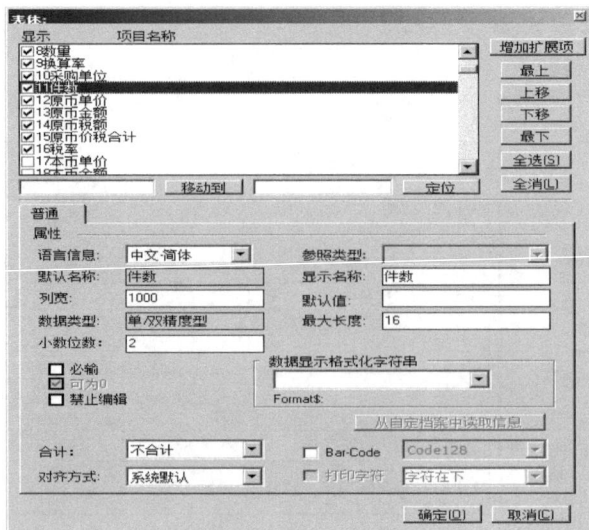

图 5-2　采购专用发票表体对话框

（1）在"业务工作"选项卡中，执行"供应链"/"采购管理"命令，打开采购管理系统。执行"请购"/"请购单"命令，打开"采购请购单"窗口。

（2）单击"增加"按钮，选择采购类型为"普通采购"，修改采购时间为 2018-01-01，部门为"销售二部"，采购类型为"原材料采购"，存货名称为"轮胎"，在"数量"栏中输入"10000"，在"本币单价"栏中输入"240"，如图 5-3 所示。

图 5-3　采购请购单

（3）单击"保存"按钮。

（4）单击"审核"按钮，直接审核请购单。

（四）第 2 笔业务

具体操作步骤如下：

（1）在"业务工作"选项卡中，执行"供应链"/"采购管理"命令，打开采购管理系统。执行"采购订货"/"采购订单"命令，打开"采购订单"窗口。

（2）单击"增加"按钮，修改订单日期为 2018-01-02，执行"生单"/"请购单"命令，打开"采购请购单列表过滤"窗口。

（3）单击"确定"按钮，打开"订单拷贝请购单列表"窗口，双击鼠标左键选中需要拷贝的请购单，即打上"Y"选中标志，如图 5-4 所示。

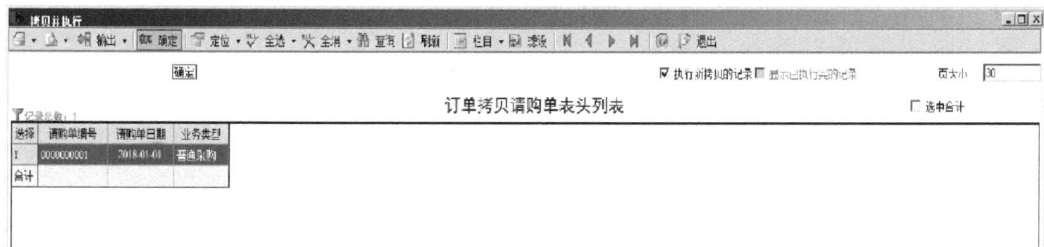

图 5-4　订单拷贝请购单列表

（4）单击"确定"按钮，选中的请购单自动传递到采购订单中。修改"原币单价"为"250"，补充录入供应商，在"计划到货日期"栏选择 2018-01-04，如图 5-5 所示。

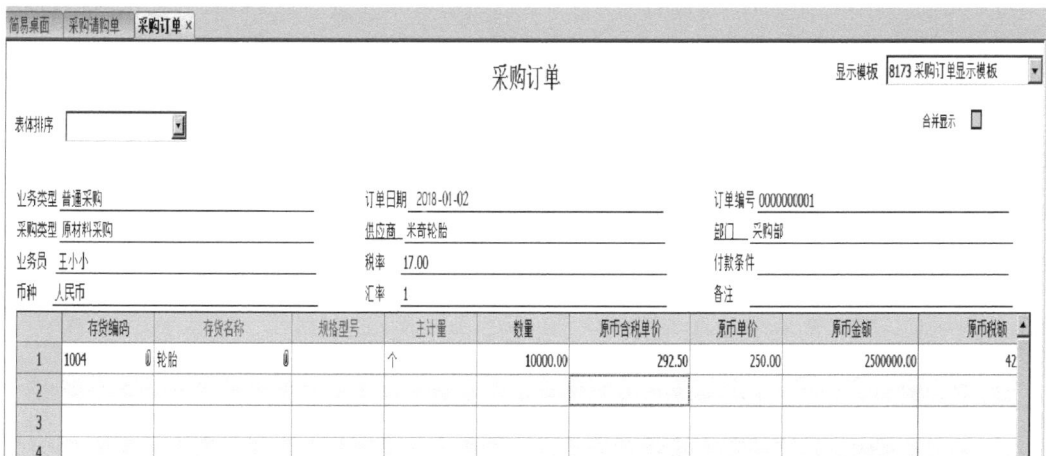

图 5-5　采购订单

（5）修改完成后单击"保存"按钮，单击"审核"按钮，审核生成的采购订单。

操作提示

● 拷贝采购请购单生成的采购订单信息可以修改。但是如果根据请购单拷贝生成的采购订单已经审核，则不能直接修改，需要先"弃审"再"修改"。

● 如果根据请购单拷贝生成的采购订单已经生成下游单据，则不能直接修改，需要先删除下游单据后再"修改"。

（五）第 3 笔业务

1. 生成采购到货单

具体操作步骤如下：

（1）在"业务工作"选项卡中，执行"供应链"/"采购管理"命令，打开采购管理系统。执行"采购到货"/"到货单"命令，打开"到货单"窗口。

（2）单击"增加"按钮，修改日期为 2018-01-04，执行"生单"/"采购订单"命令，打开"采购订单列表过滤"窗口。

（3）单击"确定"按钮，打开"到货单拷贝订单列表"窗口，双击鼠标左键选中需要拷贝的订单，即打上"Y"选中标志，如图 5-6 所示。

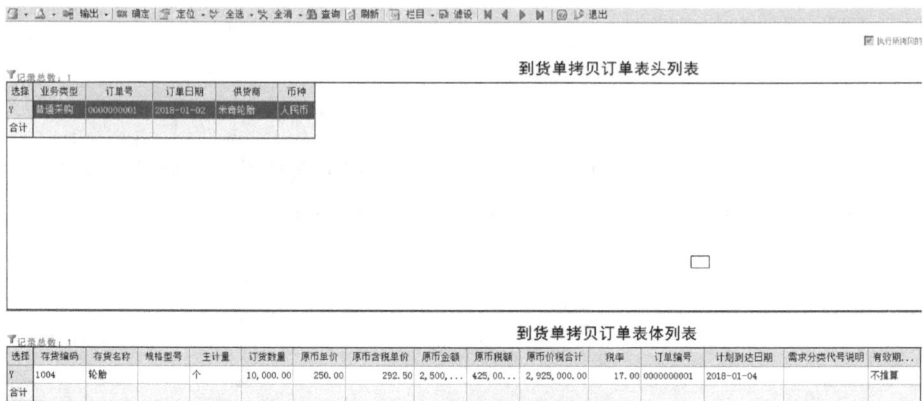

图 5-6 到货单拷贝订单列表

（4）单击"确定"按钮，系统自动生成到货单，如图 5-7 所示。

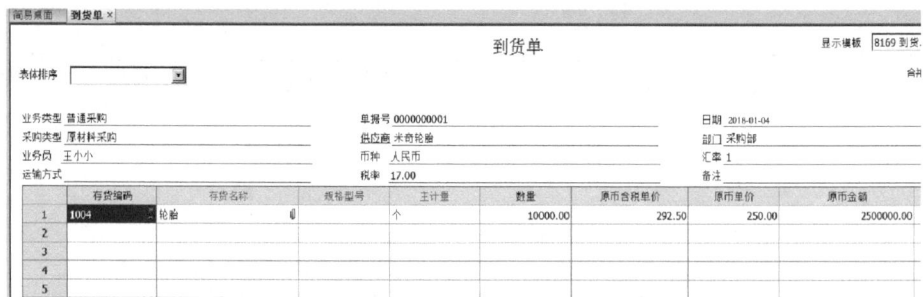

图 5-7 拷贝生成到货单

（5）单击"保存"按钮，再单击"审核"按钮，审核生成的到货单。

2. 生成采购入库单

具体操作步骤如下：

（1）在"业务工作"选项卡中，执行"供应链"/"库存管理"命令，打开库存管理系统。执行"入库业务"/"采购入库单"命令，打开"采购入库单"窗口。

（2）执行"生单"/"采购到货单（批量）"命令，打开"采购到货单列表"窗口，如图 5-8 所示。

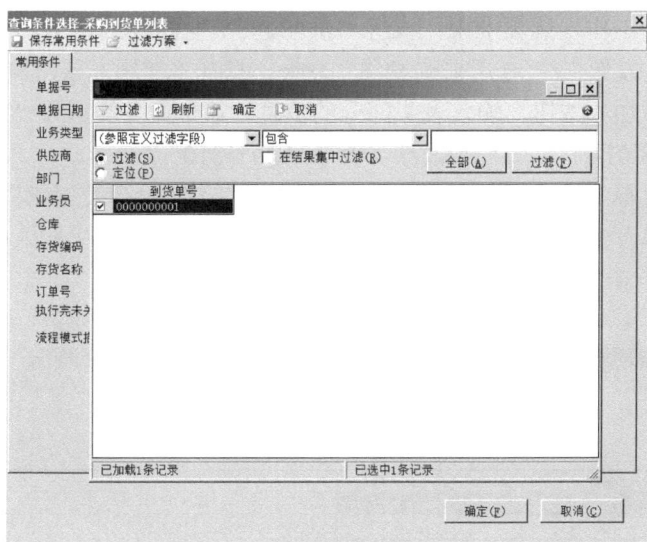

图 5-8　采购到货单列表

（3）单击"确定"按钮，打开"到货单生单"窗口，双击鼠标左键选中需要拷贝的单据，即打上"Y"选中标志。

（4）单击"确定"按钮，系统显示生成的采购入库单，如图 5-9 所示。

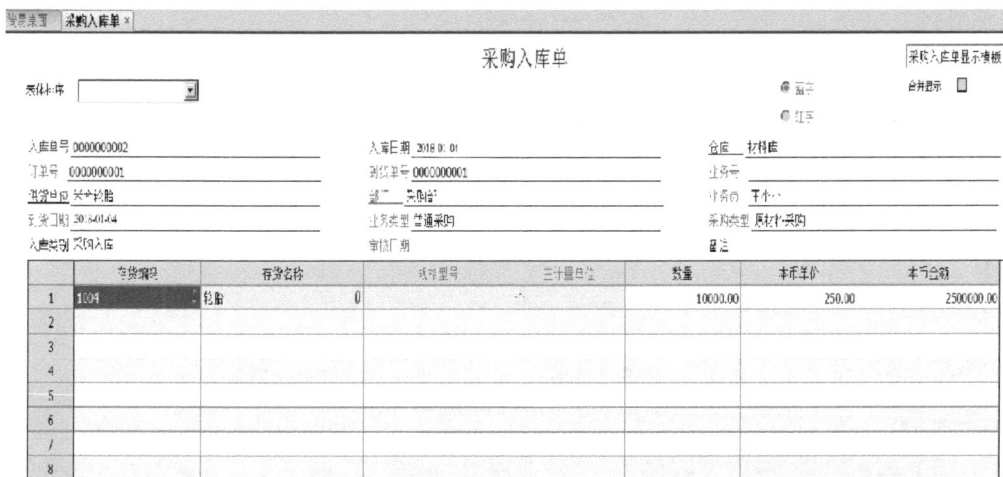

图 5-9　拷贝生成采购入库单

（5）单击"保存"按钮，再单击"审核"按钮，打开"单据审核成功"窗口，单击"确定"按钮。

3. 填制采购发票

具体操作步骤如下：

（1）在"业务工作"选项卡中，执行"供应链"/"采购管理"命令，打开采购管理系统。执行"采购发票"/"专用采购发票"命令，打开"专用发票"窗口。

（2）单击"增加"按钮，输入表头部分的信息。默认业务类型为"普通采购"，修改发票日期为"2018-01-11"，并修改发票号为"MQ975310"。

（3）执行"生单"/"入库单"命令，弹出"采购入库单列表过滤"窗口，单击"确定"按钮，打开"发票拷贝入库单列表"窗口。双击所要选择的采购入库单，"选择"栏显示 Y，如图 5-10 所示。

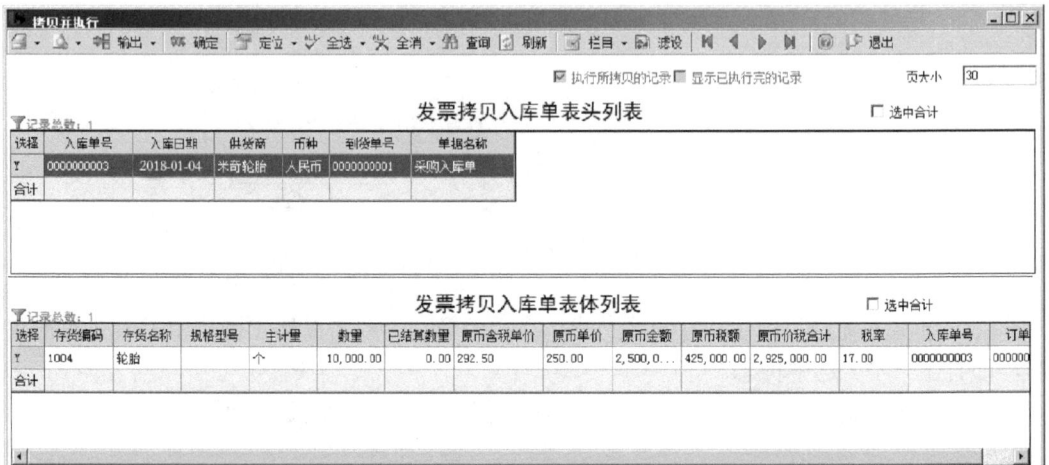

图 5-10　发票拷贝采购入库单表头列表

（4）单击"确定"按钮，系统将采购入库单自动传递过来，生成采购专用发票，如图 5-11 所示。

图 5-11　拷贝生成采购专用发票

（5）单击"保存"按钮。

4. 填制运费发票

具体操作步骤如下：

（1）在"业务工作"选项卡中，执行"供应链"/"采购管理"命令，打开采购管理系统。执行"采购发票"/"运费发票"命令。

（2）单击"增加"按钮，手工输入一张运费发票，修改发票表头的税率为"0.00"，输入表体内容，单击"保存"按钮，如图 5-12 所示。

图 5-12　运费发票

5. 采购结算

具体操作步骤如下：

（1）在"业务工作"选项卡中，执行"供应链"/"采购管理"命令，打开采购管理系统。执行"采购结算"/"手工结算"命令，打开"手工结算"窗口。

（2）单击"选单"按钮，打出"结算选单"窗口，如图 5-13 所示。

（3）选中采购入库单、采购发票和运费发票，单击"确定"按钮。

图 5-13　结算选单

（4）选择"按数量"单选按钮，单击"分摊"按钮，打出"分摊完毕"窗口。

（5）单击"确定"按钮，再单击"结算"按钮，系统弹出"完成结算"信息提示框，单击"确定"按钮，完成采购入库单、采购发票和运费发票的结算，如图 5-14 所示。

图 5-14　结算单列表

6. 存货成本结算

具体操作步骤如下：

（1）在"业务工作"选项卡中，执行"供应链"/"存货核算"命令，打开采购管理系统。执行"业务核算"/"正常单据记账"命令，打开"正常单据记账条件"对话框。

（2）在"查询条件选择"对话框中，将仓库选为"材料库"，取消对"成品库"的选择，如图 5-15 所示。

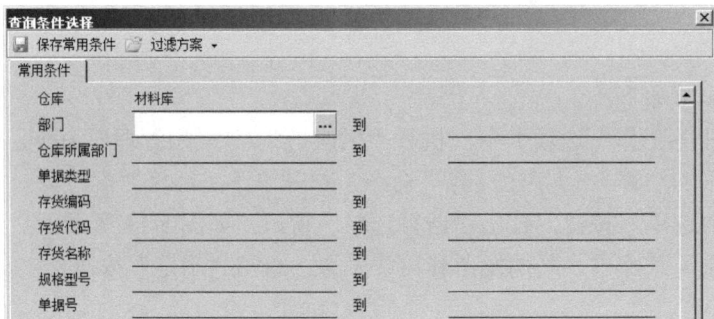

图 5-15　查询条件选择对话框

（3）单击"确定"按钮，打开"未记账单据一览表"窗口选中相关单据，单击"记账"按钮，将采购入库单记账，如图 5-16 所示。

图 5-16　未记账单据一览表

（4）执行"财务核算"/"生成凭证"命令，打开"生成凭证"窗口，单击"选择"按钮，打开"查询条件"对话框。

（5）选中"（01）采购入库单（报销记账）"复选框，如图5-17所示。

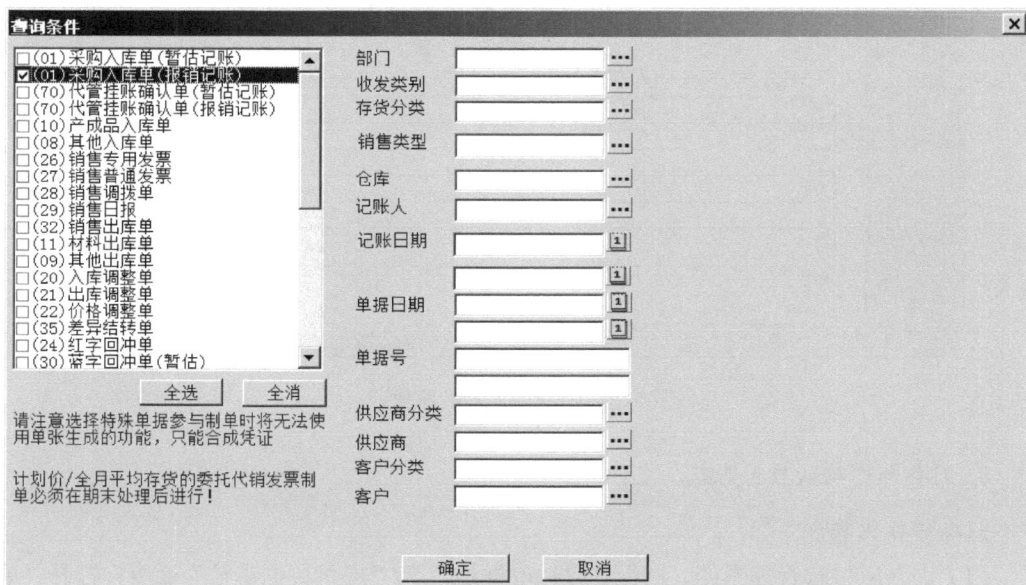

图5-17　查询条件对话框

（6）单击"确定"按钮，打开"未生成凭证单据一览表"窗口，如图5-18所示。

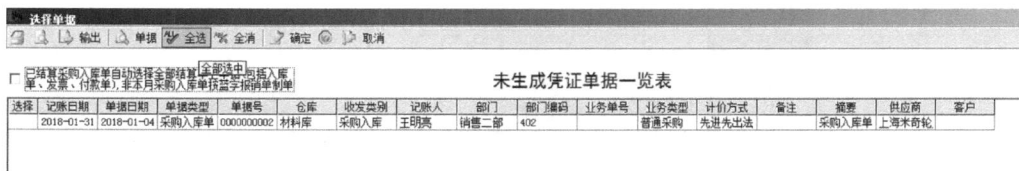

图5-18　未生成凭证单据一览表

（7）单击"选择"栏，选中待生成凭证的单据，单击"确定"按钮。

（8）选择"转账凭证"，分别录入或选择"存货"科目编码140303，"对方"科目编码1402，如图5-19所示。

图5-19　生成凭证对话框

（9）单击"生成"按钮，生成一张转账凭证，单击"保存"按钮，如图5-20所示。

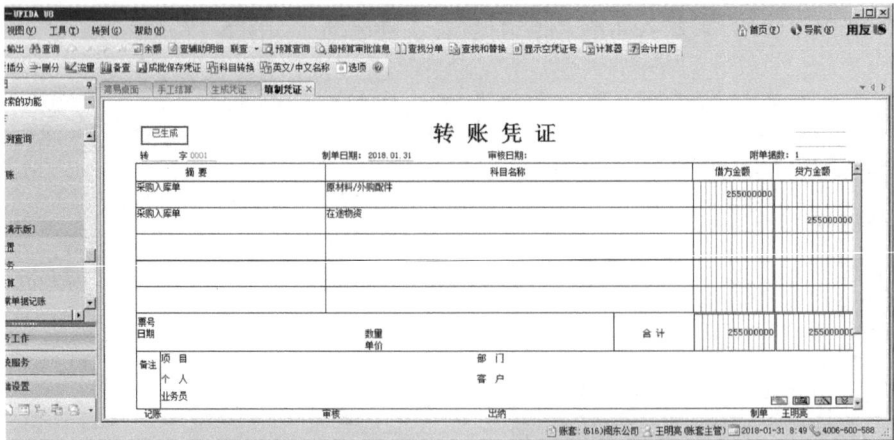

图 5-20　存货入库的转账凭证

7. 财务部门确认应付账款

具体操作步骤如下：

（1）进入应付款管理系统，执行"应付单据处理"/"应付单据审核"命令，打开"单据过滤条件"对话框，如图 5-21 所示。

图 5-21　应付单查询条件对话框

（2）单击"确定"按钮，打开"应付单据列表"窗口，单击"全选"按钮，如图 5-22 所示。

图 5-22　应付单据列表

（3）单击"审核"按钮，系统完成审核并给出审核报告，单击"确定"按钮，然后退出，如图 5-23 所示。

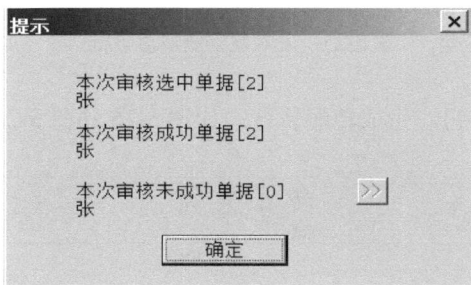

图 5-23　应付单据审核报告提示对话框

（4）执行"制单处理"命令，打开"制单查询"对话框，选择"发票制单"复选框，如图 5-24 所示。

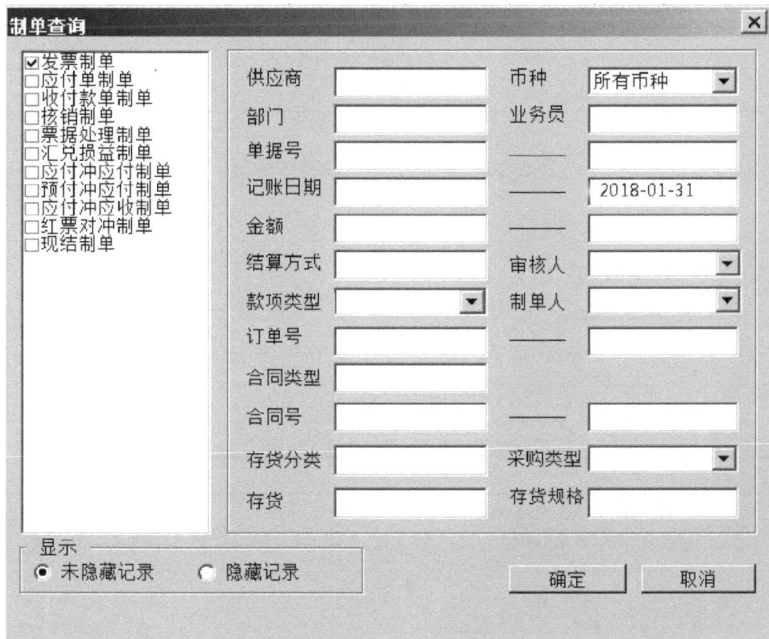

图 5-24　制单查询对话框

（5）单击"确定"按钮，打开"采购发票制单"窗口。

（6）选择"转账凭证"，修改制单日期为 2018-01-31，再单击"全选"按钮，选中要制单的"采购入库单"，如图 5-25 所示。

图 5-25　采购发票制单对话框

（7）单击"制单"按钮，生成转账凭证，如图 5-26 和图 5-27 所示。

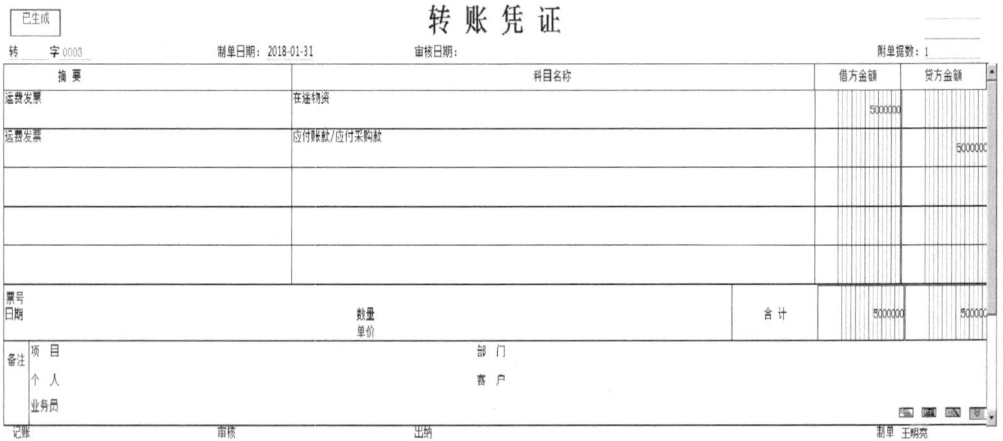

图 5-26　采购发票生成转账凭证

图 5-27　运费发票生成转账凭证

（六）第 4 笔业务

1. 填制采购发票与执行采购结算

具体操作步骤如下：

（1）在“业务工作”选项卡中，执行“供应链”/“采购管理”命令，打开采购管理系统。执行“采购发票”/“专用采购发票”命令，打开“采购专用发票”窗口。

（2）单击“增加”按钮，修改开票日期为 2018-01-05，选择部门为“采购部”，业务员为“王小小”，并修改发票号为 LZ00011。

（3）执行“生单”/“入库单”命令，打开“查询条件”窗口。

（4）单击“确定”按钮，打开“发票拷贝入库单列表”窗口，单击“选择”栏选中发票，如图 5-28 所示。

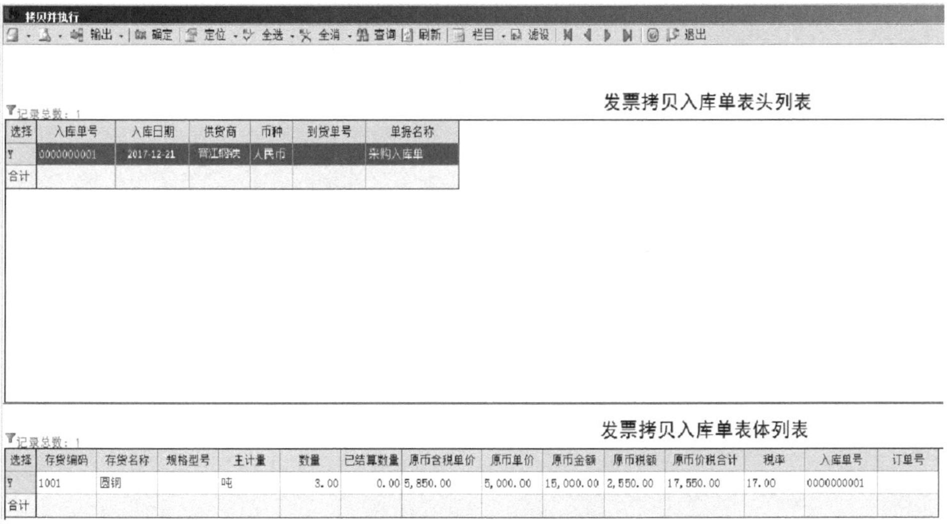

选择	入库单号	入库日期	供货商	币种	到货单号	单据名称
Y	0000000001	2017-12-21	晋江钢铁	人民币		采购入库单
合计						

选择	存货编码	存货名称	规格型号	主计量	数量	已结算数量	原币含税单价	原币单价	原币金额	原币税额	原币价税合计	税率	入库单号	订单号
Y	1001	圆钢		吨	3.00	0.00	5,850.00	5,000.00	15,000.00	2,550.00	17,550.00	17.00	0000000001	
合计														

图 5-28　发票拷贝入库单列表

（5）单击“确定”按钮，生成一张采购专用发票，单击“保存”按钮，如图 5-29 所示。

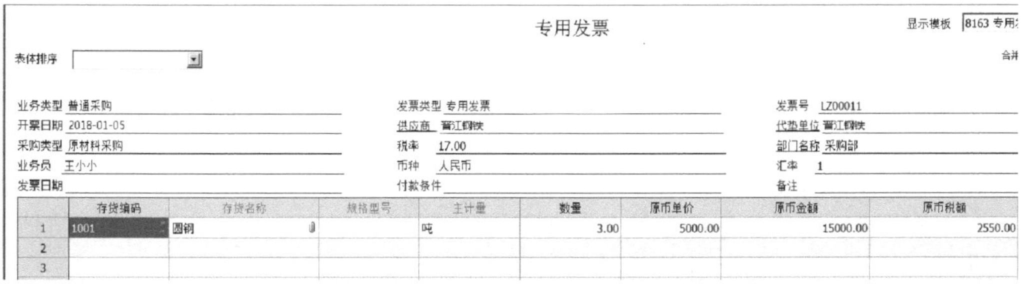

	存货编码	存货名称	规格型号	主计量	数量	原币单价	原币金额	原币税额
1	1001	圆钢		吨	3.00	5000.00	15000.00	2550.00
2								
3								

图 5-29　采购发票

（6）单击"现付"按钮，打开"采购现付"窗口，选择结算方式为现金支票，录入结算金额为 17550，票据号为 XJ0055，如图 5-30 所示。

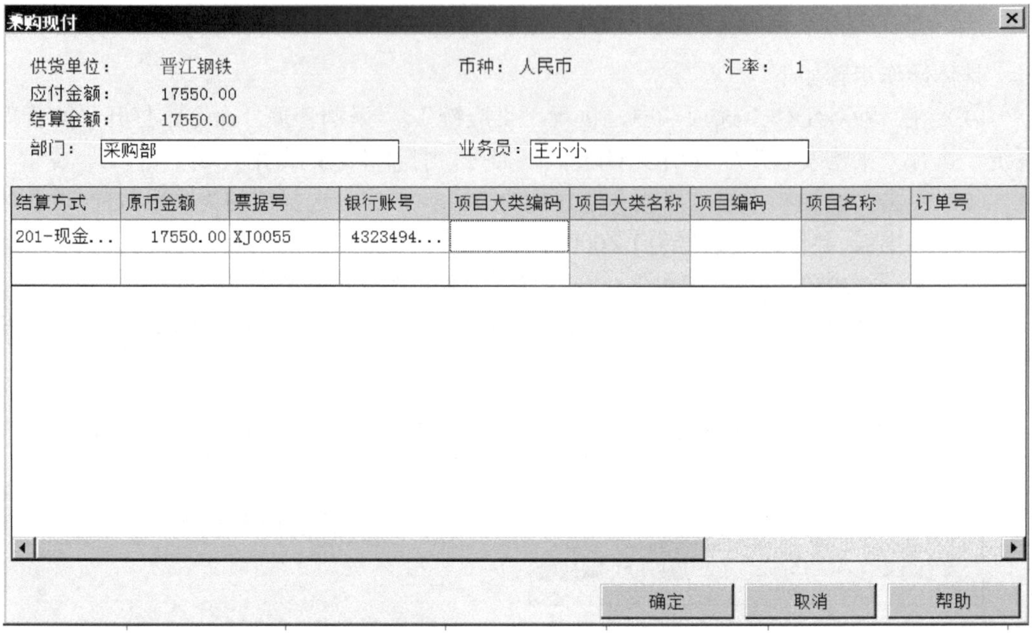

图 5-30　采购现付对话框

（7）对完成已现付的发票，单击"结算"按钮，即可进行采购发票和采购入库单的自动结算工作，发票上显示"已现付"和"已结算"，如图 5-31 所示。

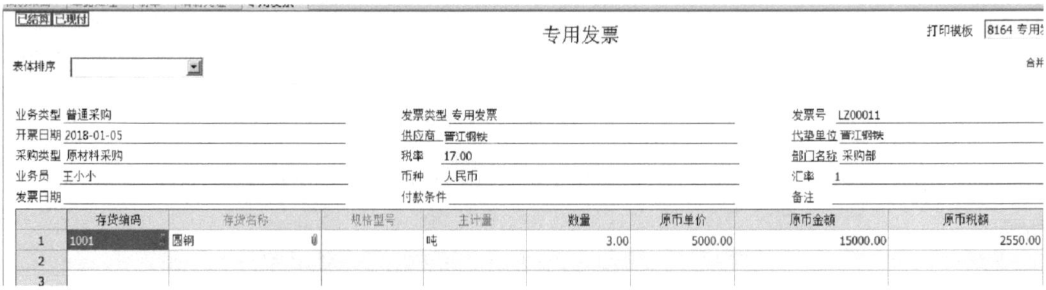

图 5-31　采购专用发票

2. 暂估处理

具体操作步骤如下：

（1）在存货核算系统中，执行"业务核算"/"结算成本处理"命令，打开"暂估处理查询"对话框。

（2）选中"材料库"前的复选框，如图 5-32 所示。

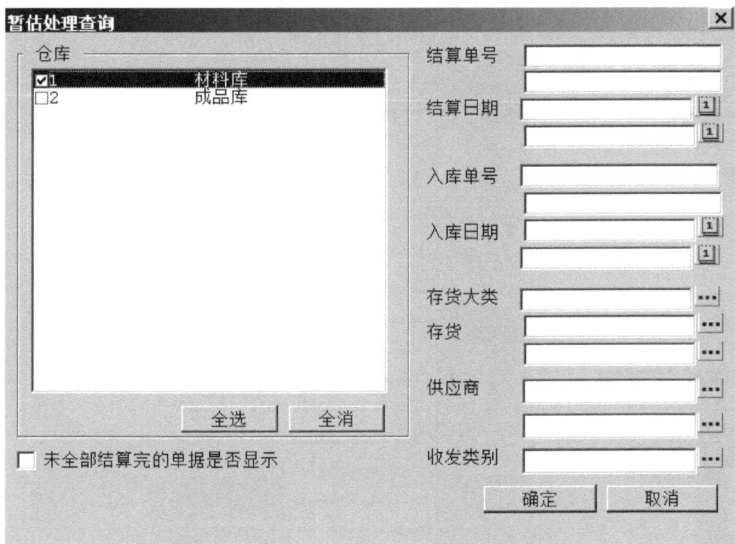

图 5-32　暂估处理查询

（3）单击"确定"按钮，打开"暂估结算表"窗口。

（4）单击"选择"栏，选中要暂估结算的结算单，如图 5-33 所示。

图 5-33　暂估结算表

（5）单击"暂估"按钮。

3. 生成"红字回冲单"凭证

具体操作步骤如下：

（1）在存货核算系统中，执行"财务核算"/"生成凭证"命令，打开"生成凭证"对话框。

（2）单击"选择"按钮，打开"查询条件"对话框。

（3）选中"（24）红字回冲单"复选框和要生成凭证的单据，如图 5-34 所示。

（4）单击"确定"按钮，打开"未生成凭证单据一览表"窗口，如图 5-35 所示。

（5）单击"选择"栏。

（6）单击"确定"按钮，打开"生成凭证"窗口。

（7）录入"存货"科目编码 140301，"应付暂估"科目编码 220202，选择"转账凭证"，如图 5-36 所示。

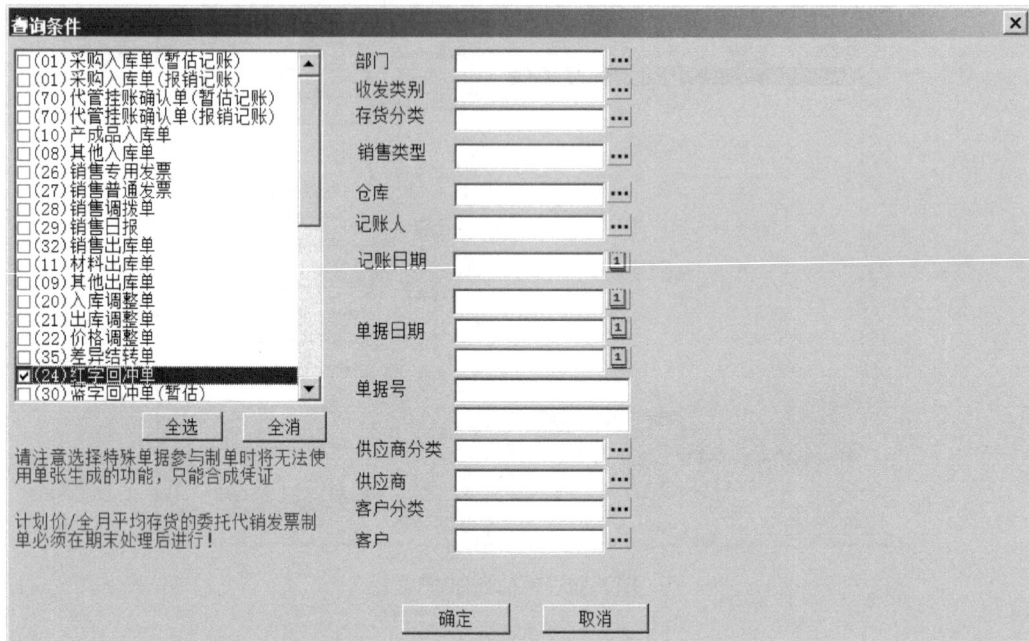

图 5-34 查询条件对话框

图 5-35 未生成凭证单据一览表

图 5-36 生成凭证对话框

（8）单击"生成"按钮，生成一张转账凭证，单击"保存"按钮，如图 5-37 所示。

4. 生成"蓝字回冲单（报销）"凭证

具体操作步骤如下：

（1）在存货核算系统中，执行"财务核算"/"生成凭证"命令，打开"生成凭证"对话框。

（2）单击"选择"按钮，打开"查询条件"对话框，如图 5-38 所示。

（3）选中"（30）蓝字回冲单（报销）"复选框，再单击"确定"按钮，打开"未生成凭证单据一览表"窗口。

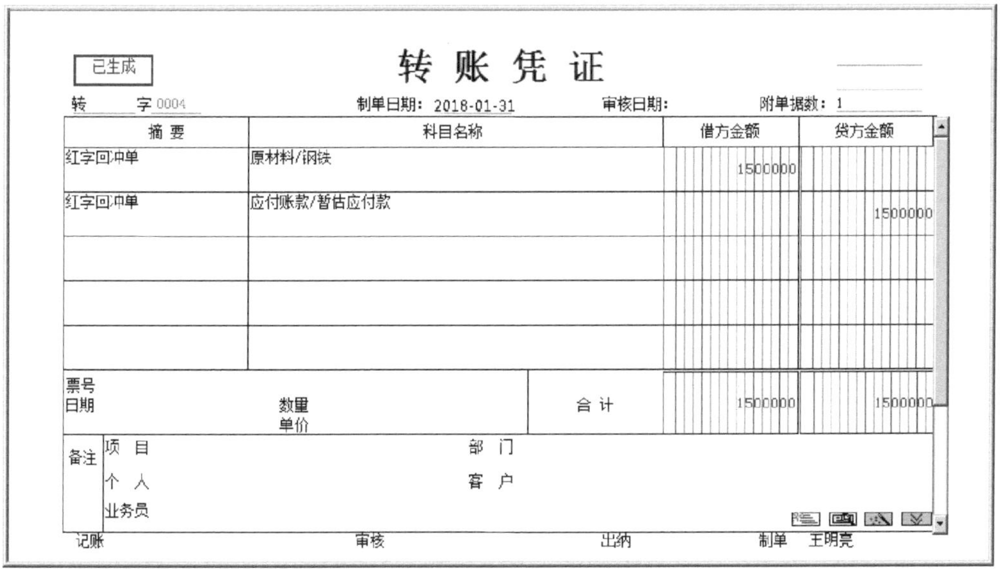

图 5-37　红字回冲单转账凭证

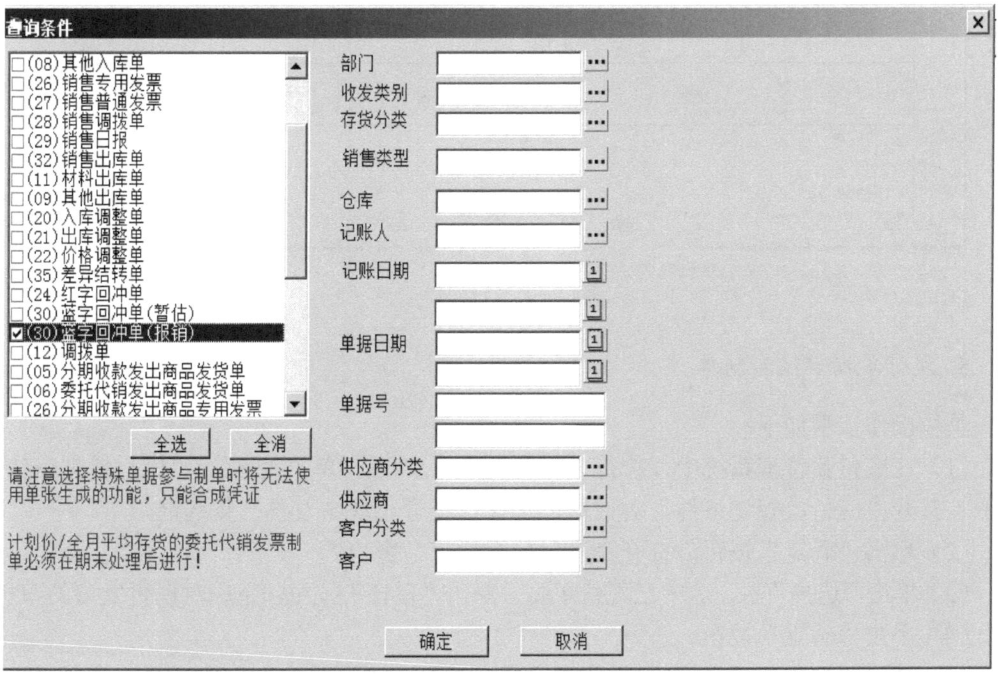

图 5-38　查询条件对话框

（4）单击"选择"栏，再单击"确定"按钮，打开"生成凭证"窗口。

（5）修改凭证类别为"转账凭证"，录入"存货"科目编码 140301，"对方"科目编码 1402，单击"生成"按钮，生成一张转账凭证，如图 5-39 所示。

（6）单击"保存"按钮，如图 5-40 所示。

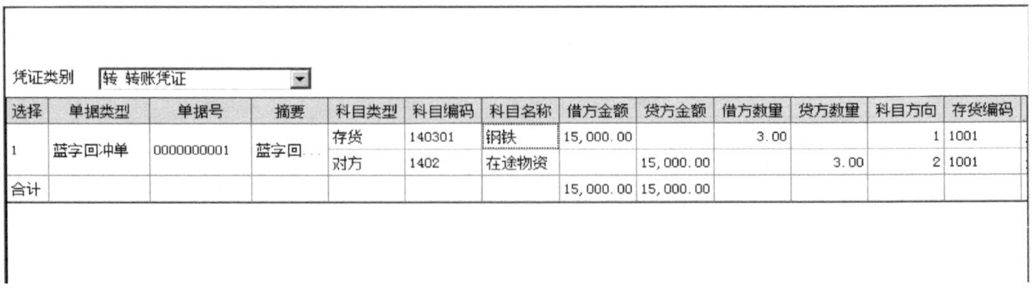

选择	单据类型	单据号	摘要	科目类型	科目编码	科目名称	借方金额	贷方金额	借方数量	贷方数量	科目方向	存货编码
1	蓝字回冲单	0000000001	蓝字回...	存货	140301	钢铁	15,000.00		3.00		1	1001
				对方	1402	在途物资		15,000.00		3.00	2	1001
合计							15,000.00	15,000.00				

图 5-39　生成凭证对话框

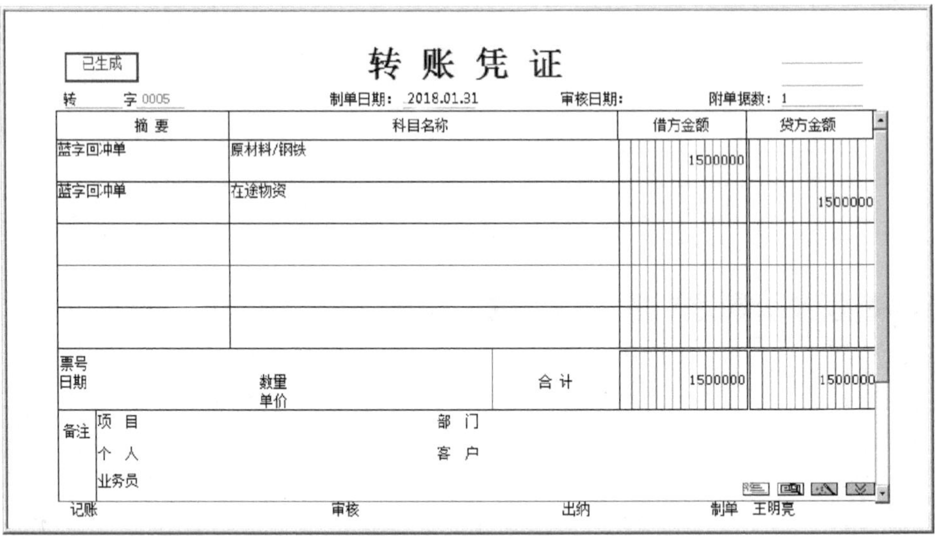

图 5-40　转账凭证

5. 现付单据审核和制单

具体操作步骤如下：

（1）在应付款管理系统中，执行“日常处理”/“应付单据处理”/“应付单据审核”命令，打开“应付单查询条件”对话框，选择“包含已现结发票”复选框。

（2）单击“确定”按钮，打开“应付单据列表”窗口。

（3）单击“选择”栏，选中已现付单据。单击“审核”按钮，完成对现付发票的审核。

（4）单击“确定”按钮。

（5）执行“应付管理”/“制单处理”命令，打开“制单查询”对话框，选择“现结制单”复选框，如图 5-41 所示。

（6）单击“确定”按钮，打开“现结制单”窗口。

（7）单击“全选”按钮，选择凭证类别为“付款凭证”。单击“制单”按钮，生成一张付款凭证自动传递到总账系统，如图 5-42 所示。

（8）单击“保存”按钮，如图 5-43 所示。

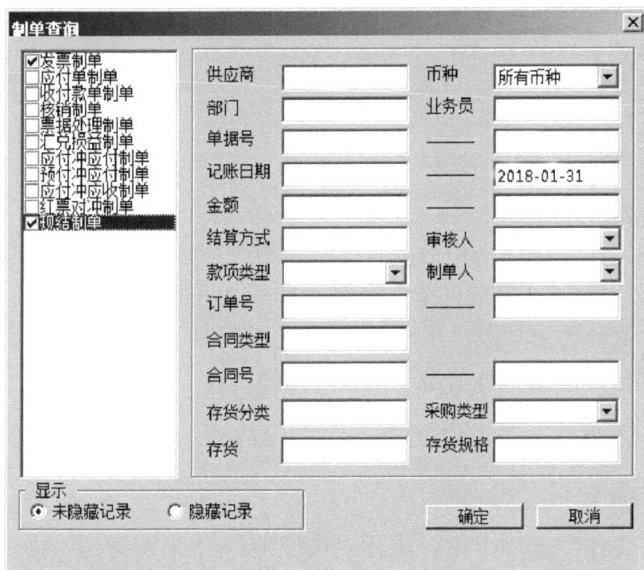

图 5-41 制单查询对话框

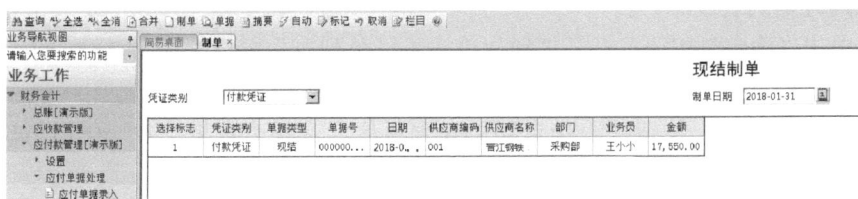

图 5-42 现结制单

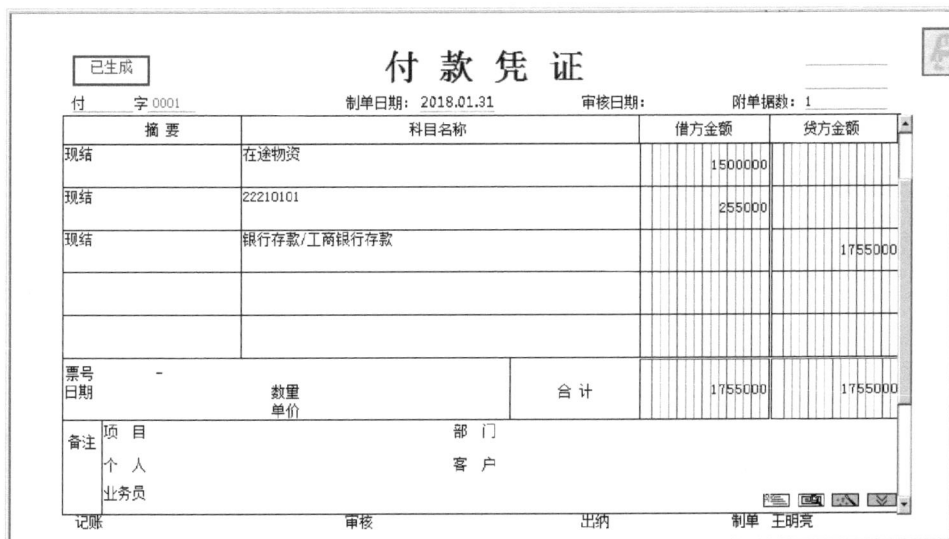

图 5-43 生成付款凭证

（七）第 5、6 笔业务

1. 生成采购订单

具体操作步骤如下：

（1）在"业务工作"选项卡中，执行"供应链"/"采购管理"命令，打开采购管理系统。执行"采购订货"/"采购订单"命令，打开"采购订单"窗口。

（2）根据实验资料要求填制"采购订单"，订单日期为 2018-01-01。

（3）单击"保存"按钮，再单击"审核"按钮。

2. 生成采购到货单

具体操作步骤如下：

（1）在"业务工作"选项卡中，执行"供应链"/"采购管理"命令，打开采购管理系统。执行"采购到货"/"到货单"命令，打开"到货单"窗口。

（2）单击"增加"按钮，修改日期为 2018-01-04，执行"生单"/"采购订单"命令，打开"采购订单列表过滤"窗口。

（3）单击"确定"按钮，打开"到货单拷贝订单列表"窗口，双击鼠标左键选中需要拷贝的订单，即打上"Y"选中标志。

（4）单击"确定"按钮，系统自动生成到货单，修改"数量"为 3090，如图 5-44 所示。

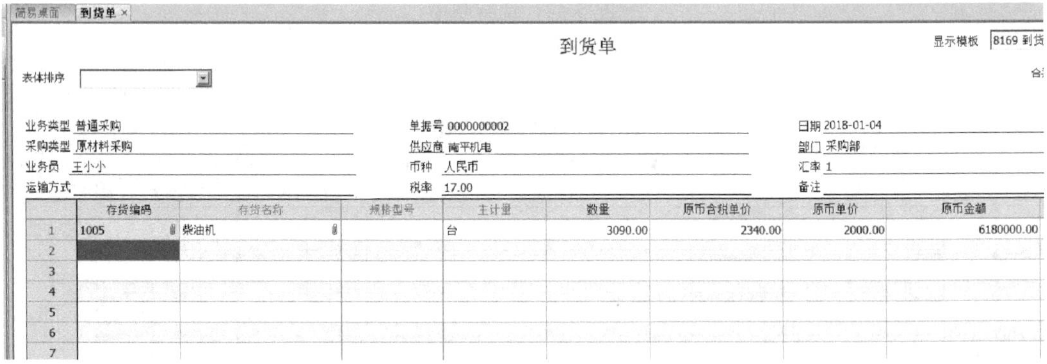

图 5-44　到货单

（5）单击"保存"按钮，再单击"审核"按钮。

3. 生成采购入库单

具体操作步骤如下：

（1）在"业务工作"选项卡中，执行"供应链"/"库存管理"命令，打开库存管理系统。执行"入库业务"/"采购入库单"命令，打开"采购入库单"窗口。

（2）执行"生单"/"采购到货单"命令，打开"采购到货单列表"窗口。

（3）单击"确定"按钮，打开"到货单生单"窗口，双击鼠标左键选中需要拷贝的单据，即打上"Y"选中标志。

（4）单击"确定"按钮，系统显示生成的采购入库单。

（5）单击"保存"按钮，再单击"审核"按钮，审核生成的入库单，如图5-45所示。

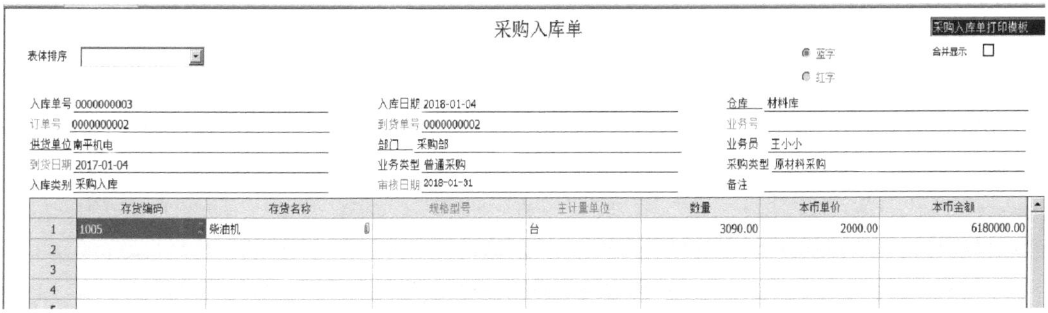

图5-45 采购入库单

4. 采购发票与采购结算

具体操作步骤如下：

（1）在"业务工作"选项卡中，执行"供应链"/"采购管理"命令，打开采购管理系统。执行"采购发票"/"专用采购发票"命令，打开"采购专用发票"窗口。

（2）单击"增加"按钮，修改开票日期为2018-01-04，选择部门为"采购部"，业务员为"王小小"，并修改发票号为WH05055。

（3）执行"生单"/"采购订单"命令，打开"查询条件"窗口。

（4）单击"确定"按钮，打开"发票拷贝订单列表"窗口。双击所要选择的采购订单，选择栏显示Y，如图5-46所示。

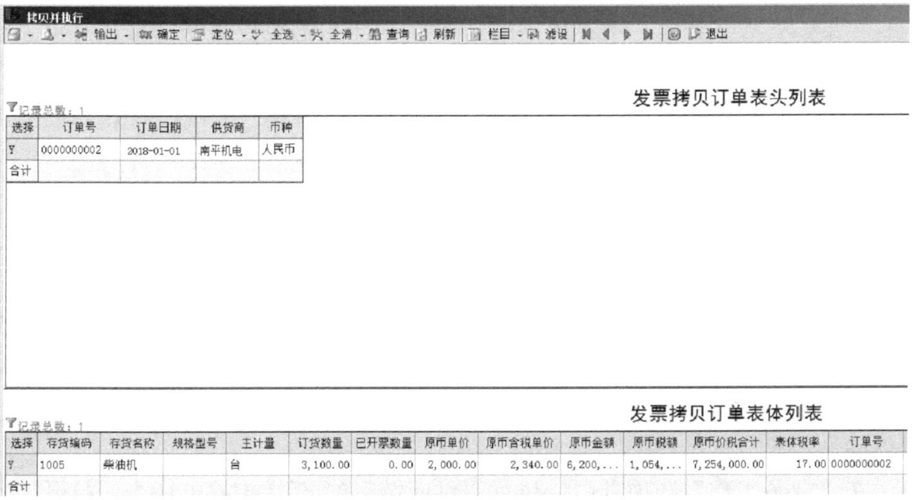

图5-46 发票拷贝订单列表

（5）单击"确定"按钮，生成"采购专用发票"，如图 5-47 所示。

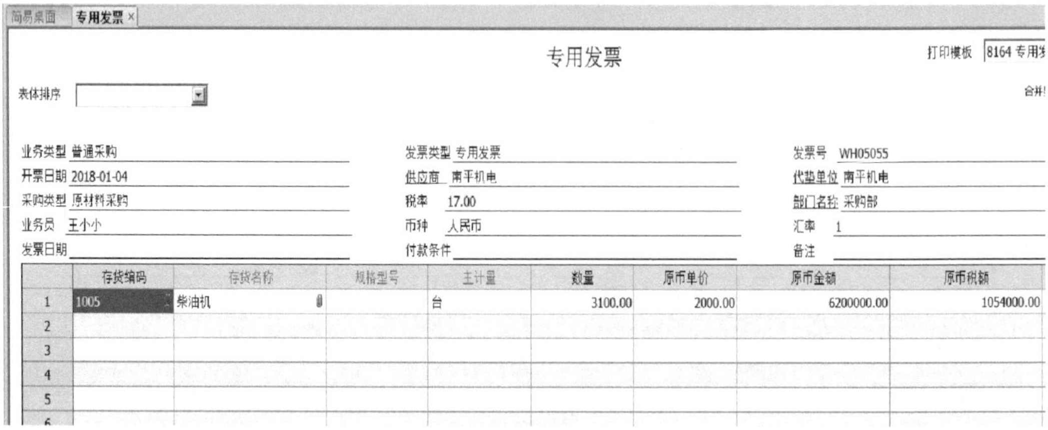

图 5-47　专用发票

（6）单击"保存"按钮。

（7）在基础设置中，执行"基础档案"/"业务"/"非合理损耗类型"命令，增加非合理损耗类型编码 01，非合理损耗类型名称为"采购员王小小责任"，单击"保存"按钮，如图 5-48 所示。

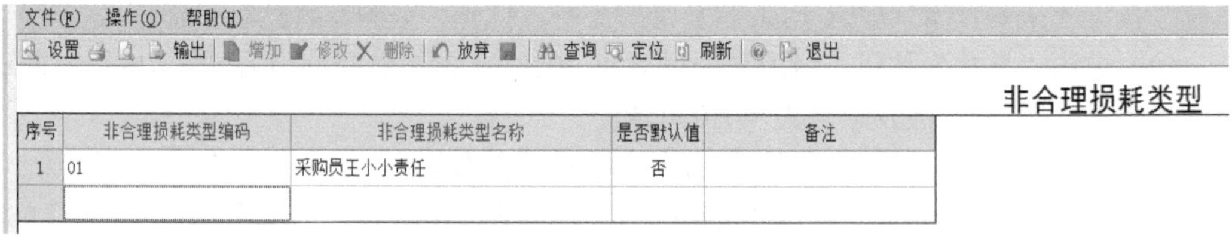

图 5-48　非合理损耗类型

（8）在采购管理系统中，执行"采购结算"/"手工结算"命令，打开"手工结算"窗口。

（9）单击"选单"按钮，在"结算选单"窗口单击"查询"按钮，单击"确定"按钮。选择相应的采购入库单和采购发票，如图 5-49 所示。

（10）单击"确定"按钮。

（11）在发票的"非合理损耗数量"栏输入10，在"非合理损耗金额"栏输入20000，在"非合理损耗类型"选择"01 采购员王小小责任"，如图 5-50 所示。

（12）单击"结算"按钮，系统弹出"完成结算"信息提示框，单击"确定"按钮。

5. 存货成本结算

具体操作步骤如下：

（1）在"业务工作"选项卡中，执行"供应链"/"存货核算"命令，打开采购管理系统。执行"业务核算"/"正常单据记账"命令，打开"正常单据记账条件"对话框。

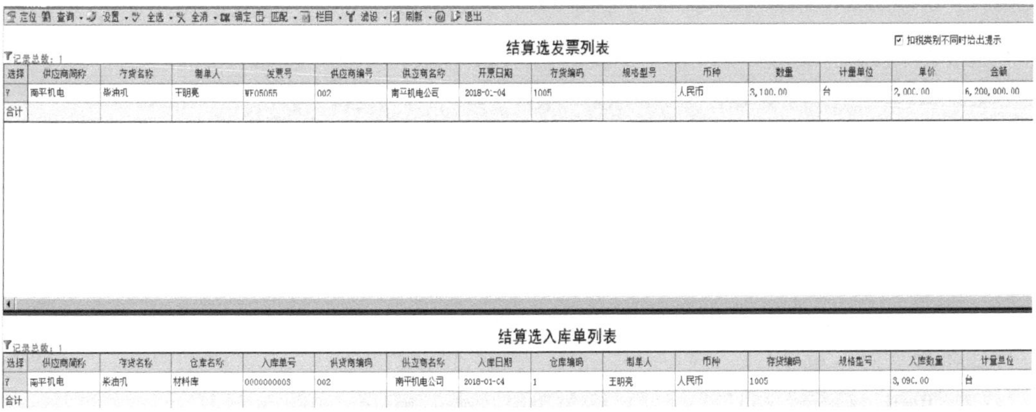

图 5-49 结算选单对话窗口

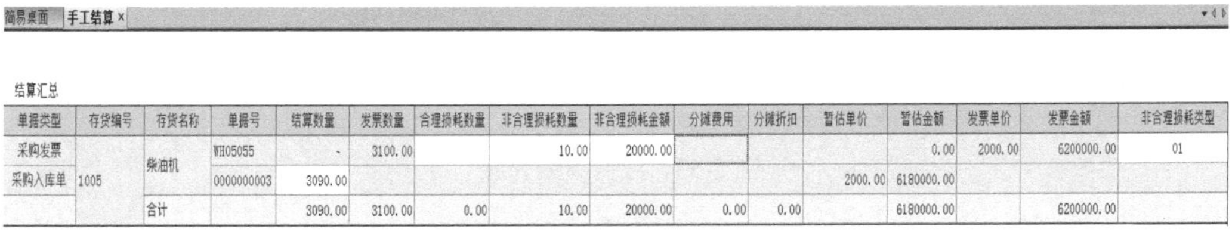

图 5-50 手工结算对话框

（2）选择仓库中的"材料库"，单击"确定"按钮。

（3）打开"正常单据记账列表"窗口，单击"全选"按钮，如图 5-51 所示。

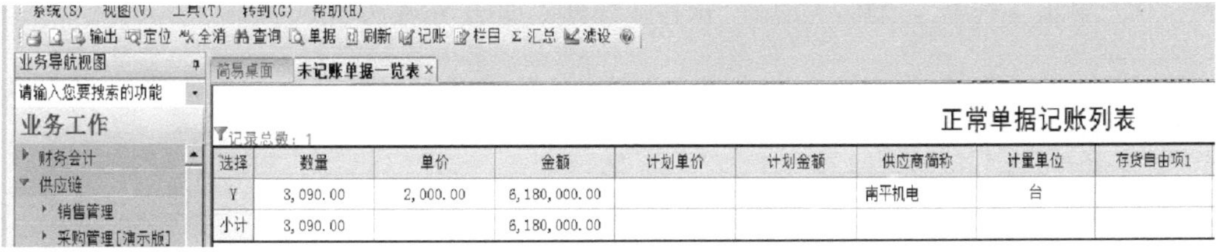

图 5-51 未记账单据一览表

（4）单击"记账"按钮，弹出"记账成功"对话框，单击"确定"按钮。

（5）执行"财务核算"/"生成凭证"命令，打开"生成凭证"窗口。

（6）单击"选择"按钮，打开"查询条件"对话框。

（7）选中"（01）采购入库单（报销记账）"复选框。

（8）单击"确定"按钮，打开"未生成凭证单据一览表"窗口，如图 5-52 所示。

（9）单击"选择"栏，选中待生成的票据，单击"确定"按钮。

（10）选择"转账凭证"，分别录入或选择"存货"科目编码 140303，"对方"科目编码 1402。

（11）单击"生成"按钮，生成一张转账凭证，单击"保存"按钮。

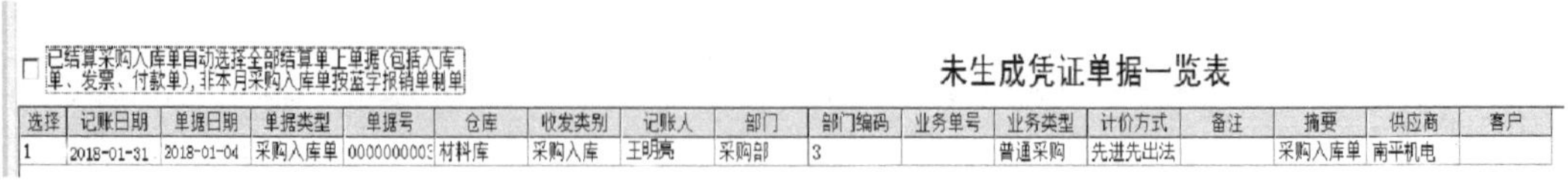

图 5-52　未生成凭证单据一览表

6. 财务部门确认应付款

具体操作步骤如下：

（1）进入应付款管理系统，执行"应付单据处理"/"应付单据审核"命令，打开"单据过滤条件"对话框。

（2）单击"确定"按钮，打开"应付单据列表"窗口，如图 5-53 所示。

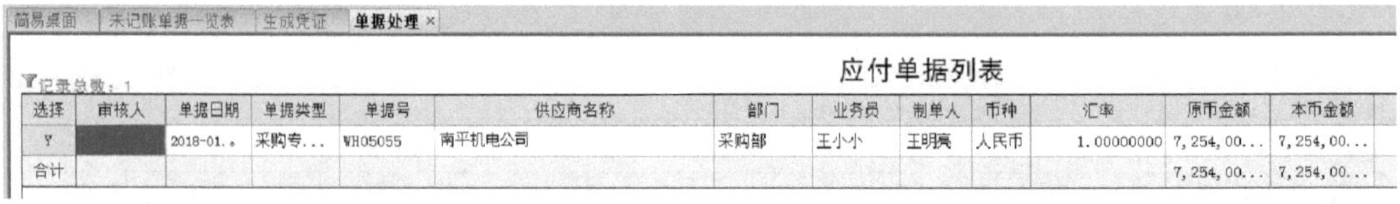

图 5-53　应付单据列表

（3）单击"全选"栏。

（4）单击"审核"按钮，系统完成审核并给出审核报告，单击"确定"按钮。

（5）执行"制单处理"命令，打开"制单查询"对话框，选择"发票制单"复选框。

（6）单击"确定"按钮，打开"采购发票制单"窗口。

（7）选择"转账凭证"，选中要制单的"采购入库单"。

（8）单击"制单"按钮，生成一张转账凭证，如图 5-54 所示。

图 5-54　转账凭证

（八）第 7 笔业务

具体操作步骤如下：

（1）在采购管理系统中，执行"采购到货"/"到货退货单"命令。单击"增加"按钮，执行"生单"/"采购订单"命令，退货数量为40台柴油机，单价为2000元，如图5-55所示。

	存货编码	存货名称	规格型号	主计量	数量	原币含税单价	原币单价	原币金额	原币税
1	1005	柴油机		台	-40.00	2340.00	2000.00	-80000.00	
2									
3									
4									

图 5-55　采购退货单

（2）单击"保存"按钮，再单击"审核"按钮。

（3）在库存管理系统中，执行"入库业务"/"采购入库单"命令。单击"生单"按钮，选择"采购到货单"生单，在生单列表中选择对应的采购到货单，单击"确定"按钮，并对生成的采购入库单进行审核，如图5-56所示。

	存货编码	存货名称	规格型号	主计量单位	数量	本币单价	本币金额
1	1005	柴油机		台	-40.00	2000.00	-80000.0
2							
3							
4							
5							

图 5-56　采购退货业务的红字入库单

（4）在采购管理系统中，执行"采购发票"/"红字采购发票"命令，单击"增加"按钮，再单击"生单"按钮，选择"入库单"生单。

（5）在生单列表中选择对应的红字采购入库单，单击"确定"按钮，生成红字专用采购发票，单击"保存"按钮，如图5-57所示。

（6）在采购管理系统中，执行"采购结算"/"自动结算"命令。选择"入库单和发票""红蓝入库单""红蓝发票"复选框，单击"确定"按钮，执行自动结算，如图5-58所示。

（7）确认采购成本。

①在"业务工作"选项卡中，执行"供应链"/"存货核算"/"业务核算"/"正常单据记账"命令。

图 5-57 红字专用采购发票

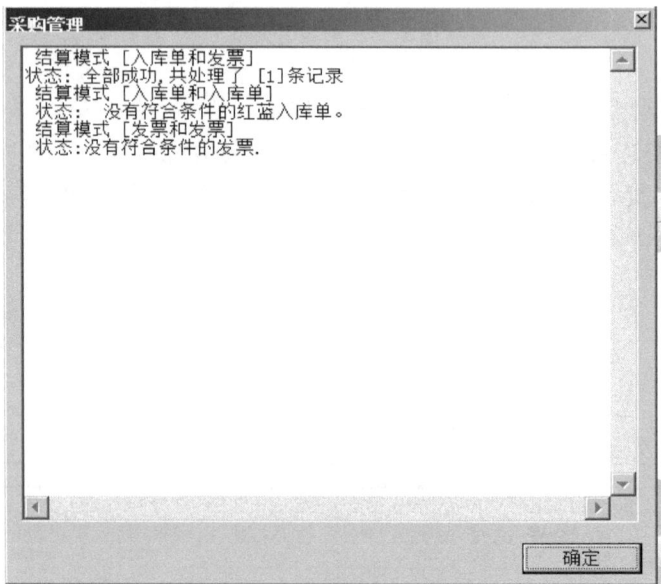

图 5-58 红蓝单据结算成功

②在弹出的"查询条件选择"对话框中，仓库为材料库。

③在弹出的"未记账单据一览表"窗口，双击鼠标左键选中需要拷贝的请购单，即打上"Y"标志。单击"记账"按钮，打开"记账成功"窗口。

（8）生成凭证。

①在"业务工作"选项卡中，执行"供应链"/"存货核算"/"财务核算"/"生成凭证"命令。

②单击"选择"按钮，在弹出的"查询条件"窗口中，选中"采购入库单（报销记账）"，单击"确定"按钮。

③在弹出的"未生成凭证单据一览表"窗口，单击"全选"按钮，再单击"确定"按钮。

④修改凭证类别为"转账凭证"，再录入存货科目为"原材料-外购配件"，对方科目为"在途物资"。单击"生成"按钮，生成一张转账凭证，单击"保存"。

⑤单击“生成”按钮，生成一张转账凭证，修改凭证日期为2018-01-31，单击“保存”按钮。

（9）应付单据审核。

①在“业务工作”选项卡中，执行“财务会计”/“应付款管理”/“应付单据处理”/“应付单据审核”命令。

②在弹出的“应付单查询条件”窗口中，单据日期为“20180101”到“20180131”，单击“确定”按钮。

③在弹出的“单据处理”窗口中，单击“全选”/“确定”按钮，再单击“审核”按钮。

（九）第8笔业务

具体操作步骤如下：

（1）在“业务工作”选项卡中，执行“供应链”/“采购管理”命令，打开采购管理系统。执行“采购订货”/“采购订单”命令，打开“采购订单”窗口。

（2）单击“增加”按钮，修改订单日期为2018-01-01，根据实验资料依次录入订货信息，如图5-59所示。

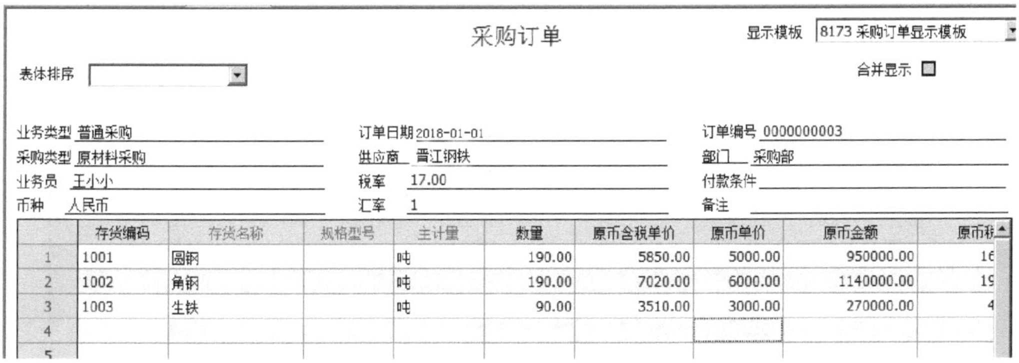

	存货编码	存货名称	规格型号	主计量	数量	原币含税单价	原币单价	原币金额	原币税
1	1001	圆钢		吨	190.00	5850.00	5000.00	950000.00	16
2	1002	角钢		吨	190.00	7020.00	6000.00	1140000.00	19
3	1003	生铁		吨	90.00	3510.00	3000.00	270000.00	4
4									
5									

图5-59　采购订单

（十）第9笔业务

1. 生成采购到货单

具体操作步骤如下：

（1）在“业务工作”选项卡中，执行“供应链”/“采购管理”命令，打开采购管理系统。执行“采购到货”/“到货单”命令，打开“到货单”窗口。

（2）单击“增加”按钮，修改日期为2018-01-03，执行“生单”/“采购订单”命令，打开“采购订单列表过滤”。

（3）单击“确定”按钮，打开“到货单拷贝订单列表”窗口，双击鼠标左键选中需要拷贝的订单，即打上“Y”选中标志，如图5-60所示。

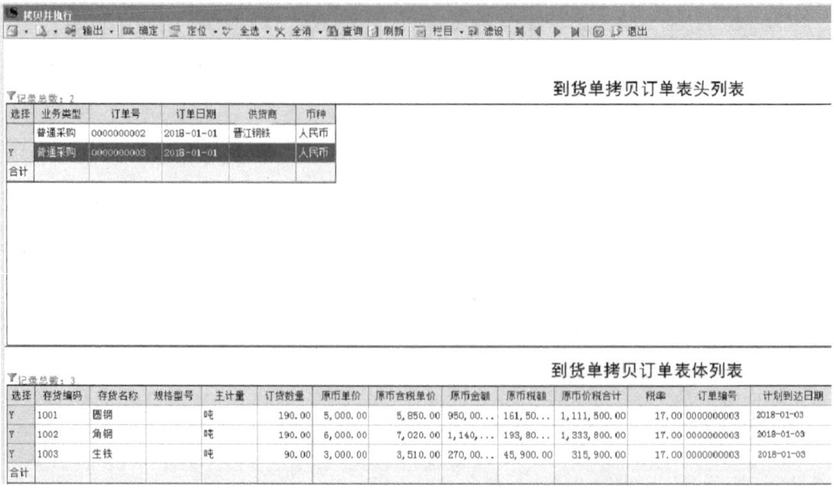

图 5-60　到货单拷贝订单列表

（4）单击"确定"按钮，自动生成到货单，修改表体中"生铁"的"数量"为 89，单击"保存"按钮和"审核"按钮，如图 5-61 所示。

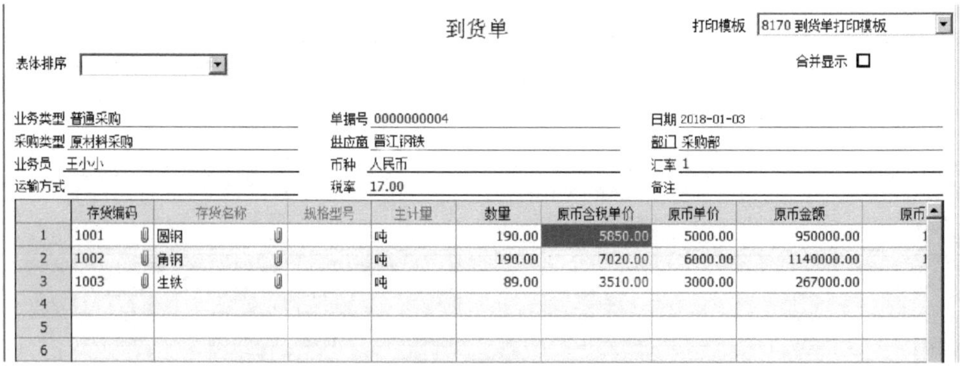

图 5-61　到货单

2. 生成采购入库单

具体操作步骤如下：

（1）在"业务工作"选项卡中，执行"供应链"/"库存管理"命令，打开库存管理系统。执行"入库业务"/"采购入库单"命令，打开"采购入库单"窗口。

（2）执行"生单"/"采购到货单"命令，打开"到货单生单列表"，如图 5-62 所示。

（3）单击"确定"按钮，系统显示生成的入库单，如图 5-63 所示。

（4）单击"审核"按钮，弹出"审核成功"对话框，单击"确定"按钮。

（5）在采购管理系统中，执行"采购发票"/"专用采购发票"命令，根据采购订单生成采购发票。

（6）单击"保存"按钮，再单击"现付"按钮，支付 30% 的款项，另外 70% 形成应付账款，如图 5-64 所示。

图 5-62　到货单生单列表

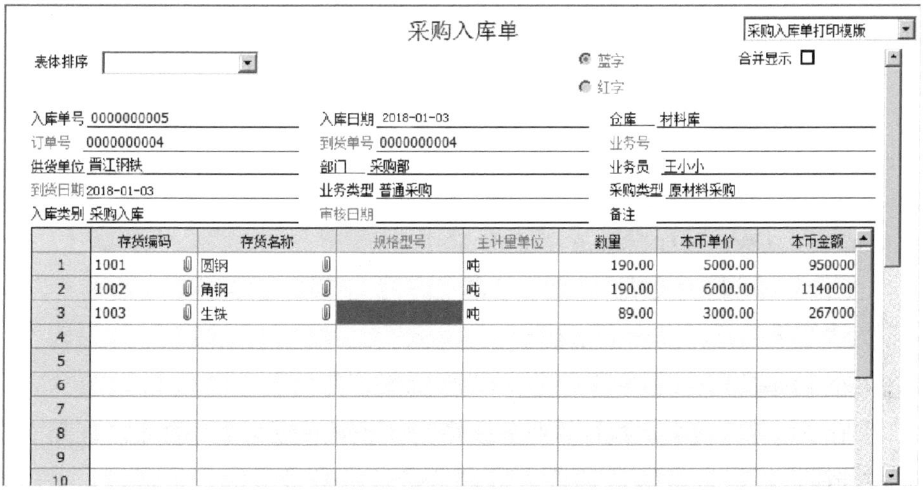

图 5-63　采购入库单

图 5-64　采购专用发票

（7）在采购管理系统中，执行"采购结算"/"手工结算"命令，打开"结算选单"窗口，如图 5-65 所示。

结算选单
定位 · 查询 · 设置 · 全选 · 全消 · OK 确定 · 匹配 · 栏目 · 滤设 · 刷新 · 退出

结算选发票列表　　　　　　　　　　　　　　　　　　　　　　　　　☑ 扣税类别不同时给出提示

记录总数：3

选择	供应商简称	存货名称	制单人	发票号	供应商编号	供应商名称	开票日期	存货编码	规格型号	币种	数量	计量单位	单价	金额
	晋江钢铁	圆钢	王明亮	LZ55555	001	晋江钢铁公司	2018-01-03	1001		人民币	190.00	吨	5,000.00	950,000.00
	晋江钢铁	角钢	王明亮	LZ55555	001	晋江钢铁公司	2018-01-03	1002		人民币	190.00	吨	6,000.00	1,140,000.00
	晋江钢铁	生铁	王明亮	LZ55555	001	晋江钢铁公司	2018-01-03	1003		人民币	90.00	吨	3,000.00	270,000.00
计													

结算选入库单列表

记录总数：3

选择	供应商简称	存货名称	仓库名称	入库单号	供货编码	供应商名称	入库日期	仓库编码	制单人	币种	存货编码	规格型号	入库数量	计量单位
	晋江钢铁	圆钢	材料库	0000000005	001	晋江钢铁公司	2018-01-03	1	李明	人民币	1001		190.00	吨
	晋江钢铁	角钢	材料库	0000000005	001	晋江钢铁公司	2018-01-03	1	李明	人民币	1002		190.00	吨
	晋江钢铁	生铁	材料库	0000000005	001	晋江钢铁公司	2018-01-03	1	李明	人民币	1003		89.00	吨
计													

图 5-65　结算选单窗口

（8）单击"选单"按钮，再单击"查询"按钮，并选择采购发票和采购入库单，单击"确定"按钮。

（9）输入合理损耗数量 1。

（10）单击"结算"按钮，完成结算。

3. 确认采购成本

具体操作步骤如下：

（1）在存货核算系统中，执行"业务核算"/"正常单据记账"命令，打开"正常单据记账"对话框。

（2）单击"全选"按钮，再单击"记账"按钮，将采购入库单记账。

（3）执行"财务核算"/"生成凭证"命令，打开"生成凭证"窗口。

（4）单击"选择"按钮，打开"查询条件"对话框。

（5）选中"（01）采购入库单（报销记账）"复选框。

（6）单击"确定"按钮，打开"未生成凭证单据一览表"窗口。

（7）单击"选择"栏，选中待生成凭证的单据，单击"确定"按钮。

（8）选择"转账凭证"，录入或选择"对方"科目编码 1402。

（9）单击"生成"按钮，生成一张转账凭证，单击"保存"按钮，如图 5-66 所示。

4. 应付单据审核

具体操作步骤如下：

（1）在应付款系统中，执行"应付单据处理"/"应付单据审核"命令，打开"应付单查询条件"对话框，选中"包含已现结发票"复选框。

图 5-66　转账凭证

（2）单击"确定"按钮，打开"应付单据列表"窗口。

（3）单击"全选"按钮，再单击"审核"按钮。

5. 制单处理

具体操作步骤如下：

（1）在应付款系统中，执行"制单处理"命令，打开"制单查询"对话框，如图 5-67 所示。

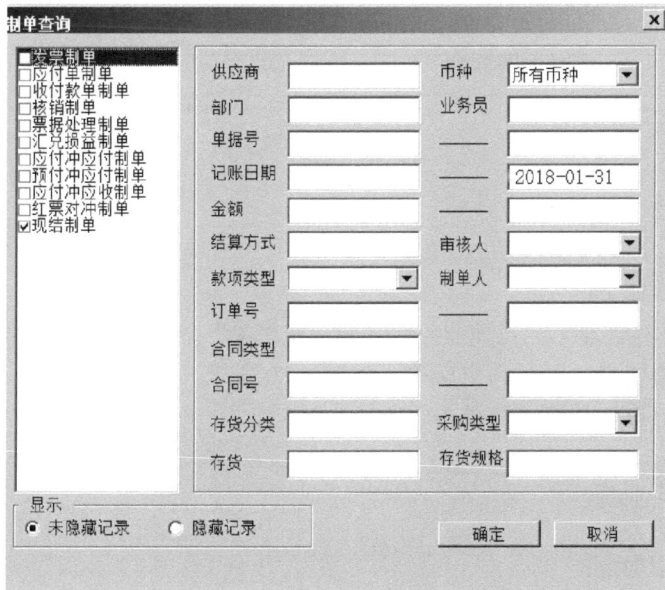

图 5-67　制单查询对话框

（2）选择"现结制单"复选框，取消"发票制单"复选框。

（3）单击"确定"按钮，打开"现结制单"窗口。

（4）单击"全选"按钮，修改凭证类别为"付款凭证"，再单击"制单"按钮，如图 5-68 所示。

图 5-68　现结制单

（5）在"现金流量录入修改"对话框中，"项目编码"输入 04。

（6）生成一张付款凭证，单击"保存"按钮，如图 5-69 所示。

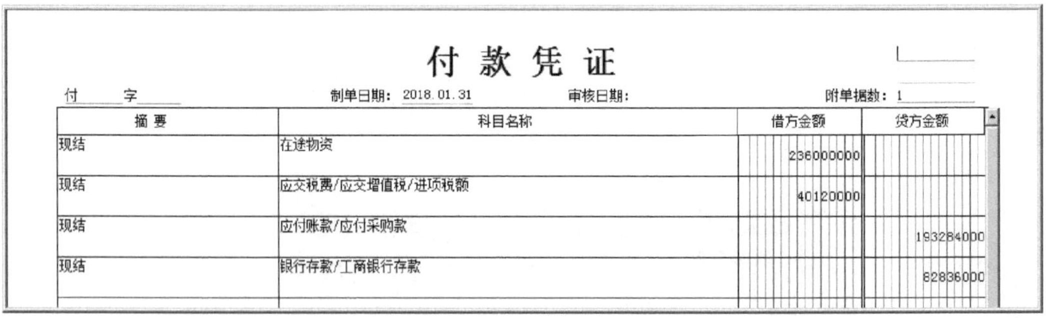

图 5-69　付款凭证

（十一）第 10 笔业务

具体操作步骤如下：

（1）执行"库存管理"/"出库业务"/"材料出库单"命令，打开"材料出库单"窗口。

（2）根据实验资料填写材料出库单，如图 5-70 所示。

（3）单击"保存"按钮，再单击"审核"按钮。

（十二）第 11 笔业务

具体操作步骤如下：

（1）执行"库存管理"/"入库业务"/"产成品入库单"命令，打开"产成品入库单"窗口。

（2）根据实验资料填写产成品入库单，如图 5-71 所示。

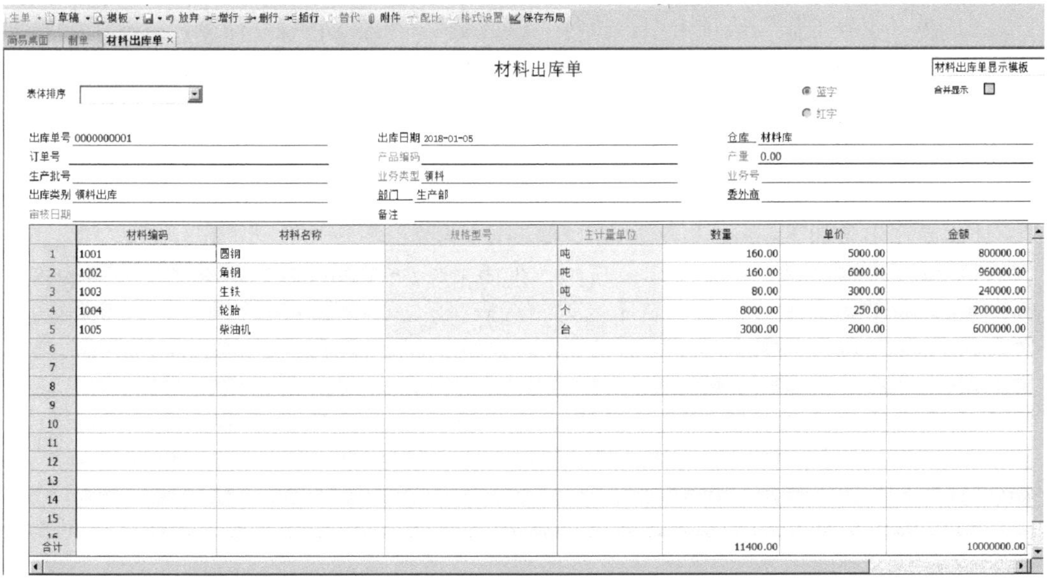

材料出库单

	材料编码	材料名称	规格型号	主计量单位	数量	单价	金额
1	1001	圆钢		吨	160.00	5000.00	800000.00
2	1002	角钢		吨	160.00	6000.00	960000.00
3	1003	生铁		吨	80.00	3000.00	240000.00
4	1004	轮胎		个	8000.00	250.00	2000000.00
5	1005	柴油机		台	3000.00	2000.00	6000000.00
6							
7							
8							
9							
10							
11							
12							
13							
14							
15							
16							
合计					11400.00		10000000.00

图 5-70 材料出库单

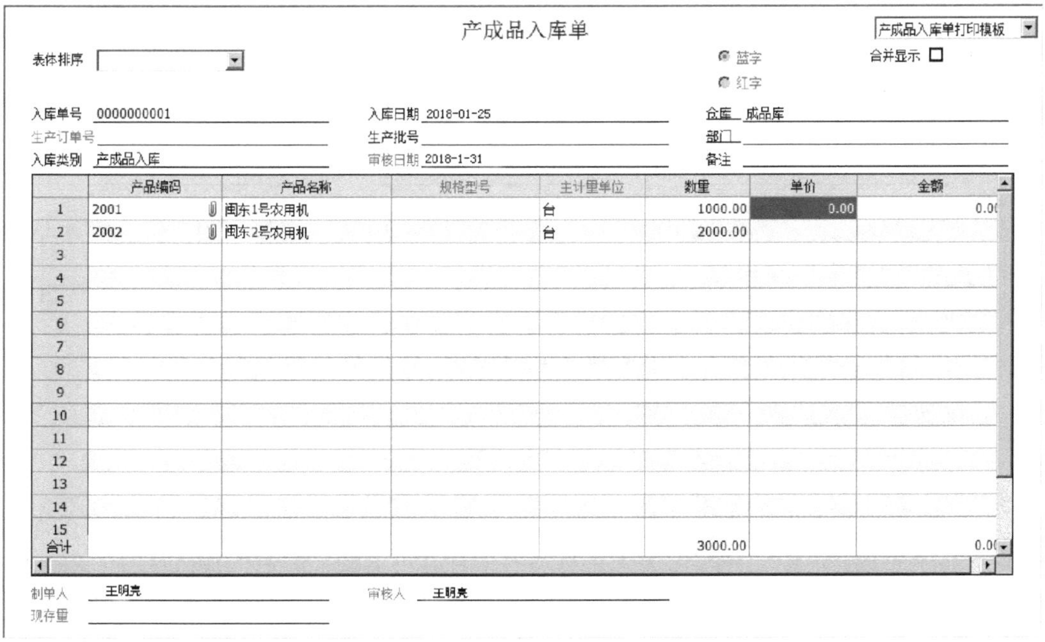

产成品入库单

	产品编码	产品名称	规格型号	主计量单位	数量	单价	金额
1	2001	闽东1号农用机		台	1000.00	0.00	0.00
2	2002	闽东2号农用机		台	2000.00		
3							
4							
5							
6							
7							
8							
9							
10							
11							
12							
13							
14							
15 合计					3000.00		0.00

制单人 王明亮   审核人 王明亮
现存量

图 5-71 产成品入库单

（3）单击"保存"按钮，再单击"审核"按钮。

（十三）第 12 笔业务

1. 生成采购订单

具体操作步骤如下：

（1）在"业务工作"选项卡中，执行"供应链"/"采购管理"命令，打开采购管理系统。执行"采购订货"/"采购订单"命令，打开"采购订单"窗口。

（2）根据实验资料填写采购订单，单击"保存"按钮，再单击"审核"按钮。

2. 生成采购到货单

具体操作步骤如下：

（1）在"业务工作"选项卡中，执行"供应链"/"采购管理"命令，打开采购管理系统。执行"采购到货"/"到货单"命令，打开"到货单"窗口。

（2）单击"增加"按钮，修改到货单日期为 2018-01-30，执行"生单"/"采购订单"命令，打开"采购订单列表过滤"窗口。

（3）单击"确定"按钮，打开"到货单拷贝订单列表"窗口，单击"选择"栏，选中对应的订单，单击"确定"按钮。

（4）系统显示生成的到货单，单击"确定"按钮，再单击"审核"按钮，如图 5-72 所示。

图 5-72　到货单

3. 生成采购入库单

具体操作步骤如下：

（1）在"业务工作"选项卡中，执行"供应链"/"库存管理"命令，打开库存管理系统。执行"入库业务"/"采购入库单"命令，打开"采购入库单"窗口。

（2）执行"生单"/"采购到货单"命令，打开"到货单生单列表"窗口。

（3）单击"选择"按钮，选中相应的到货单。

（4）系统显示生成的采购入库单，由于没有发票，可以只录数量，"本币单价"栏为空。

（5）单击"保存"按钮，再单击"审核"按钮，对采购入库单进行审核，如图 5-73 所示。

4. 暂估成本

具体操作步骤如下：

（1）在"业务工作"选项卡中，执行"供应链"/"存货核算"命令，打开存货核算系统。执行"业务核算"/"暂估成本录入"命令，打开"查询条件选择"窗口。

图 5-73 采购入库单

（2）单击"确定"按钮，打开"暂估成本录入"窗口。录入暂估单位成本，单击"保存"按钮，如图 5-74 所示。

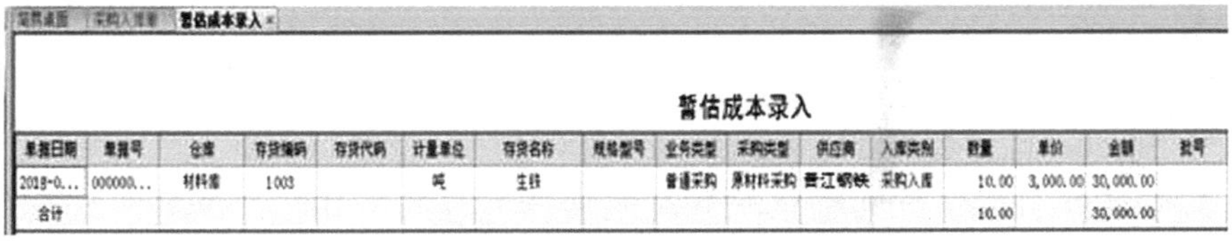

图 5-74 暂估成本录入

5. 单据记账

具体操作步骤如下：

（1）在"业务工作"选项卡中，执行"供应链"/"存货核算"命令，打开存货核算系统。执行"业务核算"/"正常单据记账"命令，打开"查询条件选择"窗口。

（2）单击"确定"按钮，打开"正常单据记账"窗口。

（3）单击"选择"按钮，选中要记账的单据。

（4）单击"记账"按钮记账。

6. 生成凭证

具体操作步骤如下：

（1）在"业务工作"选项卡中，执行"供应链"/"存货核算"命令，打开存货核算系统。执行"财务核算"/"生成凭证"命令，打开"生成凭证"窗口。

（2）单击"选择"按钮，打开"查询条件"对话框。

（3）选中"采购入库单（暂估记账）"复选框。

（4）单击"确定"按钮，打开"未生成凭证单据一览表"窗口，如图 5-75 所示。

（5）单击"全选"按钮，再单击"确定"按钮。

（6）修改凭证类别为"转账凭证"，再录入"存货"科目为 140302 生铁，"应付暂估"科目为 220202 暂估应付款。

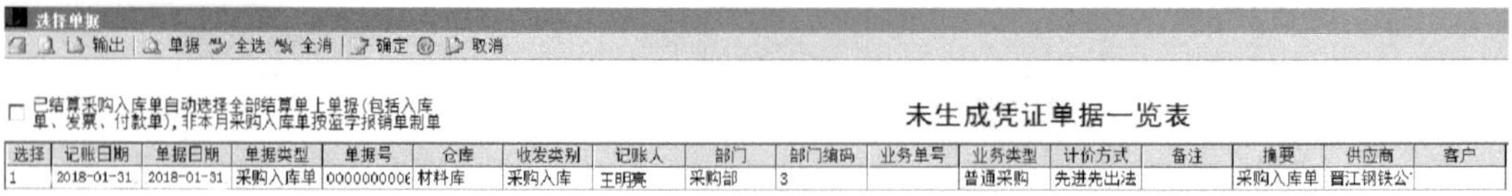

图 5-75　未生成凭证单据一览表

（7）单击"生成"按钮，生成一张"转账凭证"。

（8）单击"保存"按钮保存，如图 5-76 所示。

图 5-76　转账凭证

实验六 销售管理系统初始化

一、实验目的

通过本实验的学习，能掌握销售业务处理流程，深入了解销售管理系统、库存管理系统、存货核算系统、应收款管理系统、总账系统之间的数据传递关系，能集成使用各个系统并正确及时地处理普通销售业务、直运销售业、分期收款销售业务等。

二、实验内容

本实验的主要内容有以下几个方面：
（1）设置销售管理系统参数。
（2）应收款管理系统参数设置和初始设置。
（3）销售管理系统期初数据录入。
（4）应收款管理系统期初数据录入。

三、实验资料

（一）设置销售管理系统参数

本部分主要包括如下内容：
（1）有分期收款业务。
（2）有委托代销业务。
（3）有直运销售业务。
（4）销售生成出库单。
（5）普通销售必有订单。
（6）新增发货单参照订单生成。
（7）新增退货单、新增发票参照发货生成。
（8）其他设置由系统默认。

（二）应收账款管理系统参数设置和初始设置

（1）应收款管理系统选项如表 6-1 所示。

表 6-1 应收款管理系统选项

单据审核日期依据	单据日期	坏账处理方式	应收余额百分比法
受控科目制单方式	明细到单据	控制科目依据	按客户
销售科目依据	按存货	应收款核销方式	按单据

（2）应收款管理系统初始设置如表 6-2 所示。

表 6-2 应收款管理系统初始设置

初始设置	初始设置
应收科目：1122 应收账款	预收科目：2203 预收账款
销售收入科目：6001 主营业务收入	税金科目：22210102 销项税
销售退回科目：6001 主营业务收入	银行承兑科目：1121 应收票据
商业承兑科目：1121 应收票据	票据利息科目：6603

（3）控制科目设置：按客户设置。应收科目 1122，预收科目 2203。

（4）产品科目设置：按存货设置。销售收入和销售退回科目 6001，应交增值税/销项税 22210102。

（5）结算方式科目设置如表 6-3 所示。

表 6-3 结算方式科目设置

科目	编码	科目	编码
现金结算	1001	银行汇票	100201
现金支票	100201	商业承兑汇票	100201
转账支票	100201	银行承兑汇票	100201

（6）坏账准备设置：提取比例 0.5%，坏账准备期初余额为 34 913.5 元，坏账准备科目 1231，对方科目 6701 资产减值损失。

（三）单据编号设置

销售专用发票号允许手工修改，重号时自动重取。

（四）应收管理系统的期初余额

存货税率均为 17%，开票日期均为 2017 年，如表 6-4 所示。

表 6-4 应收管理系统的期初余额

单据名称	开票日期	票号	客户简称	销售人员	科目编码	货物名称	数量（台）	单价（元）	价税合计（元）
销售专用发票	10.3	HY111333	湖州农机	孟世聪	1122	闽东1号农用机	400	5000	2340000
销售专用发票	11.11	HY222666	三明农机	孟世聪	1122	闽东1号农用机	160	5000	936000
销售专用发票	12.3	HY555999	中南农机	张婷	1122	闽东2号农用机	50	3500	204750
销售专用发票	12.13	HY789789	龙岩农机	张婷	1121	闽东2号农用机	30	3500	122850

注：湖州农机、三明农机、中南农机、龙岩农机的全称分别为湖北湖州农机公司、福建三明农机公司、湖南中南农机公司、福建龙岩农机公司

（五）销售管理系统期初数（销售系统价格均为不含税价格）

期初发货单：2017 年 12 月 26 日，向湖州农机发出闽东 1 号农用机，3 台，单价 5000 元，成品仓。销售部门为销售一部，销售类型为批发销售。保存并审核。

四、实验操作

（一）销售管理系统参数设置

在处理销售日常业务之前，需要设置销售管理系统参数，以确定销售业务的范围、类型及对各种销售业务的核算要求。这是销售管理系统初始化的一项重要工作。一旦销售管理系统开始处理日常业务，部分系统参数就不能修改或重新设置。因此，在系统初始化时设置好相关的系统参数非常重要。

具体操作步骤如下：

（1）在企业应用平台中，执行"供应链"/"销售管理"命令，打开销售管理系统。

（2）在系统菜单下，执行"设置"/"销售选项"命令，打开"销售选项"对话框。

（3）打开"业务控制"选项卡，选中"有委托代销业务""有直运销售业务""有分期收款业务""销售生成出库单""普通销售必有订单"复选框，如图 6-1 所示。

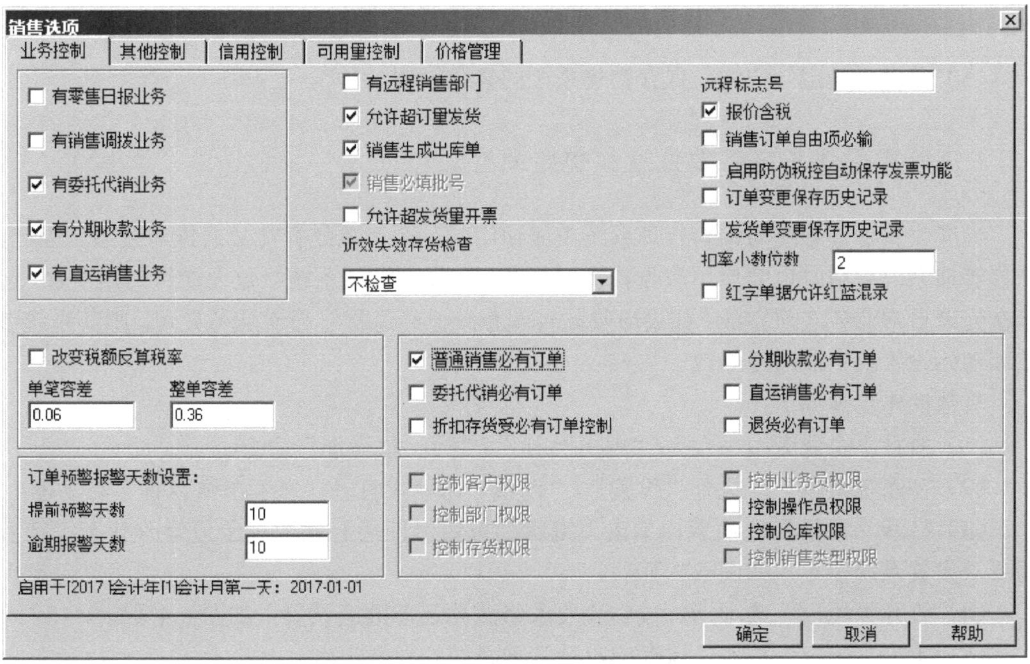

图 6-1　销售选项——业务控制

（4）打开"其他控制"选项卡，"新增发货单默认"选择"参照订单"；"新增退货单默认"选择"参照发货"；"新增发票默认"选择"参照发货"。其他选项按系统默认设置，如图 6-2 所示。

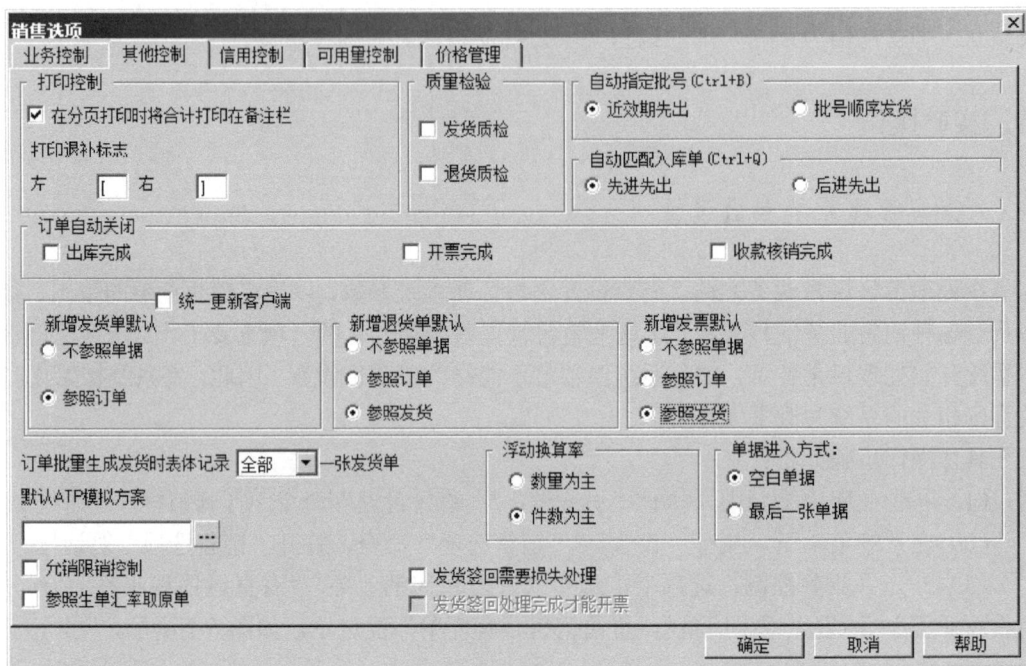

图 6-2　销售选项——其他控制

（5）单击"确定"按钮，保存销售系统的参数设置。

（二）应收款管理系统参数设置和初始设置

当应收款管理系统与销售管理系统集成使用时，两个系统存在数据传递关系。因此，销售管理系统启用时也要启用应收款管理系统。应收款管理系统参数设置和初始设置，应该在处理日常业务之前完成。如果应收款管理系统已经进行了日常业务处理，则其系统参数和初始设置就不能随便修改。

具体操作步骤如下：

（1）执行"企业应用平台"/"财务会计"/"应收款管理"命令。

（2）在系统菜单下，执行"设置"/"选项"命令，打开"账套参数设置"对话框。

（3）打开"常规"选项卡，单击"编辑"按钮，使所有参数处于可修改状态，按实验要求设置系统参数，如图 6-3 所示。

（4）打开"凭证"选项卡，按实验要求修改凭证参数的设置，如图 6-4 所示。

（5）单击"确定"按钮，保存应收款管理系统的参数设置。

（6）执行"初始设置"/"基本科目设置"命令，根据实验要求对应收款管理系统的基本科目进行设置，如图 6-5 所示。

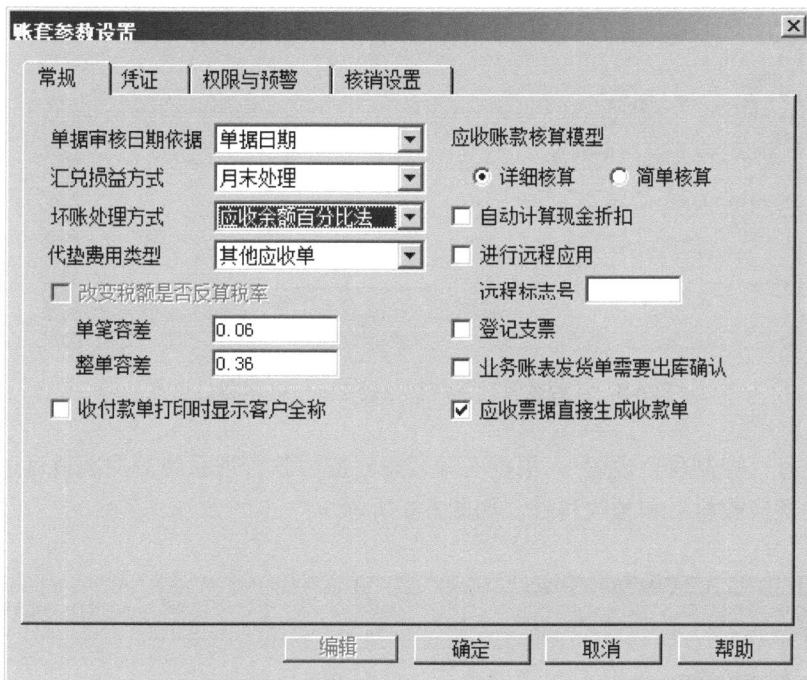

图 6-3　应收款管理系统参数设置——常规

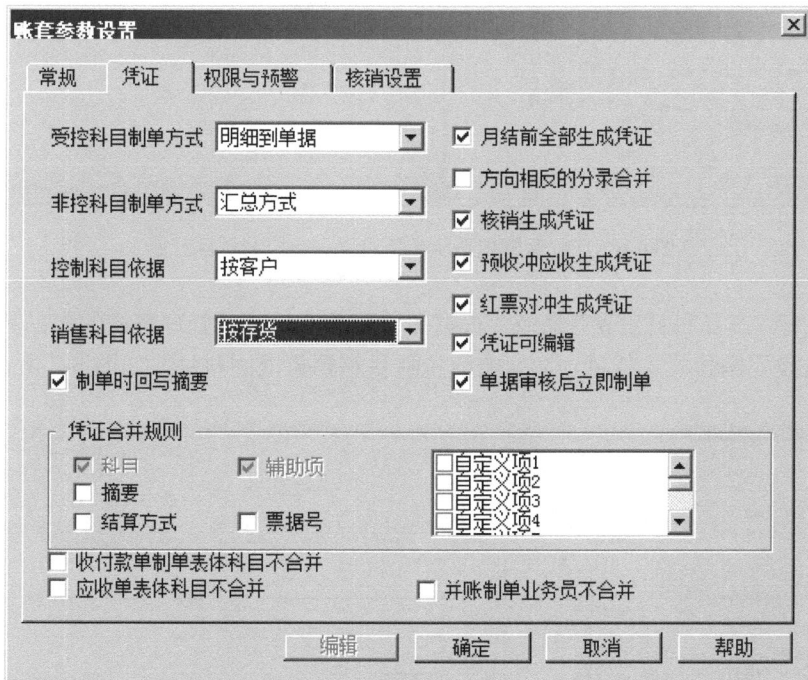

图 6-4　应收款管理系统参数设置——凭证

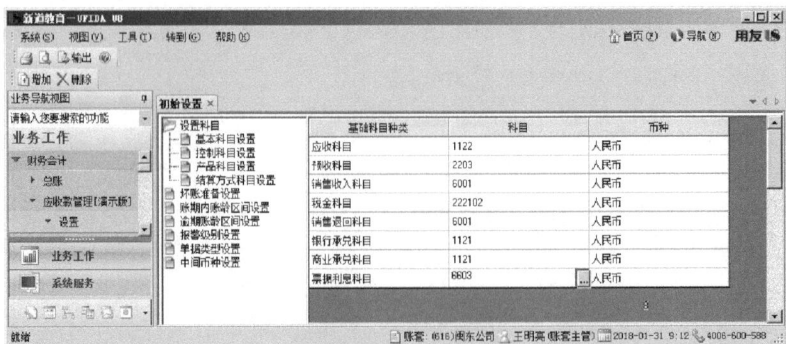

图 6-5　应收款管理系统初始设置——基本科目设置

（7）执行"控制科目设置"，根据实验要求对应收款管理系统的控制科目进行设置，即按客户设置应收科目和预收科目，如图 6-6 所示。

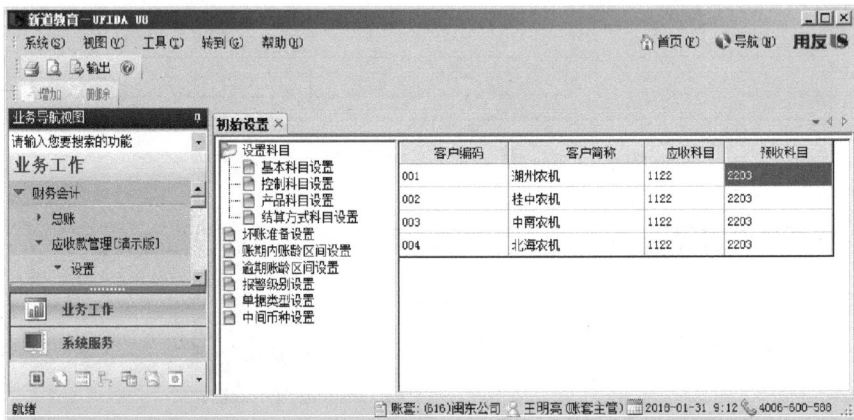

图 6-6　应收款管理系统初始设置——控制科目设置

（8）执行"产品科目设置"命令，根据实验要求对应收款管理系统的产品科目进行设置，按存货设置销售收入科目、应交增值税科目和销售退回科目，如图 6-7 所示。

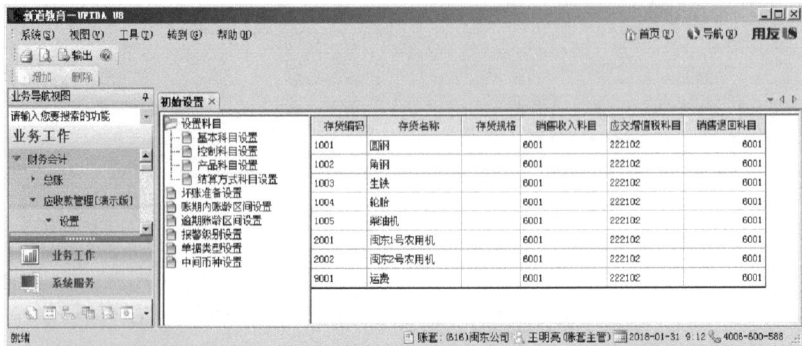

图 6-7　应收款管理系统初始设置——产品科目设置

（9）执行"结算方式科目设置"命令，根据实验要求对应收款管理系统的结算方式科目进行设置，如图 6-8 所示。

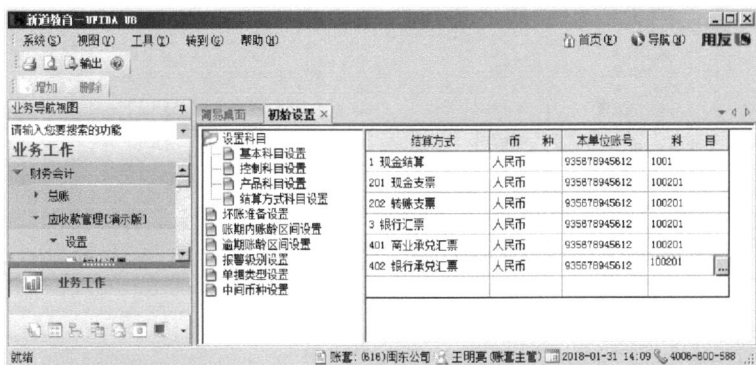

图 6-8 应收款管理系统初始设置——结算方式科目设置

（10）执行"坏账准备设置"命令，分别录入相关内容并确认，如图 6-9 所示。

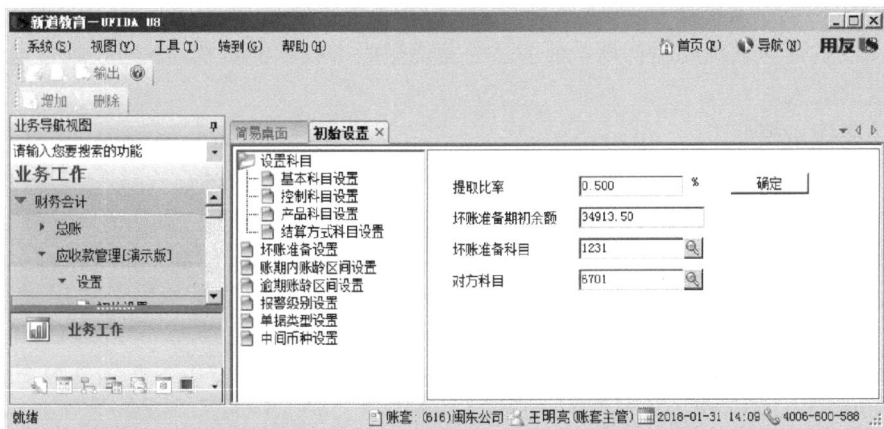

图 6-9 应收款管理系统初始设置——坏账准备设置

（11）以上已经完成应收款管理系统设置，单击"退出"按钮，退出初始设置。

（三）单据编号设置

在企业应用平台中，打开"设置"选项卡，执行"单据设置"/"单据编号设置"命令，打开"单据编号设置"对话框。选择"编号设置"选项卡，执行"销售"/"销售专用发票"命令，单击对话框右上方的"修改"按钮，选中"手工改动，重号时自动重取（T）"复选框，如图 6-10 所示。单击"保存"按钮，保存设置，再单击"退出"按钮。

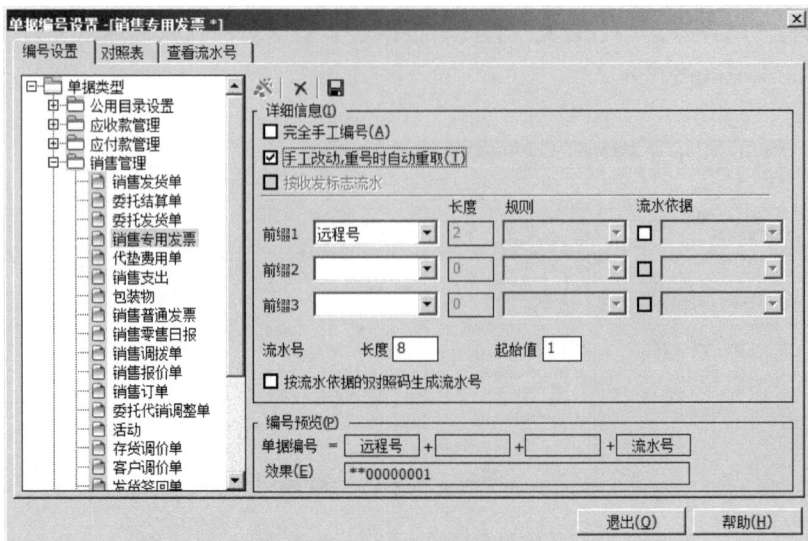

图 6-10　单据编号设置——销售专用发票设置

（四）应收款管理系统期初数据录入

在应收款管理系统启用初期，对于已经发货但尚未收款的货物，在应收款管理系统进行期初数据录入。

具体操作步骤如下：

（1）在企业应用平台中，登录财务会计中的应收款管理子系统。

（2）执行"设置"/"期初余额"/"期初销售发票"命令，打开"期初销售发票"窗口。

（3）单击"增加"按钮，按照实验要求录入期初销售发票的信息，如图 6-11～图 6-14 所示。

图 6-11　销售专用发票（一）

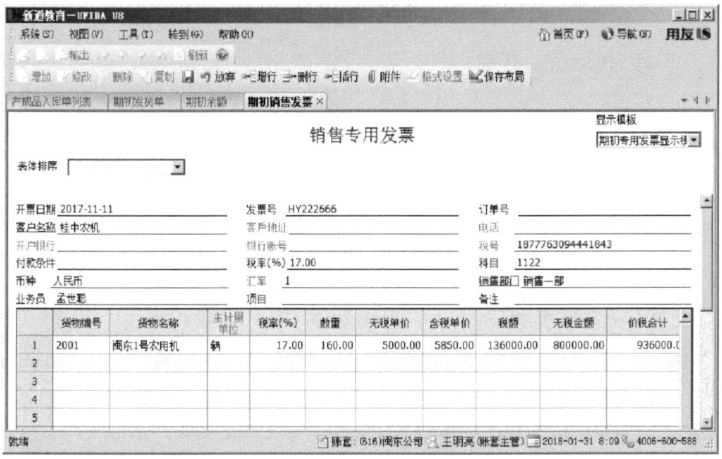

图 6-12　销售专用发票（二）

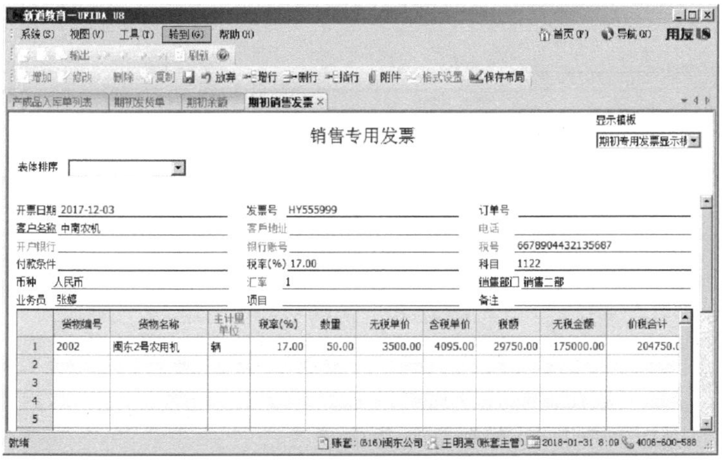

图 6-13　销售专用发票（三）

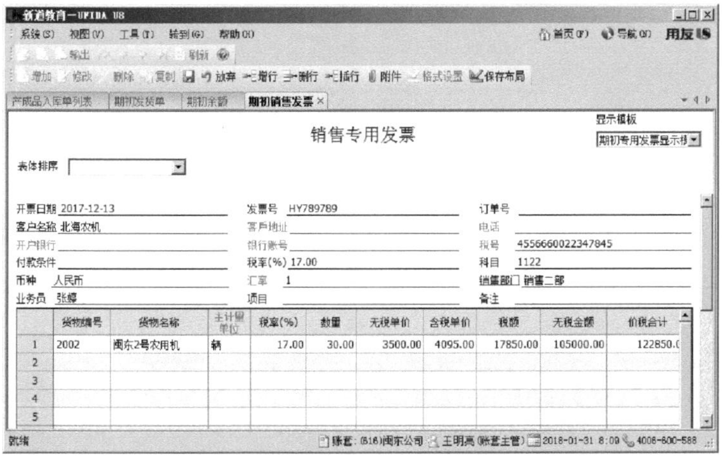

图 6-14　销售专用发票（四）

（五）销售管理系统期初数据录入

在销售管理系统启用初期，对于已经发货但尚未开具发票的货物，应该作为期初发货单录入销售管理系统的期初数据中，以便将来开具发票后，进行发票复核，即销售结算。

具体操作步骤如下：

（1）在企业应用平台中，登录供应链中的销售管理子系统。

（2）执行"设置"/"期初录入"/"期初发货单"命令，打开"期初发货单"窗口。

（3）单击"增加"按钮，按照实验要求录入期初发货单的信息，如图6-15所示。

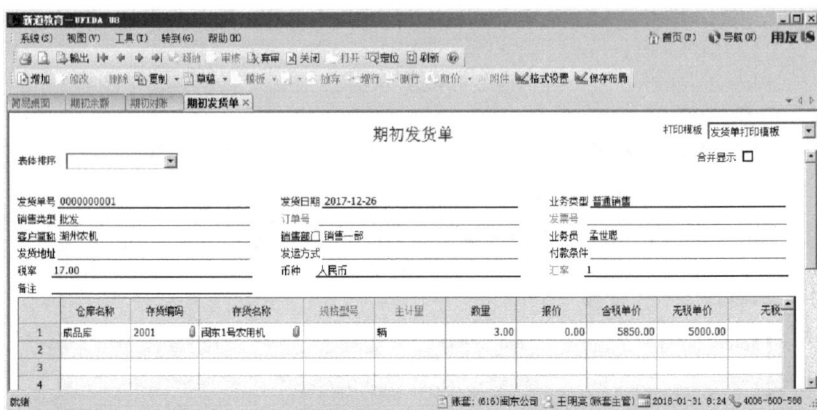

图 6-15　期初发货单

（4）单击"保存"按钮，保存发货单信息。

（5）单击"审核"按钮，审核确认发货单信息。

（6）期初发货单全部录入、审核完毕，单击"退出"按钮，退出期初发货单录入与审核界面，完成期初发货单录入与审核工作。

实验七　销售日常业务处理

一、实验准备

已经完成实验六的内容，将系统日期修改为 2018 年 1 月 31 日，以操作员王明亮的身份登录 616 账套的企业应用平台。

二、实验内容

本实验主要包括以下内容。

（一）录入销售报价单、录入或生成销售订单

（1）录入销售报价单。
（2）生成销售订单。

（二）先发货后开票

主要完成以下工作：
（1）生成销售发货单和出库单。
（2）录入或生成销售发票并复核销售发票。
（3）确认应收款项。
（4）收取应收款项。
（5）根据销售发票确认销售成本。

（三）先开票后发货

主要完成以下工作：
（1）取消"普通销售必有订单""销售生成出库单"。
（2）开具销售专用发票并复核。
（3）确认收取应收款项。
（4）生成销售出库单。
（5）根据销售出库单确认销售成本。

（四）普通退货业务

主要完成以下工作：

（1）录入退货单。

（2）录入或生成红字发票并复核。

（3）审核红字应收单并制单。

（五）直运销售业务

主要完成以下工作：

（1）在销售管理系统选项中选择"直运销售业务""直运销售必有订单"。

（2）录入订单。

（3）参照生成直运采购专用发票，审核并制单。

（4）参照生成直运销售专用发票，审核并制单。

（六）分期收款销售业务

主要完成以下工作：

（1）填制分期收款销售订单。

（2）生成分期收款发货单。

（3）开具分期收款发票。

（4）确认收入和应收账款。

三、实验资料

（一）上年已发货业务处理（现结）

2018年1月9日，闽东公司收到湖北湖州农机公司上年12月26日购买的闽东1号农用机的价税款17550元，转账支票号为ZZ006677。闽东公司于1月11日开具销售专用发票（发票号：HY336699），确认出库成本。

（1）销售管理系统——根据期初发货单生成销售专用发票（专用发票上现结）。

（2）应收款管理系统——审核收款单，制单传递至总账系统。

（3）存货核算系统——业务核算/正常单据记账，财务核算/生成凭证。确认并结转销售成本，制单并传递至总账。

（二）普通销售业务（先发货，后开票业务）（代垫运费）

（1）2018年1月25日，福建三明农机公司想购买200台闽东2号农用机，出价3300元/台。同时还想购买100台闽东1号农用机，出价4800元/台。销售二部报价为闽东2号农用机3500元/台；闽东1号农用机5000元/台。填制并审核报价单。

（2）2018年1月26日，福建三明农机公司了解情况后，同意销售二部的报价，但只要求订购100台闽东2号农用机和100台闽东1号农用机。同时要求分别开具销售发票。销售二部填制并审核销售订单。

（3）2018 年 1 月 27 日，销售二部从成品库向福建三明农机公司发出其所订货物。同时依合同约定，闽东公司以现金支票（支票号：XJ224499）代垫运费 2000 元，并据此开具销售发票两张，闽东 2 号农用机的发票号为 HY334455，闽东 1 号农用机的发票号为 HY225566。

要事先输入福建三明农机公司的开户银行和税号，才能开具增值税发票。

（4）2018 年 1 月 27 日，业务部将销售发票交给财务部，财务部结转此业务的收入及成本。

（5）2018 年 1 月 28 日，闽东公司收到对方开来的转账支票（支票号：ZZ557799）。

主要完成以下工作：

①销售管理系统——填制报价单并审核。

②销售管理系统——填制或生成销售订单。

③销售管理系统——根据销售订单生成发货单。

④库存管理系统——生成销售出库单并审核。

⑤存货核算系统——确认存货成本（先进先出法）。

⑥销售管理系统——销售专用发票。

⑦销售管理系统——代垫运费单。

⑧应收款管理系统——应收单审核并制单。

（三）直运销售

（1）2018 年 1 月 15 日，湖南中南农机公司向闽东公司订购柴油机 10 台，报价为 2100 元/台，闽东公司接受湖南中南农机公司的订货。

（2）2018 年 1 月 16 日，闽东公司向南平机电公司订购柴油机 10 台，报价为 2000 元/台，要求本月 20 日将货物直接发给湖南中南农机公司。

（3）2018 年 1 月 20 日，闽东公司收到南平机电公司的专用发票，发票号为 WH555999。发票载明柴油机 10 台，单价 2000 元，增值税率为 17%，货物已经发给湖南中南农机公司，闽东公司尚未支付款项。

（4）2018 年 1 月 21 日，闽东公司给湖南中南农机公司开具销售专用发票（发票号：HY112233），发票载明柴油机 10 台，单价 2100 元，增值税率为 17%，款项尚未收到。

主要完成以下工作：

①在销售管理系统中选择"直运销售业务"，在销售管理系统中设置"直运销售必有订单"。

②录入销售订单。

③参照生成采购专用发票。

④参照生成销售专用发票。

⑤直运采购发票审核并制单。

⑥直运销售发票审核并制单。

（四）分期收款

主要完成以下工作：

（1）设置销售管理系统选项"分期收款必有订单"。

（2）在销售管理系统中填制"分期收款销售订单"。

（3）在销售管理系统中生成"分期收款发货单"。

（4）在销售管理系统中开具"分期收款发票"。

（5）在应收款管理系统中确认分期收款销售收入和应收账款。

（6）在库存管理系统中生成"分期收款出库单"。

（7）在存货核算系统中发票结账并结转成本。

（8）2018年1月16日，福建龙岩农机公司向闽东公司订购20台闽东1号农用机，报价为5000元/台，20台闽东2号农用机，报价为3500元/台。闽东公司同意并与对方签订销售合同，双方约定一次发货，分两期收款。

（9）2018年1月20日，闽东公司给福建龙岩农机公司发出20台闽东1号农用机和20台闽东2号农用机。闽东公司开具销售专用发票（发票号：HY777999），并结转销售成本。30日收到福建龙岩农机公司的转账支票（支票号：ZZ113355）系支付第一期分期收款业务的款项。

（五）先开票，后发货业务

主要完成以下工作：

（1）在销售管理系统中取消"普通销售必有订单"。

（2）在销售管理系统中取消"销售生成出库单"。

（3）开具销售专用发票并复核。

（4）确认、收取应收款项。

（5）生成销售出库单。

（6）根据销售出库单确认销售成本（存货采用先进先出法核算）。

2018年1月26日，湖南中南农机公司向闽东公司订购500台闽东1号农用机，报价为5000元/台，1000台闽东2号农用机，报价为3500元/台。经协商，双方签订订购合同。闽东公司开具销售专用发票（发票号：HY000369），收到对方的转账支票（支票号：ZZ321333）。（现结，价税合计7020000元）

2018年1月27日，闽东公司将500台闽东1号农用机发货给湖南中南农机公司，确认出库成本。

2018年1月29日，闽东公司将1000台闽东2号农用机发货给湖南中南农机公司，确认出库成本。

（六）退货

主要完成以下工作：

（1）2018年1月29日，福建三明农机公司反映2018年1月27日发出的100台闽东1号农用机存在部分质量问题，需要退回10台。闽东公司同意退货，同时办理退款手续，开出红字发票（发票号：HY246800），同时开出现金支票（支票号：XJ010102）。

先发货后开票模式下的退货业务如下：

①填制退货单，审核该退货单。

②根据退货单生成红字销售出库单，传递至库存管理系统。

③填制红字销售发票，并现结发票。复核后的红字销售发票自动传递至应收款管理系统。

④红字销售发票经审核，形成红字应收单，并进行制单处理。

⑤红字销售出库单在存货核算系统中记账，进行成本处理。

（2）2018 年 1 月 30 日，湖南中南农机公司提出退回存在质量问题的闽东 2 号农用机 5 台。闽东公司同意退货，并办理退款手续，开出红字发票（发票号：HY135790），同时开出转账支票（支票号：ZZ975310）。

先开票后发货模式下的退货业务如下：

①填制红字销售发票，并现结，金额为–20475 元，复核后自动生成退货单。

②生成红字销售出库单。

③复核后的红字销售发票自动传递至应收账款管理系统，审核后，形成红字应收款。

④审核后的红字出库单在存货核算系统中记账，进行成本处理。

四、实验操作

普通销售业务包括：①先发货后开票的价售业务。先处理报价单和销售订单，审核后根据销售管理系统初始化设置，系统将自动生成销售出库单。如果存货采用先进先出法核算，还可以随时结转销售成本。销售发票开具后，可能立即收到货款，根据发票现结处理，也可能尚未收到款项，需要确认为应收账款。②先开票后发货业务。需要先开具发票，销售管理系统直接根据发票自动生成发货单，根据发货单系统参照生成销售出库单。由于要手工开具发票，因此，必须将销售管理系统的"普通销售必有订单"取消，同时取消库存管理系统中的"销售生成出库单"选项，这样即可手工填制销售专用发票。

（一）上年已发货业务处理（现结）

本笔业务属于上年已经发货的销售业务，本期开具销售专用发票并收到款项。因此，业务处理需要在销售管理系统中填制销售专用发票并现结，在应收款管理系统中审核收款单并生成凭证传递至总账系统；在存货核算系统中进行正常单据记账，确认并结转销售成本。

1. 本笔业务处理流程

主要内容如下：

（1）销售管理系统——根据期初发货单生成销售专用发票。

（2）应收款管理系统——审核收款单，制单传递至总账系统。

（3）存货核算系统——业务核算/正常单据记账，财务核算/生成凭证，确认并结转销售成本，制单并传递至总账。

2. 开具专用发票

具体操作步骤如下：

（1）在企业应用平台中，打开"业务"选项卡，执行"供应链"/"销售管理"/"销售开票"/"销售专用发票"命令，打开"销售专用发票"窗口。

（2）单击"增加"按钮，系统自动弹出"选择发货单"窗口。客户选择"湖北湖州农机"，默认业务类型为"普通销售"，可以重新选择。

（3）设置过滤条件，例如，输入或参照输入起始结束日期、部门业务员、订单号等信息，确认后单击"显示"按钮，系统根据过滤条件显示符合条件的全部单据，如图 7-1 所示。

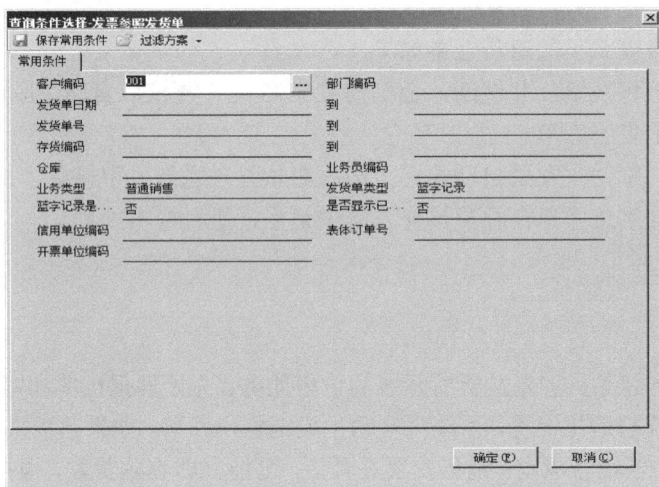

图 7-1　查询条件选择——发票参照发货单

（4）在显示的发货单记录中的"选择"栏单击，出现 Y 表示选择成功。

（5）选择存货信息。系统自动显示该发货单的存货信息，选择需要开具发票的存货，在其前面单击，出现 Y 表示选择成功，如图 7-2 所示。选择完毕，单击"确定"按钮。

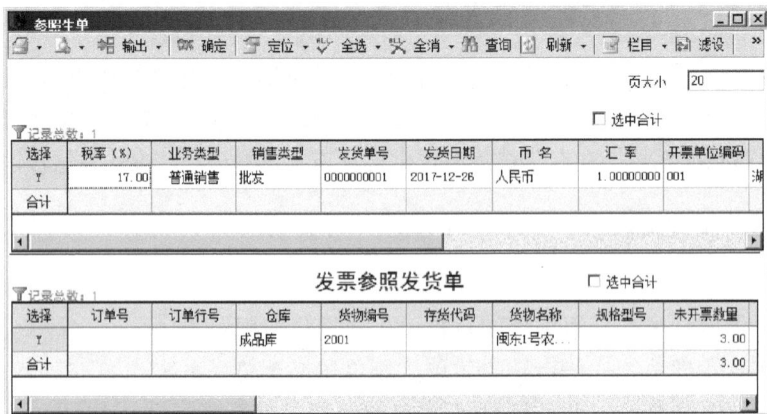

图 7-2　参照生单——发票参照发货单

（6）系统根据所选择的发货单和存货自动生成一张销售专用发票。修改发票日期和发票号，确认后单击"保存"按钮，确认并保存发票信息，如图7-3所示。

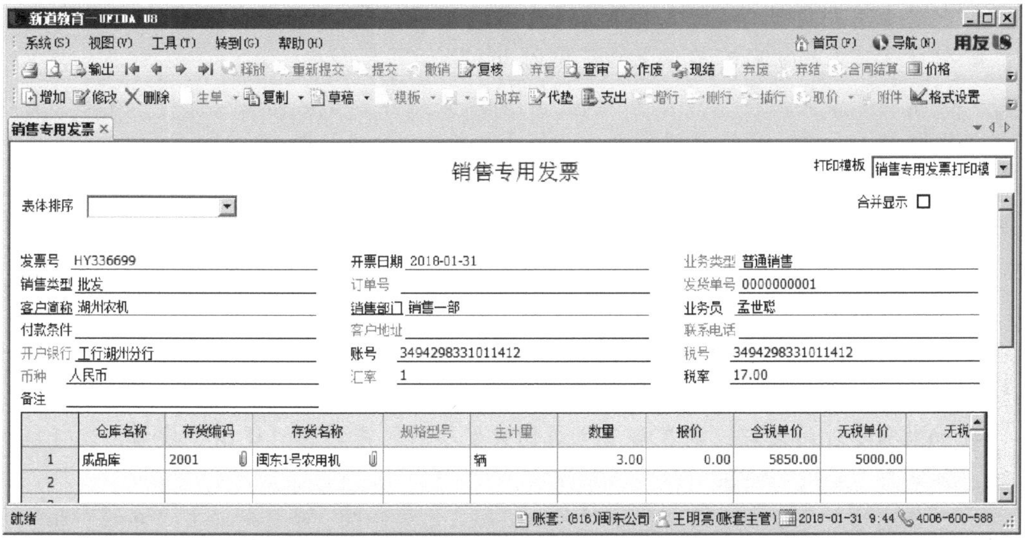

图7-3 销售专用发票

（7）由于开票的同时收到款项，所以单击"现结"按钮，系统自动弹出"销售现结"窗口。输入结算方式、结算号、结算金额等信息。

（8）结算信息输入并确认后，单击"确定"按钮，系统在专用发票上盖章确认，并显示"现结"字样，如图7-4所示。

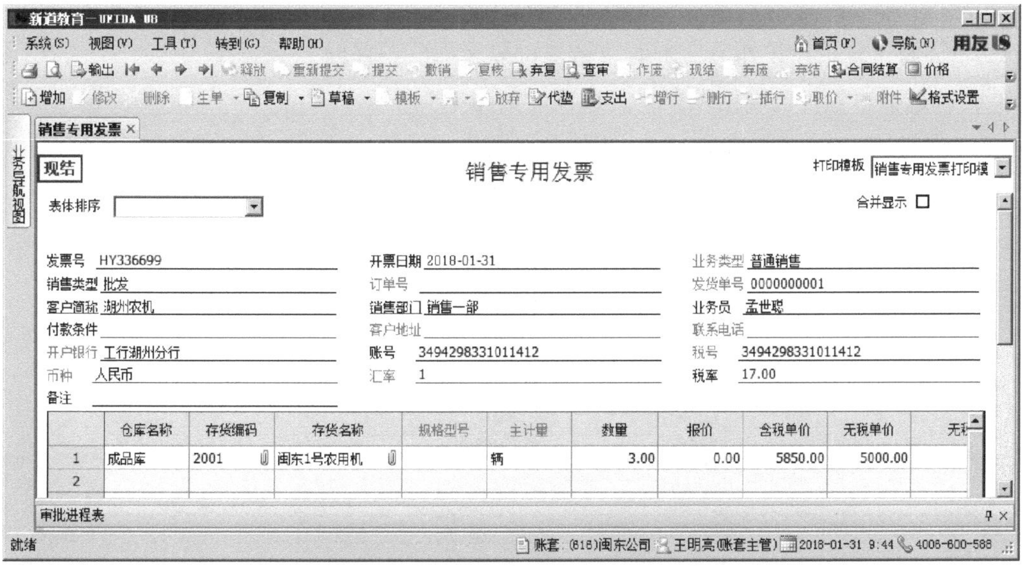

图7-4 现结的销售专用发票

（9）单击"复核"按钮，保存销售专用发票的信息，单击"退出"按钮。

操作提示

- 销售专用发票可以参照发货单自动生成，也可以手工输入。
- 销售管理系统中所有单据上的税率均为17%。
- 如果需要手工输入销售专用发票，则必须将销售管理系统选项中的"普通销售必有订单"取消，否则，只能参照生成，不能手工输入。
- 如果增加销售专用发票，系统没有自动弹出选择发货单的条件过滤窗口，则表示在销售管理系统参数设置时，没有选择"普通销售必有订单"选项。此时可以单击"发货"按钮，系统显示发货单过滤窗口。
- 如果一张发货单需要分次开具发票，则需要修改发票数量等信息。
- 系统自动生成发票后，如果直接单击"复核"按钮，则不能进行现结处理，只能确认为应收账款。
- 如果需要现结处理，则在自动生成销售发票时，先单击"现结"按钮，进行现结处理，再单击"复核"按钮。
- 已经现结或复核的发票不能直接修改。如果需要修改，可以先单击"弃结"和"弃复"按钮，然后单击"修改"按钮，修改确认后单击"保存"按钮。
- 已经现结或者复核的发票不能直接删除。如果需要删除，需要先单击"弃结"和"弃复"按钮。

（二）应收款管理系统审核收款单并制单

具体操作步骤如下：

（1）在企业应用平台中，打开"业务"选项卡，执行"财务会计"/"应收单据处理"/"应收单据审核"命令，打开"单据过滤条件"对话框。

（2）选择"包含已现结发票"复选框，如图7-5所示。

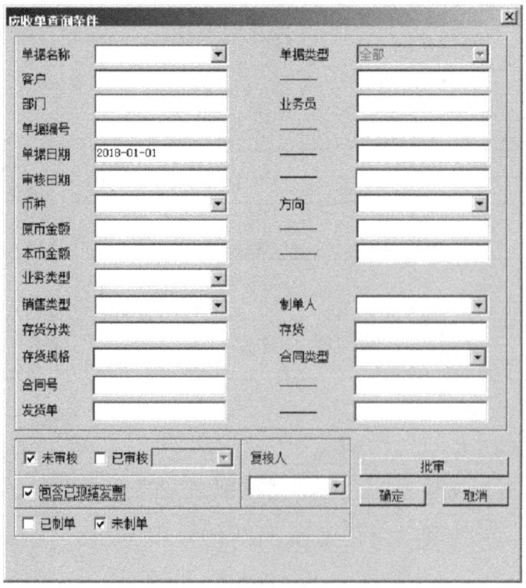

图 7-5 应收单查询条件

（3）单击"确定"按钮。选择需要审核的应收单据，在记录的"选择"栏处双击，出现 Y 表示选择成功，如图 7-6 所示。

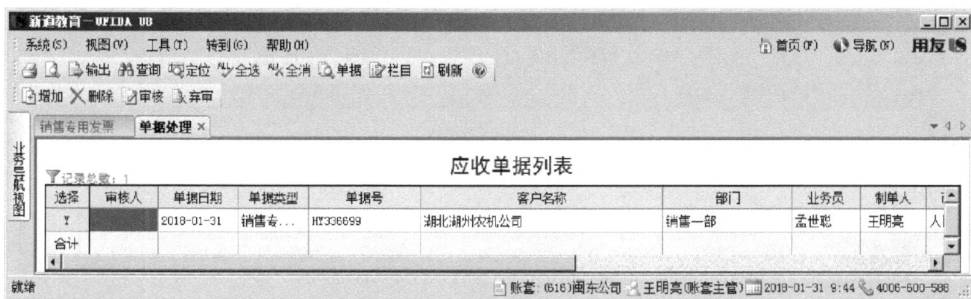

图 7-6　应收单据列表

（4）单击"审核"按钮，系统弹出"本次审核成功单据[1]张"信息提示对话框，如图 7-7 所示，单击"确定"按钮。

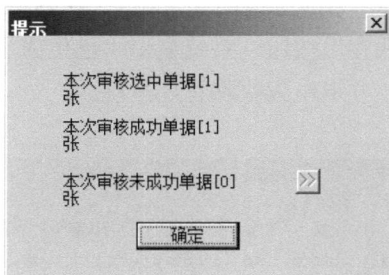

图 7-7　应收单审核成功

（5）执行"制单处理"命令，系统自动打开"制单查询"对话框，设置单据过滤条件，选择"现结制单"复选框，如图 7-8 所示。

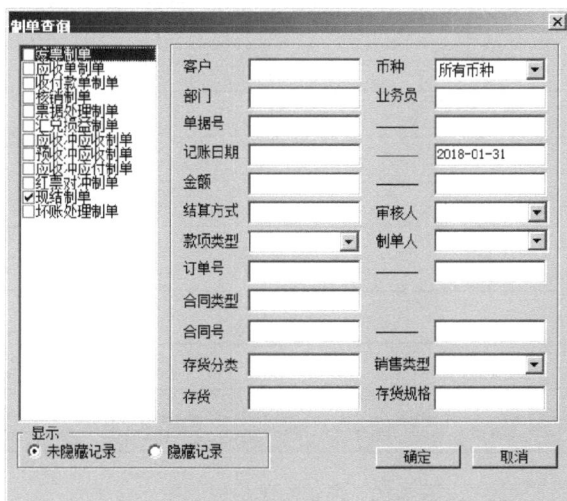

图 7-8　制单查询对话框

（6）单击"确定"按钮，打开"现结制单"窗口，单击"全选"按钮，如图7-9所示。

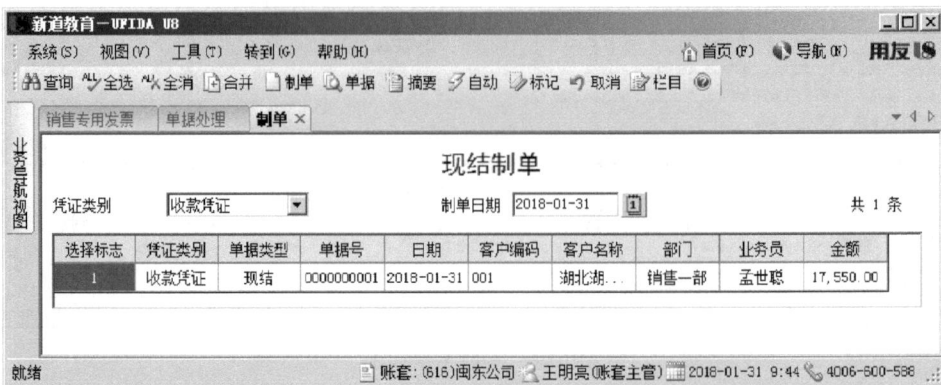

图7-9　现结制单

（7）选择凭证类别为"收款凭证"，单击"制单"按钮，系统根据所选择的现结制单自动生成收款凭证。单击"保存"按钮，系统显示"已生成"标志，如图7-10所示。制单完毕，单击"退出"按钮，并退出应收款管理系统。

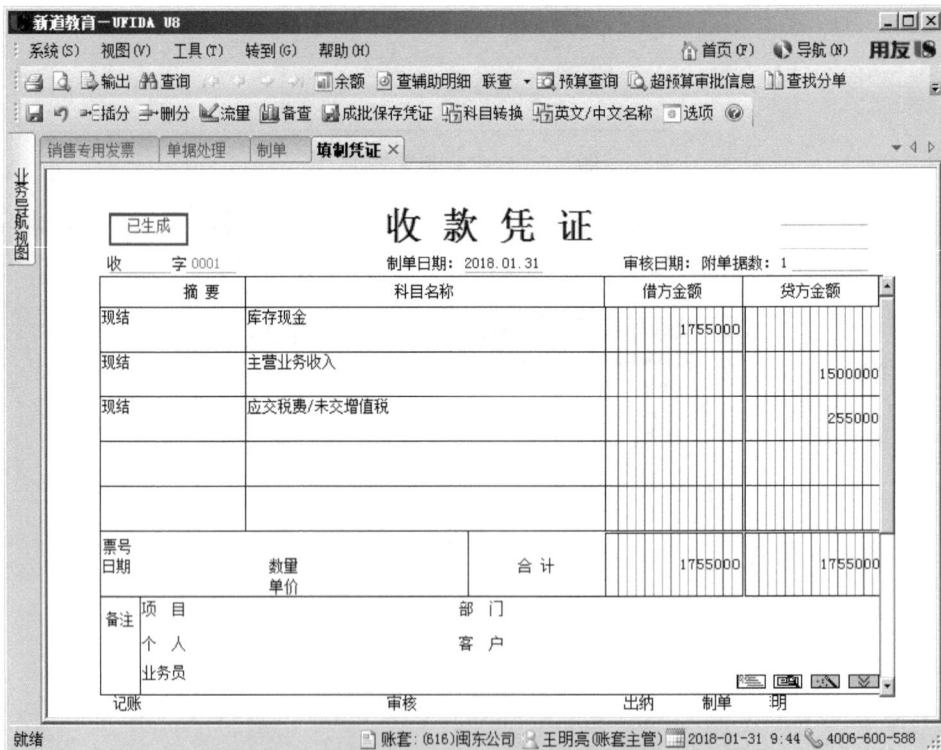

图7-10　现结制单生成的凭证

（三）存货核算系统结转销售成本并制单

具体操作步骤如下：

（1）在企业应用平台中，登录存货核算系统。

（2）执行"初始设置"/"科目设置"/"存货科目"命令，打开"存货科目"窗口。

（3）单击"增加"按钮，系统自动增加一行记录，参照输入存货仓库编码、存货类别和存货科目、分期收款发出商品科目、委托代销发出商品科目等，如图 7-11 所示，设置完毕单击"保存"按钮。

存货科目

存货编码	存货名称	存货科目编码	存货科目名称	差异科目编码	差异科目名称	分
1001	圆钢	140301	钢铁			
1002	角钢	140301	钢铁			
1003	生铁	140302	生铁			
1004	轮胎	140303	外购配件			
1005	柴油机	140303	外购配件			
2001	闽东1号农用机	140501	闽东1号农用机			
2002	闽东2号农用机	140502	闽东2号农用机			

图 7-11　存货科目窗口

（4）执行"初始设置"/"科目设置"/"对方科目"命令，打开"对方科目"窗口。

（5）单击"增加"按钮，根据收发类别设置存货对方科目，如图 7-12 所示。

对方科目

收发类别名称	存货分类编码	存货分类名称	存货编码	存货名称	部门编码
采购入库					
采购退货					
其他入库					
领料出库					
销售出库	2	产成品	2001	闽东1号农用机	
销售退货					

图 7-12　对方科目窗口

（6）执行"业务核算"/"正常单据记账"命令，打开"正常单据记账条件"对话框，设置过滤条件为"成品库"，如图 7-13 所示。

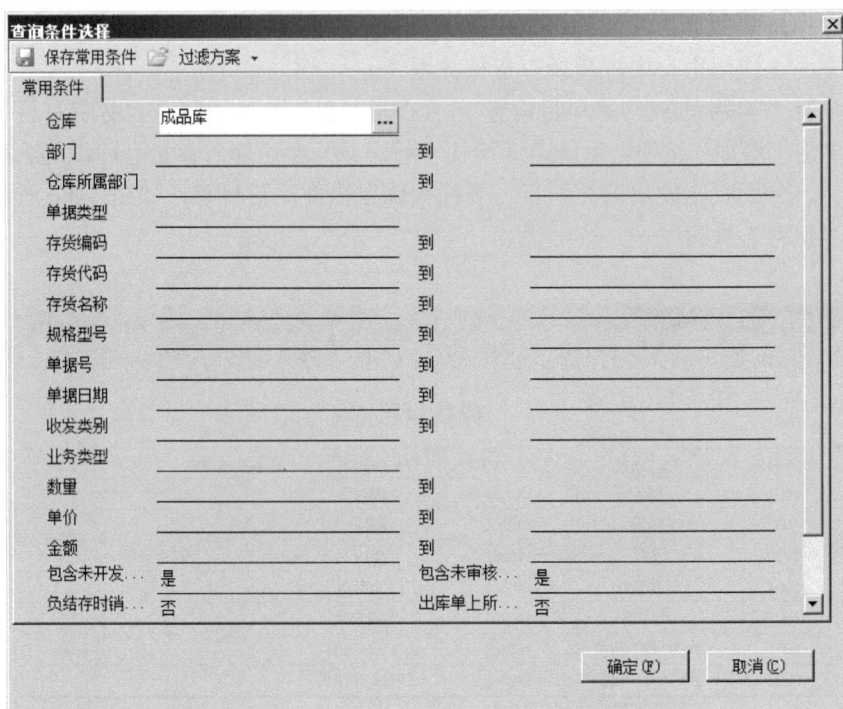

图 7-13　查询条件选择对话框

（7）单击"确定"按钮，系统显示复核条件的单据，选择需要记账的单据，如图 7-14 所示，单击"记账"按钮。

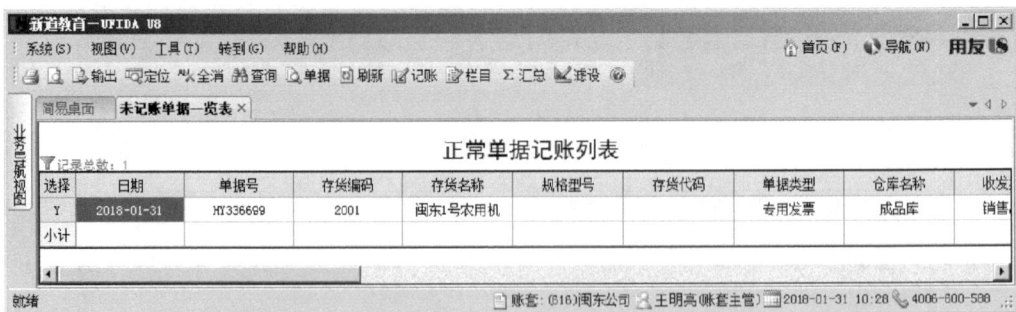

图 7-14　正常单据记账列表

（8）执行"财务核算"/"生成凭证"命令，打开"生成凭证"窗口。

（9）单击"选择"按钮，打开生成凭证的"查询条件"对话框，选择"销售专用发票"复选框，如图 7-15 所示。

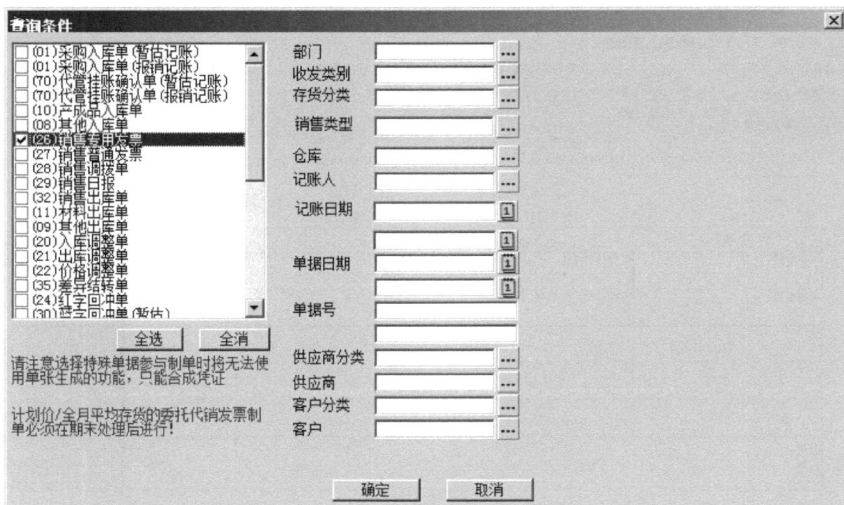

图 7-15　查询条件对话框

（10）单击"确定"按钮，打开"未生成凭证单据一览表"窗口，选择需要生成凭证的单据，如图 7-16 所示。

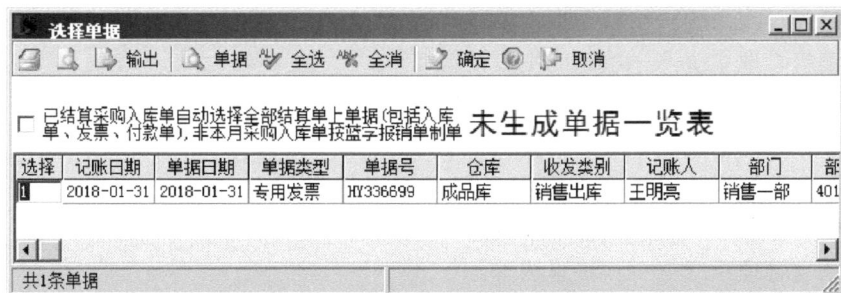

图 7-16　未生成凭证单据一览表

（11）选择单据和凭证类型后，单击"确定"按钮，核对入账科目是否正确后单击"生成"按钮，系统自动生成一张结转销售成本的凭证。修改凭证类型，单击"保存"按钮，系统显示"已生成"标志，如图 7-17 所示。

（12）单击"退出"按钮。

（13）执行"财务核算"/"凭证列表"命令可以查询生成的结转销售成本的凭证。

（四）普通销售业务（代垫费用）

这属于本期发生的先发货后开票业务，需要填制或生成报价单、销售订单、销售发货单、销售出库单、销售专用发票，同时进行代垫运费的处理，在应收款管理系统中审核应收单并制单。

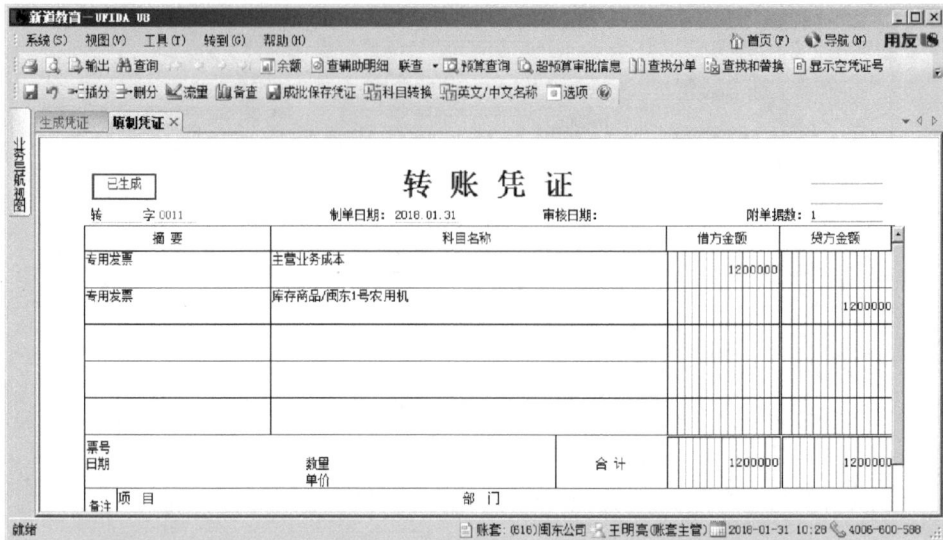

图 7-17　生成结转销售成本凭证

1. 本笔业务处理流程

主要内容如下：

（1）销售管理系统——填制报价单并审核。

（2）销售管理系统——填制或生成销售订单。

（3）销售管理系统——根据销售订单生成发货单。

（4）库存管理系统——生成销售出库单并审核。

（5）存货核算系统——确认存货成本（先进先出法）。

（6）销售管理系统——销售专用发票。

（7）销售管理系统——代垫运费单。

（8）应收款管理系统——应收单审核并制单。

2. 销售管理系统填制报价单和销售订单、生成销售发货单

具体操作步骤如下：

（1）在销售管理系统中，执行"销售报价"/"销售报价单"命令，打开"销售报价单"窗口。

（2）单击"增加"按钮，输入表头信息：业务类型为"普通销售"，销售类型为"批发"，日期修改为"2018 年 1 月 25 日"，客户是"福建三明农机公司"，税率为 17%。表体中的存货为"闽东 2 号农用机"，数量 200 台，报价 3500 元/台；"闽东 1 号农用机"，数量 100 台，报价 5000 元/台"。单击"保存"和"审核"按钮，如图 7-18 所示。

（3）执行"销售订货"/"销售订单"命令，打开"销售订单"窗口。

（4）单击"增加"按钮，再单击"报价"按钮，系统自动显示报价单过滤窗口。选择1 月 25 日福建三明农机公司的报价单，选中标志为 Y，同时选择下半部的闽东 1 号农用机和闽东 2 号农用机，选中标志为 Y，如图 7-19 所示。

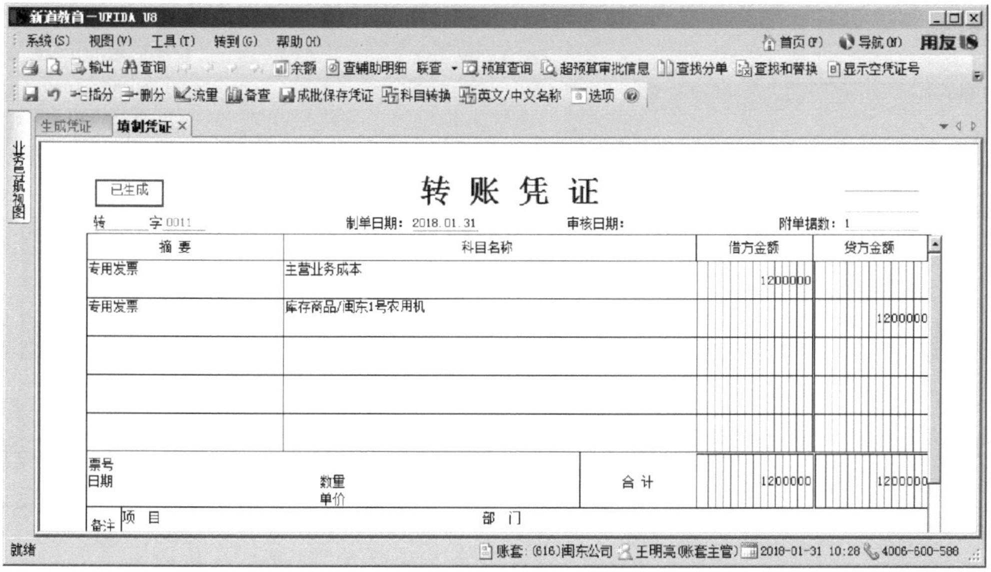

图 7-18　销售报价单

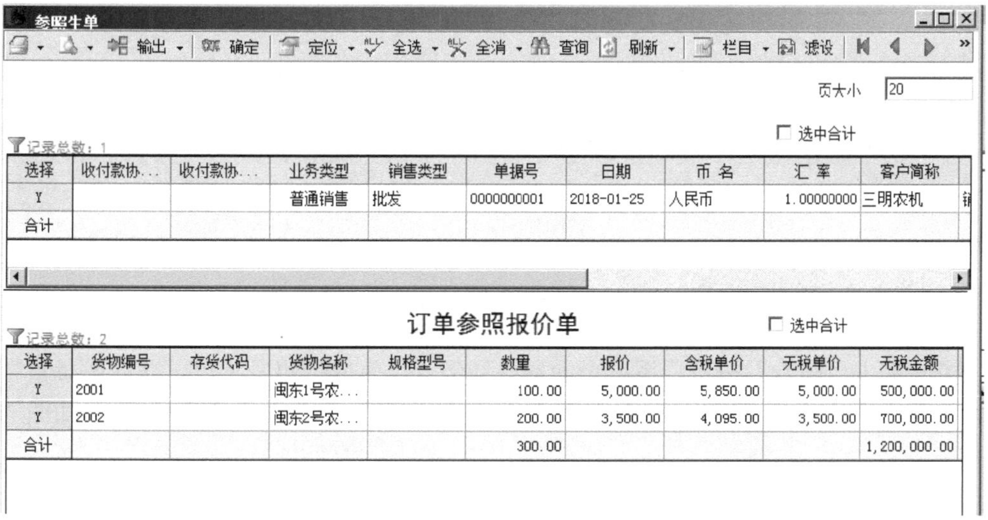

图 7-19　订单参照报价单

（5）系统根据报价单自动生成一张销售订单。修改订单与报价单不一致的信息，将日期改为 2018-01-25，并将闽东 2 号农用机的数量改为 100 台。信息确认后单击"保存"按钮，再单击"审核"按钮，如图 7-20 所示。

（6）执行"销售发货"/"发货单"命令，打开"发货单"窗口。

（7）单击"增加"按钮，系统自动显示"选择订单"管理窗口。

（8）在"选择订单"管理窗口中，单击"显示"按钮，系统显示符合条件的销售订单。单击出现 Y 选中销售订单和存货，如图 7-21 所示。

图 7-20　销售订单

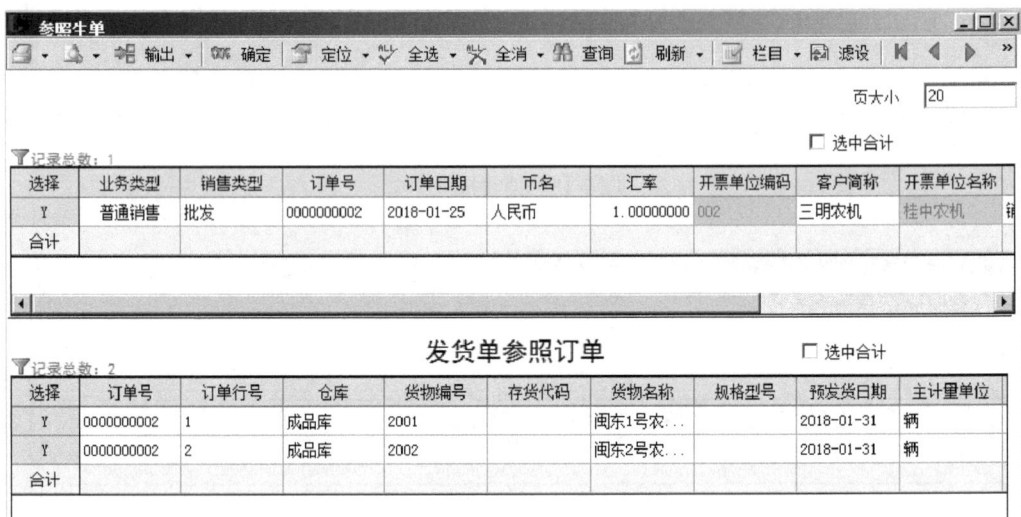

图 7-21　发货单参照订单

（9）单击"确定"按钮，系统自动参照销售订单生成销售发货单，修改发货日期为2018-01-31，输入仓库名称为成品库，单击"保存"按钮，再单击"审核"按钮，如图 7-22所示。

图 7-22　发货单

（10）单击"退出"按钮，退出"销售发货单"窗口。

操作提示

● 可以通过执行"应收款管理系统"/"单据查询"/"凭证查询"命令，查询根据应收单生成的凭证。

● 应收单可以在应收款管理系统中手工录入，也可以由销售发票自动生成。当销售管理系统与应收款管理系统集成使用时，销售发票复核后自动生成应收单并传递至应收款管理系统。

● 应收单需要在应收款管理系统中审核确认，才能形成应收款。

● 如果是现结，应收单也必须在应收款管理系统中审核后，才能确认收款。

● 由销售发票自动生成的应收单不能直接修改。如果需要修改，则必须在销售管理系统中取消发票的复核，单击"修改""保存""复核"按钮，根据修改后的发票生成的应收单就是已经修改后的单据。

● 只有审核后的应收单或者收款单才能制单。

● 可以根据每笔业务制单，也可以月末一次制单；如果采用月末处理，可以按业务分别制单，也可以合并制单。

● 已经制单的应收单或收款单不能直接删除。

● 如果需要删除已经生成凭证的单据或发票，必须先删除凭证，然后在"应收单审核"窗口中取消审核操作，通过执行"应收单审核"/"应收单列表"命令，在"应收单列表"窗口中删除。

（五）销售出库单、结转销售成本

具体操作步骤如下：

（1）启动库存管理系统，执行"出库业务"/"销售出库单"命令，打开"销售出库单"窗口。系统根据发货单自动生成销售出库单，单击"审核"按钮，如图7-23所示。

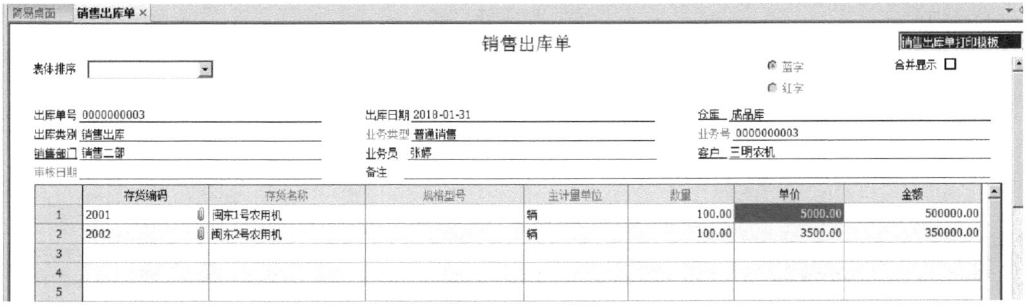

图7-23　销售出库单

（2）启动存货核算系统，执行"业务核算"/"正常单据记账"命令，打开"正常单据记账"窗口。设置过滤条件为"销售专用发票"。

（3）单击“确定”按钮，系统显示符合条件的单据。选择需要记账的单据，如图 7-24 所示。单击“记账”按钮，再单击“退出”按钮。

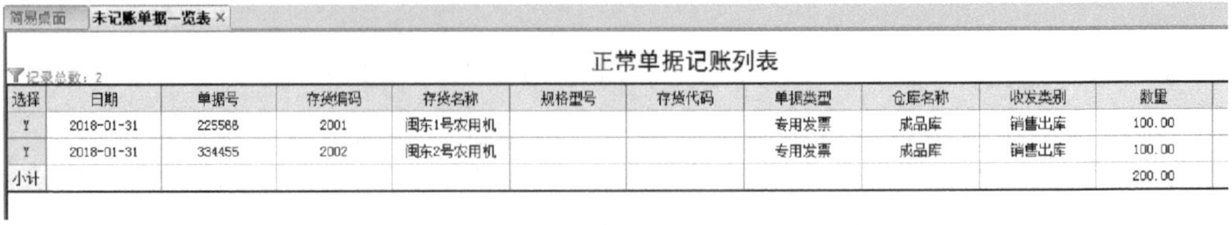

选择	日期	单据号	存货编码	存货名称	规格型号	存货代码	单据类型	仓库名称	收发类别	数量
Y	2018-01-31	225588	2001	闽东1号农用机			专用发票	成品库	销售出库	100.00
Y	2018-01-31	334455	2002	闽东2号农用机			专用发票	成品库	销售出库	100.00
小计										200.00

图 7-24　正常单据记账列表

（4）执行“财务核算”/“生成凭证”命令，打开“生成凭证”窗口。

（5）单击“选择”按钮，打开“生成凭证查询条件”对话框，选择“销售专用发票”。

（6）单击“确定”按钮，打开“未生成凭证单据一览表”窗口，选择需要生成凭证的单据，如图 7-25 所示。

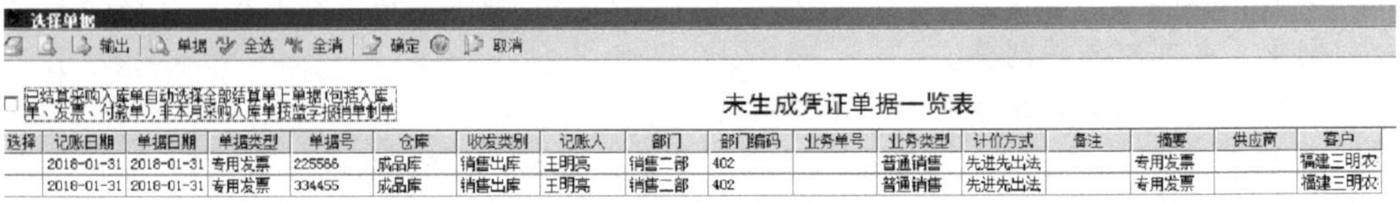

选择	记账日期	单据日期	单据类型	单据号	仓库	收发类别	记账人	部门	部门编码	业务单号	业务类型	计价方式	备注	摘要	供应商	客户
	2018-01-31	2018-01-31	专用发票	225588	成品库	销售出库	王明亮	销售二部	402		普通销售	先进先出法		专用发票		福建三明农
	2018-01-31	2018-01-31	专用发票	334455	成品库	销售出库	王明亮	销售二部	402		普通销售	先进先出法		专用发票		福建三明农

图 7-25　未生成凭证单据一览表

（7）选择单据和凭证类型后，单击“确定”按钮，再单击“合成”按钮，核对入账科目是否正确，或者补充输入入账科目，确定无误后单击“生成”按钮，系统自动生成一张结转销售成本的凭证。修改凭证类型为“转账凭证”，单击“保存”按钮，系统显示“已生成”标志，如图 7-26 和图 7-27 所示。

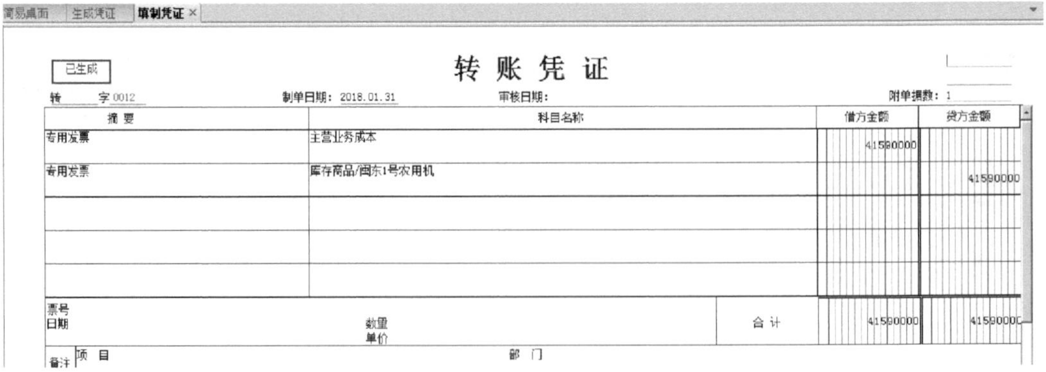

图 7-26　结转闽东 1 号农用机销售成本生成转账凭证

（8）执行“财务核算”/“凭证列表”命令，可以查询生成的结转销售成本的凭证。

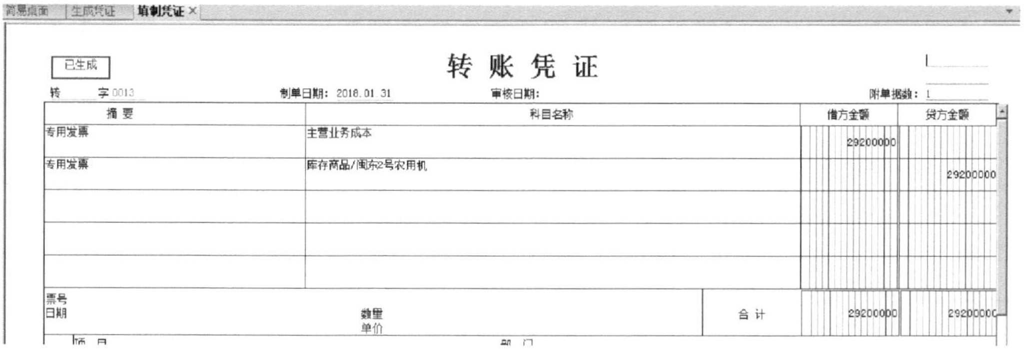

图 7-27 结转闽东 2 号农用机销售成本生成转账凭证

操作提示

● 销售管理系统选项中设置了"销售生成出库单",则系统根据销售出库单自动生成出库单。

● 如果在销售管理系统选项中没有设置"销售生成出库单",则在库存管理系统的"销售出库单"窗口中,单击"生单"按钮,系统显示出库单查询窗口,用户自行选择过滤单据生成销售出库单。

● 在库存管理系统中生成的销售出库单,可以在销售管理系统的账表查询中,通过联查单据查询到该销售出库单。

● 在由库存管理系统生单向销售管理系统生单切换时,如果有已审核/复核的发货单,发票未在库存管理系统中生成销售出库单,则无法生成销售出库单。因此,应检查已审核的/复核的销售单据是否已经全部生成销售出库单后再切换。

● 系统自动生成的销售出库单不能直接修改,可以直接审核。

(六)销售专用发票

具体操作步骤如下:

(1)在销售管理系统中,执行"销售开票"/"销售专用发票"命令,打开"销售专用发票"窗口。

(2)单击"增加"按钮,系统自动弹出"选择发货单"窗口。默认业务类型为"普通销售",可以重新选择。

(3)设置过滤条件,单击"显示"按钮,系统根据过滤条件显示符合条件的全部单据。

(4)在显示的发货单记录中选择客户为"福建三明农机公司",在所选单据前单击,出现 Y 表示选择成功,如图 7-28 所示。

(5)选择存货信息。系统自动显示该发货单的存货信息,选择需要开具发票的存货,在其前面单击,出现 Y 表示选择成功,选择完毕,单击"确定"按钮。

(6)系统根据所选择的发货单和存货自动生成一张销售专用发票。修改发票日期和发票号,确认后单击"保存"按钮,确认并保存发票信息,如图 7-29 和图 7-30 所示。

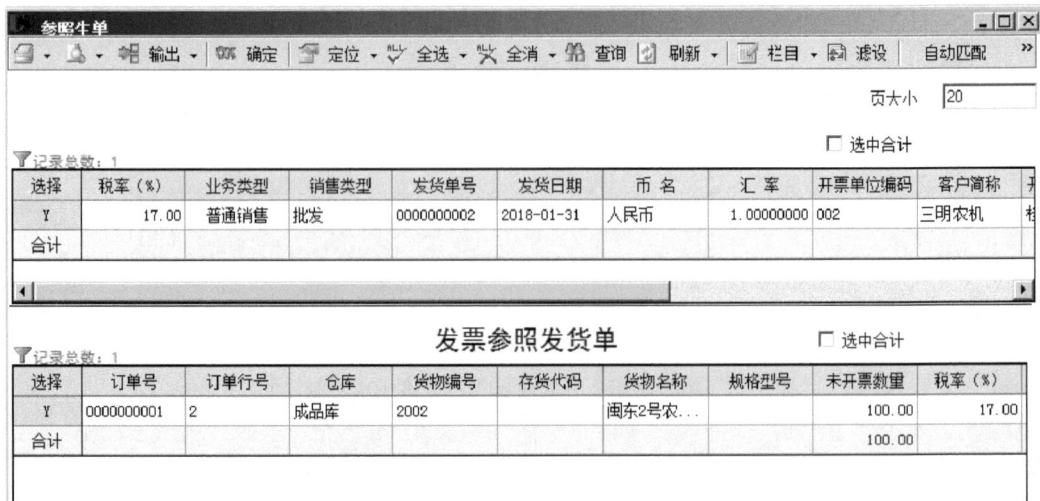

图 7-28　发票参照发货单

图 7-29　闽东 1 号农用机销售专用发票

图 7-30　闽东 2 号农用机销售专用发票

（7）单击"复核"按钮，保存销售专用发票的信息。

（8）执行"代垫费用"/"代垫费用单"命令，打开"代垫费用单"窗口。

（9）单击"增加"按钮，输入代垫费用及其相关内容，如图 7-31 所示。

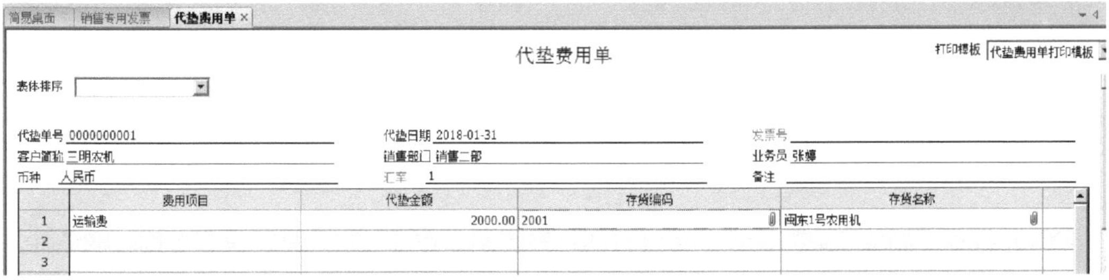

图 7-31　代垫费用单

（10）单击"保存"按钮，再单击"审核"按钮审核。

操作提示

● 如果在存货核算系统初始化时已经设置了存货科目和对方科目，则可以不再设置。

● 存货核算系统必须执行正常单据记账后，才能确认销售出库成本，并生成结转销售成本凭证。

● 正常单据记账后，可以执行取消记账操作，恢复到记账前状态。

● 可以根据每笔业务单据执行记账操作，也可以月末执行一次记账操作。

● 可以根据每笔业务结转销售成本，生成结转凭证，也可以月末集中结转成本。如果存货采用全月加权平均法，则只能在月末计算存货单位成本和结转销售成本。

● 代垫费用单可以在销售管理系统的专用发票窗口中，生成销售专用发票保存后，单击"代垫"按钮，调出"代垫费用单"窗口，进行输入。

● 代垫费用单也可以通过"销售管理"/"代垫费用"/"代垫费用单"命令进行输入。

● 代垫费用单保存后自动生成其他应收单并传递至应收款管理系统。

● 销售管理系统只能记录代垫费用，但不能对代垫费用制单。其凭证需要在应收款管理系统审核代垫费用单后，才能制单。

（七）应收款管理系统审核应收单并制单

具体操作步骤如下：

（1）在企业应用平台中打开"业务"选项卡，执行"财务会计"/"应收款管理"/"应收单据处理"/"应收单据审核"命令，系统自动弹出"单据过滤条件"对话框，设置过滤条件。

（2）单击"确定"按钮，选择需要审核的应收单据，包括福建三明农机公司的运费单据和应收单据，在记录的"选择"处单击，出现 Y 表示选择成功，如图 7-32 所示。

（3）单击"审核"按钮，系统弹出"本次审核成功单据[3]张"信息提示对话框。

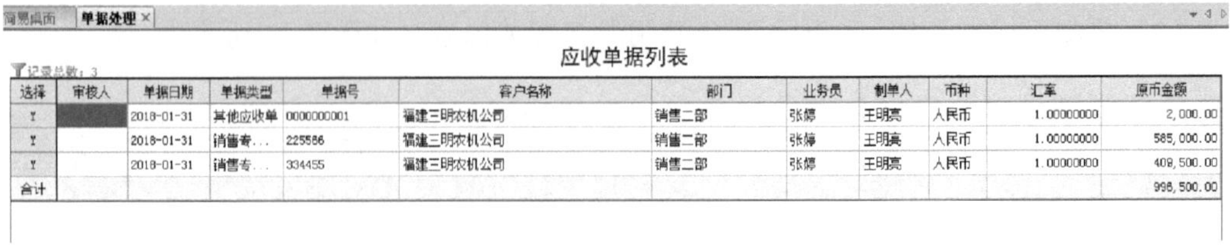

选择	审核人	单据日期	单据类型	单据号	客户名称	部门	业务员	制单人	币种	汇率	原币金额
Y		2018-01-31	其他应收单	0000000001	福建三明农机公司	销售二部	张婷	王明亮	人民币	1.00000000	2,000.00
Y		2018-01-31	销售专...	225586	福建三明农机公司	销售二部	张婷	王明亮	人民币	1.00000000	585,000.00
Y		2018-01-31	销售专...	334455	福建三明农机公司	销售二部	张婷	王明亮	人民币	1.00000000	409,500.00
合计											996,500.00

图 7-32　应收单据列表

（4）执行“制单处理”命令，系统自动打开“制单查询”对话框。设置单据过滤条件，选择“发票制单”和“应收单制单”复选框，单击“确定”按钮，如图 7-33 所示。

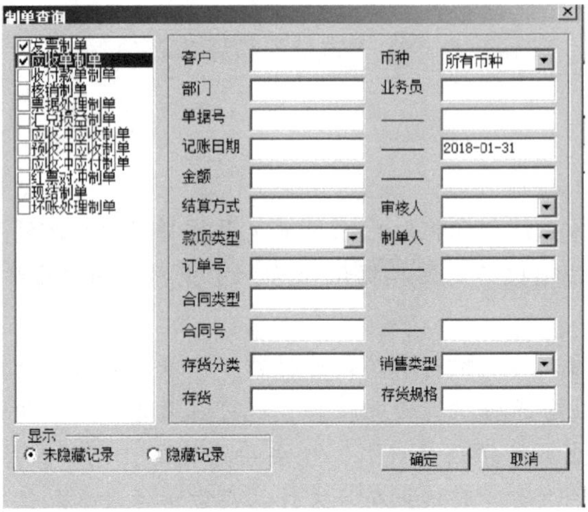

图 7-33　制单查询

（5）选择凭证类别为“转账凭证”，单击“制单”按钮，系统根据所选择的应收单自动生成两张转账凭证，分别单击“保存”按钮，系统显示“已生成”标志，如图 7-34 和图 7-35 所示。

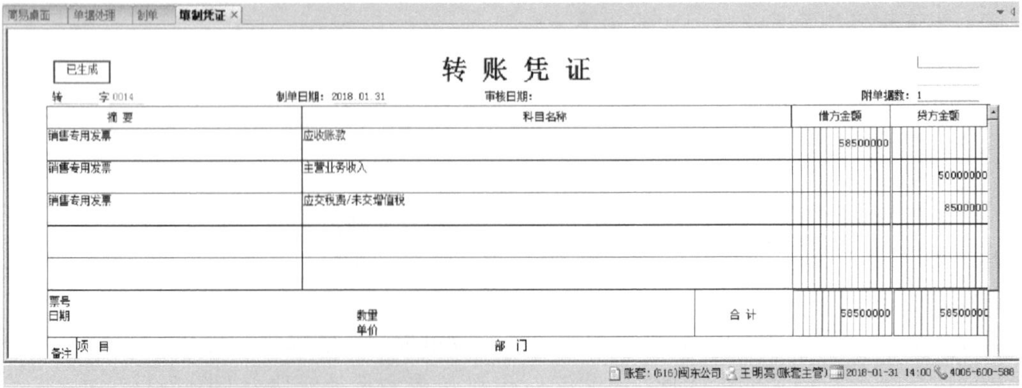

图 7-34　转账凭证（一）

图 7-35　转账凭证（二）

（6）启动应收款管理系统，执行"应收单据处理"/"应收单据审核"命令，系统自动弹出"单据过滤条件"对话框。

（7）设置单据过滤条件，选择"包含已现结发票"复选框，单击"确定"按钮。

（8）选择需要审核的应收单据，在该记录的"选择"处双击，出现 Y 表示选择成功。

（9）单击"审核"按钮，系统显示"本次审核成功单据[1]张"信息提示对话框。

（10）执行"制单处理"命令，系统自动打开"制单查询"对话框，设置单据过滤条件，选择"现结制单"。选择单据后单击"制单"按钮，在生成凭证界面修改凭证类型为"付款凭证"，然后单击"保存"按钮，如图 7-36 所示。

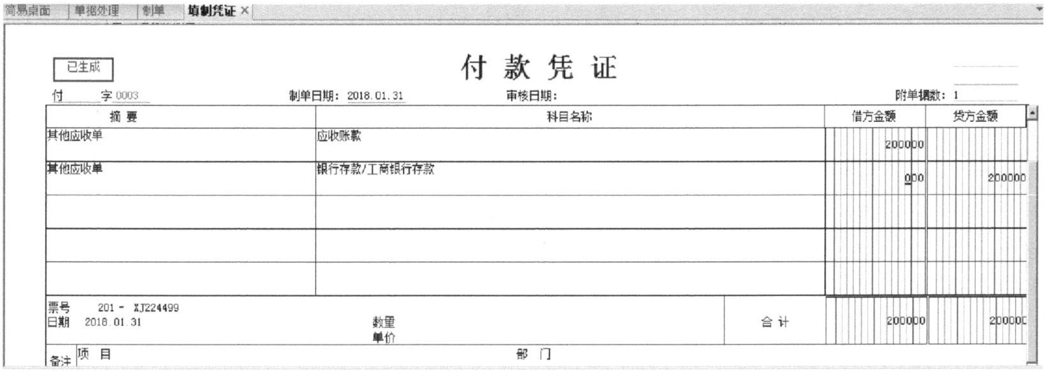

图 7-36　付款凭证

（11）启动应收款管理系统，执行"收款单据处理"/"收款单据录入"命令，单击"增加"按钮，输入表头、表体信息等，并单击"保存"按钮，如图 7-37 所示。

（12）单击"审核"按钮，系统弹出"立即制单吗？"信息提示对话框。单击"是"按钮，系统自动生成一张收款凭证，如图 7-38 所示。

（13）在应收款管理系统中，执行"核销处理"/"自动核销"命令，系统自动弹出"核销条件"对话框，选择相应信息进行应收单和收款单据的核销。

图 7-37 收款单

图 7-38 收款凭证

（八）直运销售

直运业务是指客户向本公司订购商品，双方签订购销合同，本公司向供应商采购客户所需商品，与供应商签订采购合同，供应商直接将商品发给客户。直运业务包括直运销售业务与直运采购业务，没有实物的出入库，货物流向是直接从供应商到客户。结算时，购销双方分别和企业结算，通过直运销售发票和直运采购发票进行结算。

1. 直运采购和直运销售业务处理流程

主要内容如下：

（1）销售管理系统——销售选项设置。

（2）销售管理系统——输入销售订单。

（3）采购管理系统——采购订单和采购专用发票。

（4）销售管理系统——直运销售发票。

2. 直运采购和直运销售

具体操作步骤如下：

（1）在销售管理系统中，执行"设置"/"销售选项"命令，选中"有直运销售业务"和"直运销售必有订单"复选框，如图 7-39 所示。

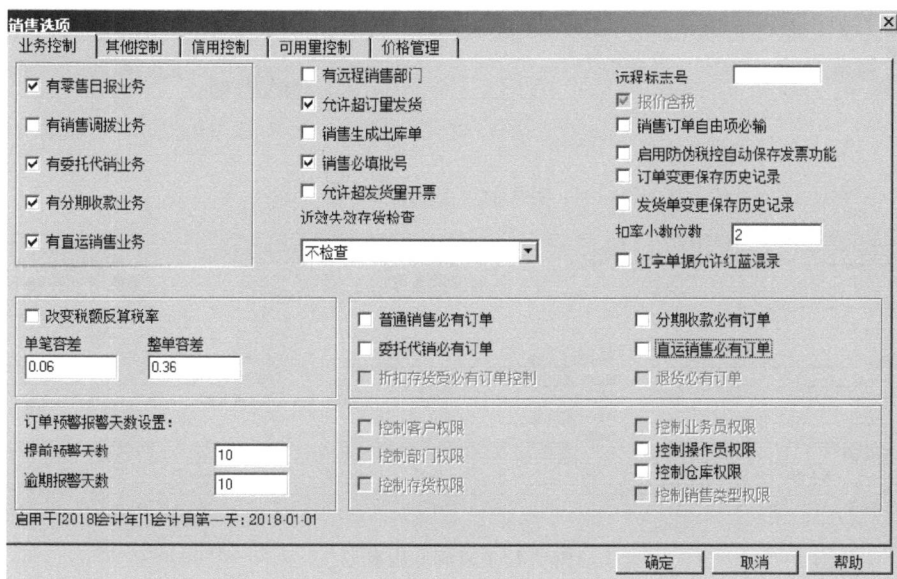

图 7-39　直运销售销售选项设置

（2）在销售管理系统中，执行"销售订货"/"销售订单"命令，打开"增加销售订单"窗口。单击"增加"按钮，输入直运销售订单，注意将销售类型修改为"直运销售"，输入完整内容，保存并审核该销售订单，如图 7-40 所示。

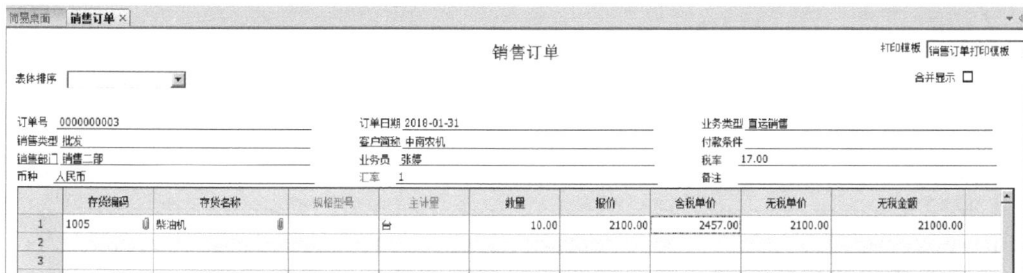

图 7-40　销售订单

（3）在采购管理系统中，执行"采购订货"/"采购订单"命令，增加一张采购订单。注意采购类型为"直运采购"，可以拷贝销售订单生成采购订单，输入原币单价 2000 元，将表体中的税率修改为 17%，保存并审核这张采购订单，如图 7-41 所示。

（4）在采购管理系统中，执行"采购发票"/"专用采购发票"命令，单击"增加"按钮，修改业务类型为"直运采购"，修改发票号和其他表头信息，拷贝采购订单生成采购专用发票，单击"保存"按钮，如图 7-42 所示。

图 7-41　采购订单

图 7-42　采购专用发票

（5）在销售管理系统中，执行"销售开票"／"销售专用发票"命令，打开"销售专用发票"窗口。单击"增加"按钮，取消发货单过滤窗口。单击工具栏上的"订单"按钮，在"单据过滤条件"对话框中选择业务类型为"直运销售"，客户为"湖南中南农机公司"；单击"显示"按钮，选择直运销售订单和明细行；再单击"确定"按钮，生成销售专用发票，修改发票号为 HY112233。单击"保存"按钮，再单击"复核"按钮，确认直运销售业务完成，如图 7-43 所示。

图 7-43　销售专用发票

操作提示

● 对于直运业务的销售订单、采购订单、采购发票、销售发票，其采购类型为"直运采购"，销售类型为"直运销售"。

● 需要开具销售专用发票的客户，必须在客户档案中输入税号，否则只能开具普通销售发票。

● 如果选择了"直运销售必有订单"，则直运销售发票和直运采购发票只能参照销售订单生成发票；如果需要手工开具发票，则先取消"直运销售必有订单"，同时还必须删除销售订单。

● 如果在销售管理系统选项中没有设置"直运销售必有订单"，且销售管理系统中没有输入销售订单，则这种直运模式下直运采购发票和直运销售发票可以相互参照生成。

● 如果在销售管理系统选项中没有设置"直运销售必有订单"，但是已经输入销售订单，则仍需按照"直运销售必有订单"模式的数据流程进行操作。

● 直运销售与直运采购发票上都不能输入仓库。

● 直运销售发票不可以录入受托代销属性的存货。

● 一张直运销售发票可以对应多张直运采购发票，可以拆单、拆记录。

● 一张直运采购发票也可以对应多张直运采购发票，可以拆单、拆记录。

3. 直运业务应收应付款的确认

直运销售业务需要根据审核后的直运采购发票确认应付款，根据审核后的直运销售发票确定应收款，包括应付款管理系统——审核直运采购发票并制单和应收款管理系统——审核直运销售发票并制单。

（1）启动应付款管理系统，执行"应付单据处理"/"应付单据审核"命令，打开"单据过滤条件"对话框，选中"未完全报销"复选框，如图7-44所示。

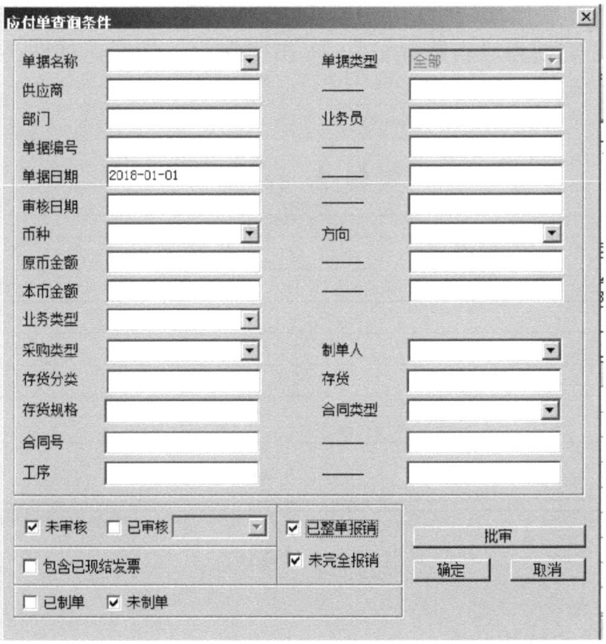

图 7-44　应付单查询条件对话框

（2）单击“确定”按钮，在“应付单据列表”中选择采购专用发票，在“选择”栏单击出现 Y，表示选择成功，如图 7-45 所示。

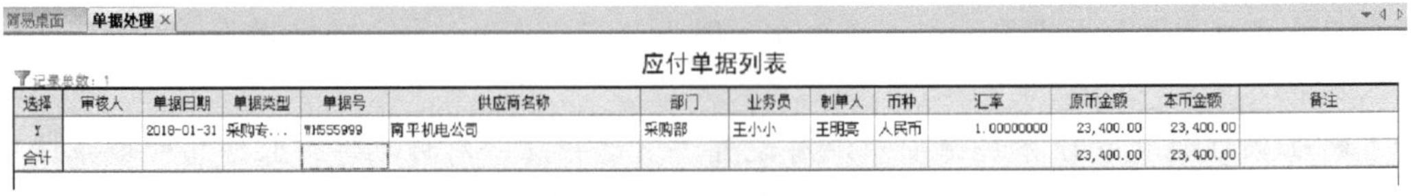
简易桌面
单据处理
应付单据列表
记录总数：1
选择 | 审核人 | 单据日期 | 单据类型 | 单据号 | 供应商名称 | 部门 | 业务员 | 制单人 | 币种 | 汇率 | 原币金额 | 本币金额 | 备注
Y | 2018-01-31 | 采购专... | WH555999 | 南平机电公司 | 采购部 | 王小小 | 王明亮 | 人民币 | 1.00000000 | 23,400.00 | 23,400.00
合计 | 23,400.00 | 23,400.00

图 7-45　应付单据列表

（3）单击“审核”按钮，系统显示“本次审核成功单据[1]张”信息提示对话框。确认直运采购的应付款项后，单击“确定”按钮，再单击“退出”按钮。

（4）启动应收款管理系统，执行“应收单据处理”/“应收单据审核”命令，单击“选择”栏，如图 7-46 所示。再单击“审核”按钮，系统显示“本次审核成功单据[1]张”信息提示对话框。

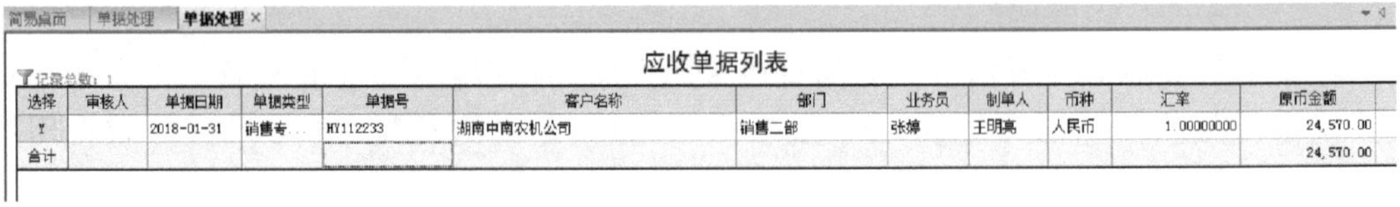
简易桌面
单据处理
单据处理
应收单据列表
记录总数：1
选择 | 审核人 | 单据日期 | 单据类型 | 单据号 | 客户名称 | 部门 | 业务员 | 制单人 | 币种 | 汇率 | 原币金额
Y | 2018-01-31 | 销售专... | HY112233 | 湖南中南农机公司 | 销售二部 | 张娜 | 王明亮 | 人民币 | 1.00000000 | 24,570.00
合计 | 24,570.00

图 7-46　应收单据列表

（5）执行“制单处理”命令，在“制单查询”对话框中选择“发票制单”，单击“确定”按钮。在“应收制单”窗口中，单击“全选”按钮，再单击“制单”按钮，生成直运销售凭证；修改凭证类型为“转账凭证”，单击“保存”按钮，如图 7-47 所示。

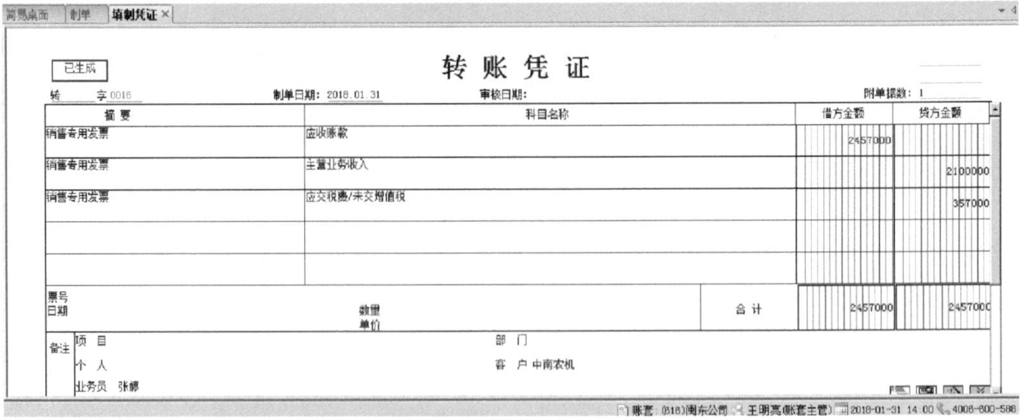
简易桌面
制单
填制凭证
已生成
转 账 凭 证
转　字 0016
制单日期：2018.01.31
审核日期：
附单据数：1
摘要
科目名称
借方金额
贷方金额
销售专用发票 | 应收账款 | 2457000
销售专用发票 | 主营业务收入 | 2100000
销售专用发票 | 应交税费/未交增值税 | 357000
票号
日期
数量
单价
合计 | 2457000 | 2457000
备注
项目
部门
个人
客户 中南农机
业务员 张娜

图 7-47　转账凭证

4. 直运单据记账并结转成本

已经审核的直运采购发票和直运销售发票需要在存货核算系统记账后，才能结账直运采购成本和直运销售成本，包括存货核算系统——直运采购发票、直运销售发票记账和存货核算系统——结转直运采购成本和直运销售成本。

（1）启动存货核算系统，执行"业务核算"/"直运销售记账"命令，打开"直运采购发票核算查询条件"对话框，如图 7-48 所示。

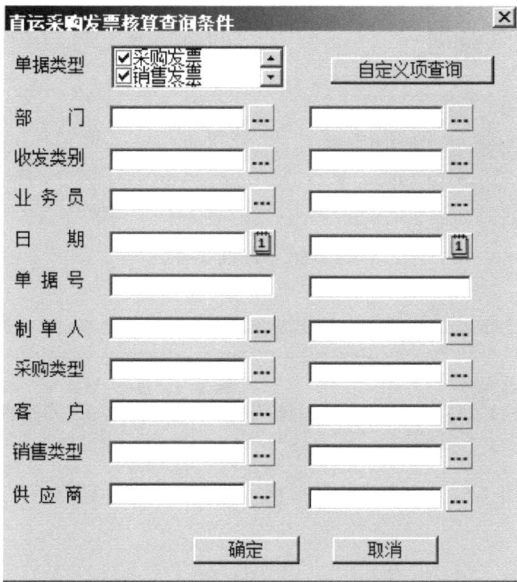

图 7-48　直运采购发票核算查询条件对话框

（2）选择要记账的单据类型，单击"确定"按钮后进入"直运销售记账"窗口，如图 7-49 所示。

图 7-49　未记账单据一览表——直运销售记账

（3）选择要记账的单据记录，单击"记账"按钮，已记账单据不在界面中显示。

（4）执行"财务核算"/"生成凭证"命令，打开"生成凭证"窗口。

（5）单击"选择"按钮，打开"查询条件"对话框，选择"（25）直运采购发票"和"（26）直运销售发票"，如图 7-50 所示。

（6）在"直运销售记账"窗口中选择要生成凭证的记录，如图 7-51 所示。

（7）单击"确定"按钮后，打开"生成凭证"窗口。将全部科目补充完整，如存货科目、对方科目、税金科目、应付科目等，如图 7-52 所示。

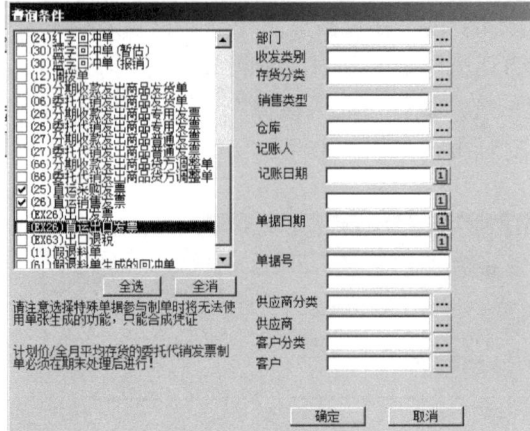

图 7-50　查询条件

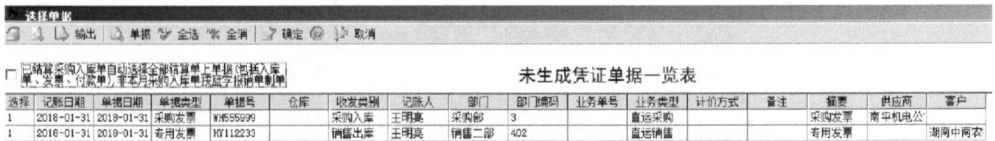

图 7-51　未生成凭证单据一览表——直运销售记账

图 7-52　生成凭证窗口

（8）单击"生成"按钮，生成直运销售结转成本凭证，如图 7-53 和图 7-54 所示。

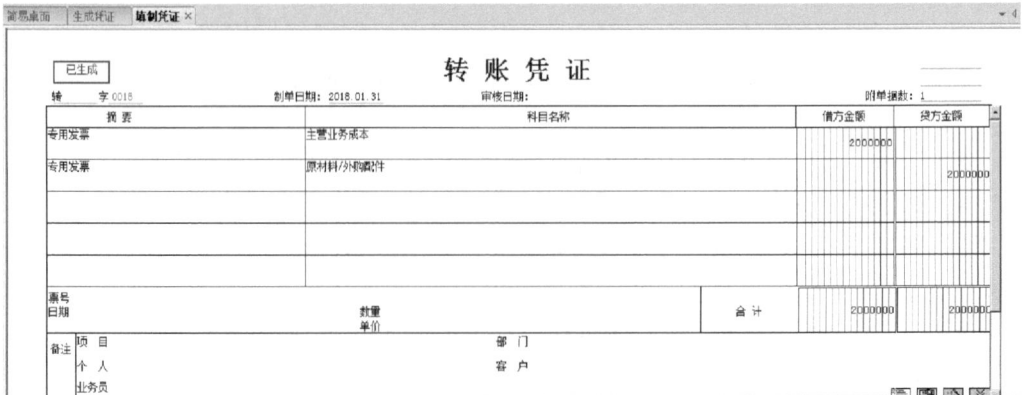

图 7-53　转账凭证（一）

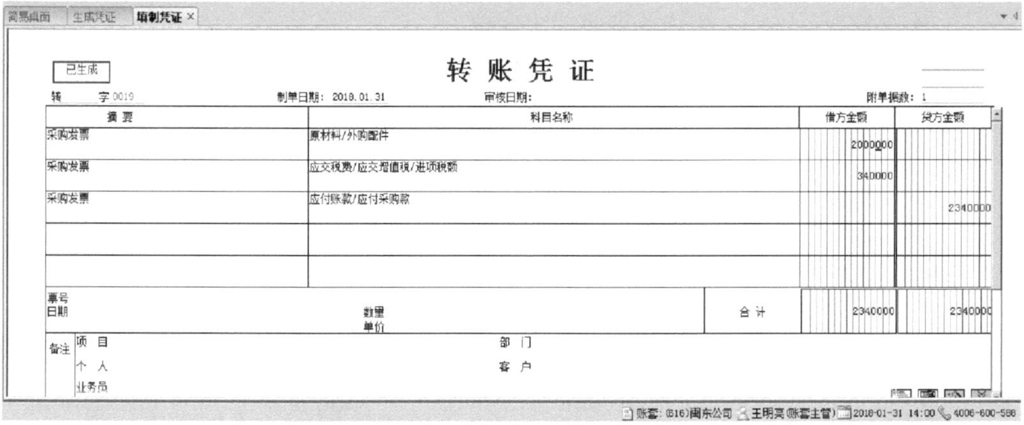

图 7-54 转账凭证（二）

操作提示

● 直运采购业务生成的直运采购发票在应付款管理系统中审核，但不能在此制单，其制单操作在存货核算系统中进行。

● 直运销售业务生成的直运销售发票在应收款管理系统中审核并制单，其销售成本的结转需要在存货核算系统中进行。

● 根据直运采购发票生成的直运销售发票，必须在直运采购发票记账后再对直运销售发票记账。

● 根据直运采购发票或者直运销售发票记账时，仓库和所属部门均为空。

● 与普通采购业务不同，直运采购发票制单时，借方取存货对应科目，贷方取结算方式对应科目，如应付账款或银行存款科目等。

● 直运销售发票制单时，借方取收发类对应科目，贷方取存货对应科目。

（九）分期收款销售

分期收款销售业务是指将货物提前一次发给客户，分期收回货款。其特点是一次发货，分次收款。分期收款销售业务的订货、发货、出库、开票等处理与普通销售业务相同，只是业务类型应选择"分期收款"。分期收款时，开具销售发票，结转销售成本。

1. 分期收款销售业务处理流程

主要内容如下：

（1）销售管理系统——设置销售选项"分期收款必有订单"。

（2）销售管理系统——填制并审核分期收款订单。

（3）销售管理系统——填制分期收款发货单。

（4）销售管理系统——生成分期收款发票。

（5）应收款管理系统——确定分期收款销售收入。

（6）库存管理系统——生成分期收款出库单。

（7）存货核算系统——发票记账并结转成本。

2. 操作步骤

具体操作步骤如下：

（1）登录销售管理系统，执行"设置"/"销售选项"命令，选择"有分期收款业务""分期收款必有订单""销售生成出库单"复选框，如图 7-55 所示。

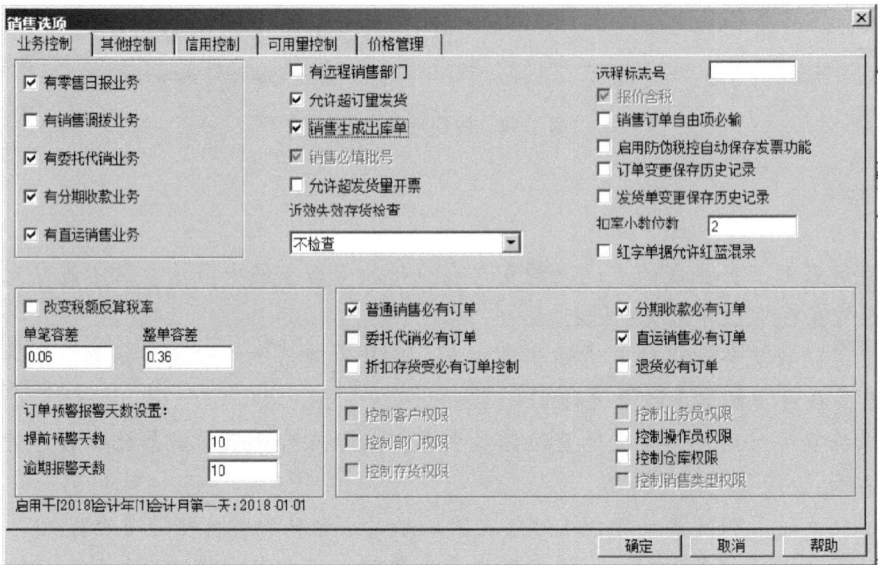

图 7-55　销售选项

（2）执行"销售订货"/"销售订单"命令，单击"增加"按钮，打开"增加销售订单"窗口。

（3）选择业务类型为"分期收款"，销售类型为"批发"，并输入表头和表体的其他信息。输入完毕单击"保存"按钮，再单击"审核"按钮，如图 7-56 所示。

图 7-56　销售订单

（4）执行"销售发货"/"发货单"命令，单击"增加"按钮，打开"选择订单"窗口。

（5）选择业务类型为"分期收款"，单击"显示"按钮，选择福建龙岩农机公司的订单，选择存货（多选按住 Ctrl 键），单击"确定"按钮，生成销售发货单。输入仓库名称为"成品库"；单击"保存"按钮，再单击"审核"按钮，如图 7-57 所示。

图 7-57　发货单

（6）启动库存管理系统，执行"出库业务"/"销售出库单"命令，可以查看由销售发货单审核后自动产生的销售出库单。单击"审核"按钮，系统显示审核成功，如图 7-58 所示。

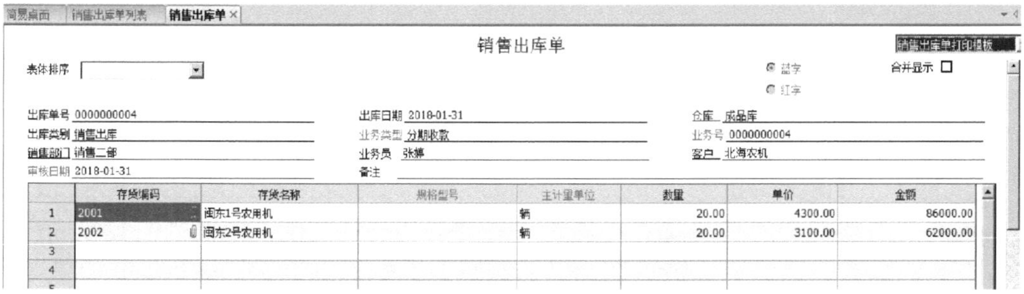

图 7-58　销售出库单

（7）启动存货核算系统，执行"业务核算"/"发出商品记账"命令，打开"发出商品核算查询条件"对话框，选择"成品库"。

（8）单击"确定"按钮，打开"发出商品记账"窗口，选择成品库 2018 年 1 月 31 日的发货单，如图 7-59 所示，单击"记账"按钮。

（9）执行"财务核算"/"生成凭证"命令，单击"选择"按钮，打开"查询条件"对话框。选择"分期收款发出商品发货单"，单击"确定"按钮，打开"未生成凭证单据一览表"窗口，选择成品库 2018 年 1 月 31 日的发货单，如图 7-60 所示。

（10）单击"确定"按钮，如图 7-61 示。

（11）单击"生成"按钮，生成结转成本凭证。保存凭证，如图 7-62 所示。

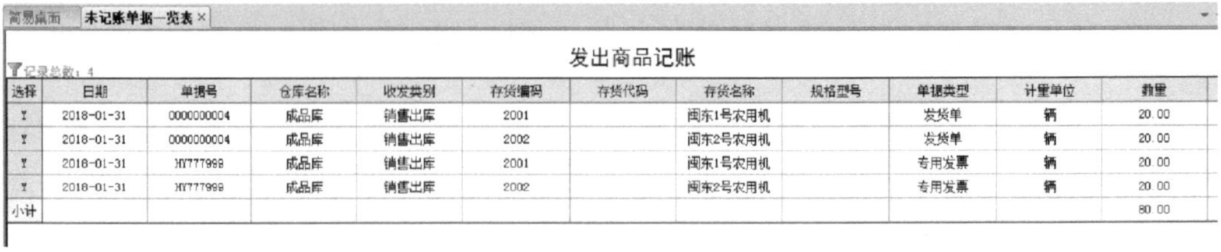

简易桌面　未记账单据一览表

发出商品记账

记录总数：4

选择	日期	单据号	仓库名称	收发类别	存货编码	存货代码	存货名称	规格型号	单据类型	计量单位	数量
Y	2018-01-31	0000000004	成品库	销售出库	2001		闽东1号农用机		发货单	辆	20.00
Y	2018-01-31	0000000004	成品库	销售出库	2002		闽东2号农用机		发货单	辆	20.00
Y	2018-01-31	HY777999	成品库	销售出库	2001		闽东1号农用机		专用发票	辆	20.00
Y	2018-01-31	HY777999	成品库	销售出库	2002		闽东2号农用机		专用发票	辆	20.00
小计											80.00

图 7-59　未记账凭证一览表——发出商品记账

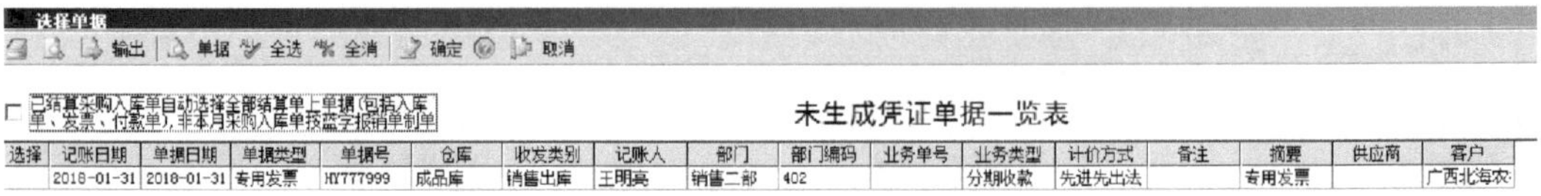

选择单据

输出　单据　全选　全消　确定　取消

已结算采购入库单自动选择全部结算单上单据(包括入库单、发票、付款单)，非本月采购入库单按蓝字报销单制单

未生成凭证单据一览表

选择	记账日期	单据日期	单据类型	单据号	仓库	收发类别	记账人	部门	部门编码	业务单号	业务类型	计价方式	备注	摘要	供应商	客户
	2018-01-31	2018-01-31	专用发票	HY777999	成品库	销售出库	王明亮	销售二部	402		分期收款	先进先出法		专用发票		广西北海农·

图 7-60　未生成凭证单据一览表

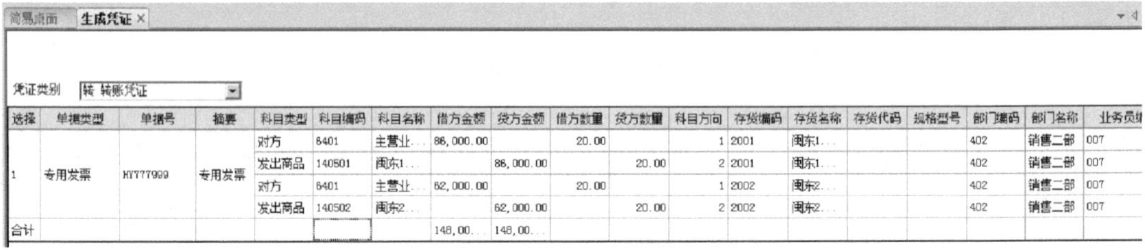

简易桌面　生成凭证

凭证类别　转 转账凭证

选择	单据类型	单据号	摘要	科目类型	科目编码	科目名称	借方金额	贷方金额	借方数量	贷方数量	科目方向	存货编码	存货名称	存货代码	规格型号	部门编码	部门名称	业务员编
1	专用发票	HY777999	专用发票	对方	6401	主营业...	86,000.00		20.00		1	2001	闽东1...			402	销售二部	007
				发出商品	140501	闽东1...		86,000.00		20.00	2	2001	闽东1...			402	销售二部	007
				对方	6401	主营业...	62,000.00		20.00		1	2002	闽东2...			402	销售二部	007
				发出商品	140502	闽东2...		62,000.00		20.00	2	2002	闽东2...			402	销售二部	007
合计							148,00...	148,00...										

图 7-61　生成凭证对话框

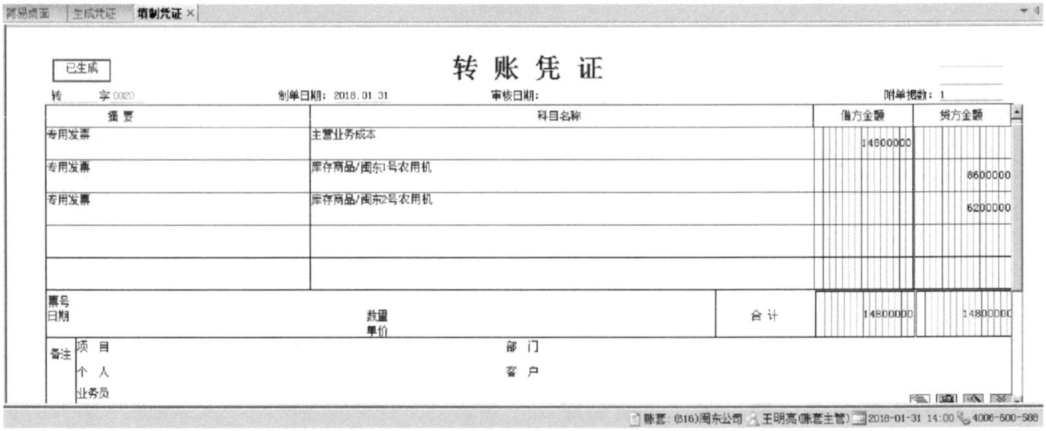

简易桌面　生成凭证　填制凭证

已生成

转 账 凭 证

转　字 0020　　制单日期：2018.01.31　　审核日期：　　附单据数：1

摘要	科目名称	借方金额	贷方金额
专用发票	主营业务成本	14800000	
专用发票	库存商品/闽东1号农用机		8600000
专用发票	库存商品/闽东2号农用机		6200000
票号 日期　数量 单价	合计	14800000	14800000

备注　项目　部门
个人　客户
业务员

账套：(816)闽东公司　王明亮(账套主管)　2018-01-31 14:00　4006-600-588

图 7-62　转账凭证

（12）在销售管理系统中，执行“销售开票”/“销售专用发票”命令，单击“增加”按钮，打开“选择发货单”窗口。选择“分期收款”，单击“显示”按钮，选择客户“福建龙岩农机公司”的发货单，并选中存货，如图 7-63 所示。

（13）单击“确定”按钮，生成销售专用发票，修改发票号为 HY777999。修改完毕单击“保存”按钮，再单击“复核”按钮，如图 7-64 所示。

图 7-63　发票参照发货单

图 7-64　销售专用发票

（14）启动应收款管理系统，执行"应收单据处理"/"应收单据审核"命令，审核分期收款生成的专用发票。

（15）执行"制单处理"命令，选择发票制单，生成分期收款确认收入的凭证，如图 7-65 所示。

（16）启动应收款管理系统，执行"收款单据处理"/"收款单据录入"命令，单击"增加"按钮，输入表头、表体信息等，并单击"保存"按钮，如图 7-66 所示。

（17）单击"审核"按钮，系统弹出"立即制单吗？"信息提示对话框。单击"是"按钮，系统自动生成一张收款凭证，如图 7-67 所示。

操作提示

● 以分期销售方式发出商品，开具销售专用发票并确认收入后，应该立即结转销售成本。如果存货采用先进先出法等可以随时结转销售成本的核算方法，则每次出库后，应该结转销售成本。

图 7-65　转账凭证

图 7-66　收款单

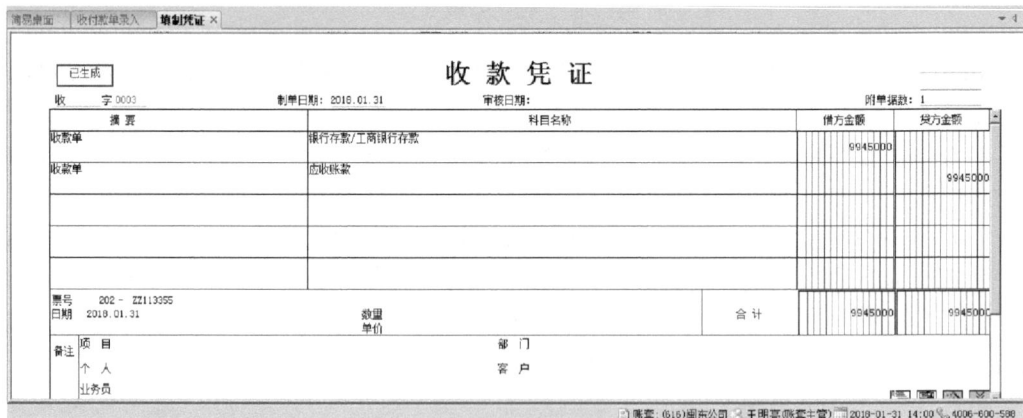

图 7-67　收款凭证

● 分期收款销售业务成本结转与普通销售业务类似，有关单据需要在存货核算系统中记账后，才能结转销售成本。

● 核销应收单与收款单可以采用手工核销的方法，也可以采用自动核销的方法。

（十）先开票，后发货业务

本笔业务属于开票直接发货的普通销售业务，可以直接开具销售专用发票，由销售发票生成销售发货单、销售出库单、确认收入、收取价税款。

1. 本笔业务处理流程

主要内容如下：

（1）销售管理系统——取消"普通销售必有订单"。
（2）库存管理系统——取消"销售生成出库单"。
（3）销售管理系统——开具销售专用发票并现结。
（4）销售管理系统——根据销售订单生成发货单。
（5）库存管理系统——生成销售出库单并审核。
（6）应收款管理系统——应收单审核并制单，传递至总账系统。
（7）根据销售出库单确认销售成本（存货采用先进先出法核算）。

2. 操作步骤

第一，修改销售管理系统中的设置，其操作步骤如下：

在销售管理系统中，执行"设置"/"销售选项"命令，取消"普通销售必有订单"和"销售生成出库单"复选框，如图 7-68 所示，然后单击"确定"按钮。

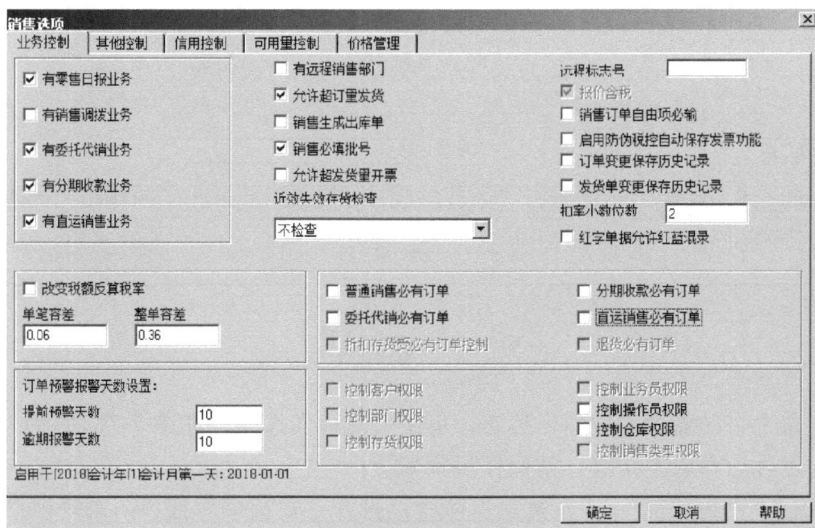

图 7-68　销售选项

第二，开具销售发票，其操作步骤如下：

（1）单击"增加"按钮，打开"选择发货单"对话框，单击"取消"按钮，关闭该对话框，打开"销售专用发票"窗口。

（2）手工输入发票的表头和表体信息。输入业务类型为"普通销售"，销售类型为"批发"等信息，单击"保存"按钮，如图7-69所示。

图7-69　销售专用发票

（3）单击"现结"按钮，打开"现结"窗口，输入结算方式为"转账支票"（ZZ321333），全额支付，如图7-70所示。输入完毕，单击"确定"按钮。

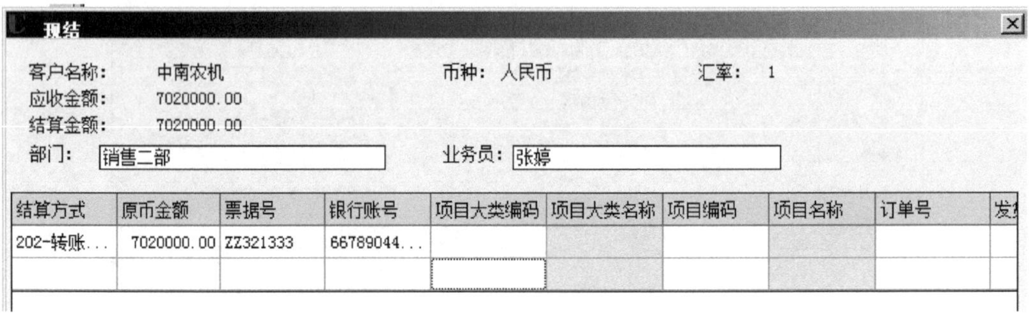

图7-70　现结对话框

（4）发票上自动显示"现结"标志，单击"复核"按钮，如图7-71所示。

第三，进行出库成本结算，其操作步骤如下：

（1）执行"销售发货"/"发货单"命令，打开"发货单"窗口，系统根据复核后的销售专用发票，自动生成一张已经审核的销售发货单，如图7-72所示。单击"退出"按钮，退出销售管理系统。

（2）启动库存管理系统，执行"出库业务"/"销售出库单"命令，打开"销售出库单"窗口。

图 7-71   销售专用发票

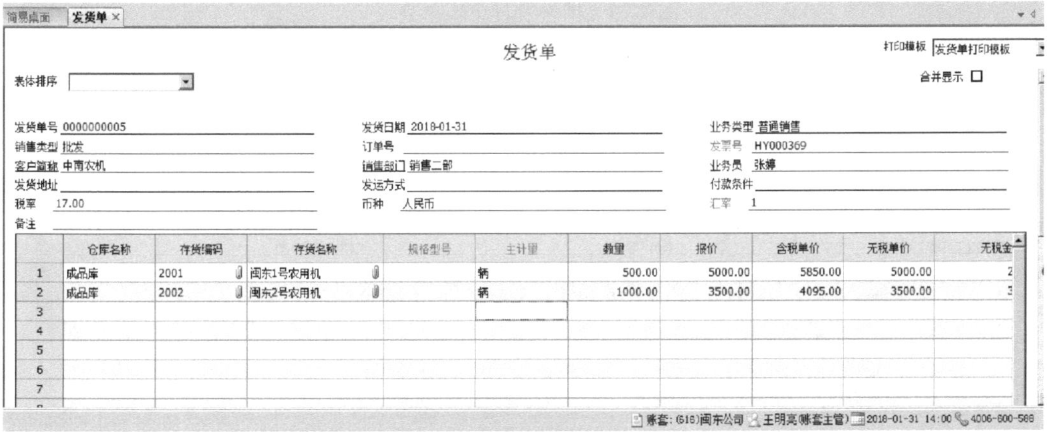

图 7-72   发货单

（3）单击"生单"按钮，系统显示"单据过滤"窗口，单击"显示"按钮，系统显示符合条件的单据，选择"显示表体"复选框，系统显示单据内容，以便于正确确认单据，如图 7-73 所示。

（4）选中销售发货单后单击"确定"按钮，系统根据选择的发货单生成一张未保存的销售出库单。单击"保存"按钮，再单击"审核"按钮，如图 7-74 所示。

（5）启动存货核算系统，执行"业务核算"/"正常单据记账"命令，打开"正常单据记账"窗口。设置过滤条件为"销售专用发票"。

（6）单击"确定"按钮，系统显示符合条件的单据。选择需要记账的单据，如图 7-75 所示。单击"记账"按钮，再单击"退出"按钮。

（7）执行"财务核算"/"生成凭证"命令，打开"生成凭证"窗口。

（8）单击"选择"按钮，打开"生成凭证查询条件"对话框，选择"销售专用发票"。

（9）单击"确定"按钮，打开"未生成凭证单据一览表"窗口，选择需要生成凭证的单据，如图 7-76 所示。

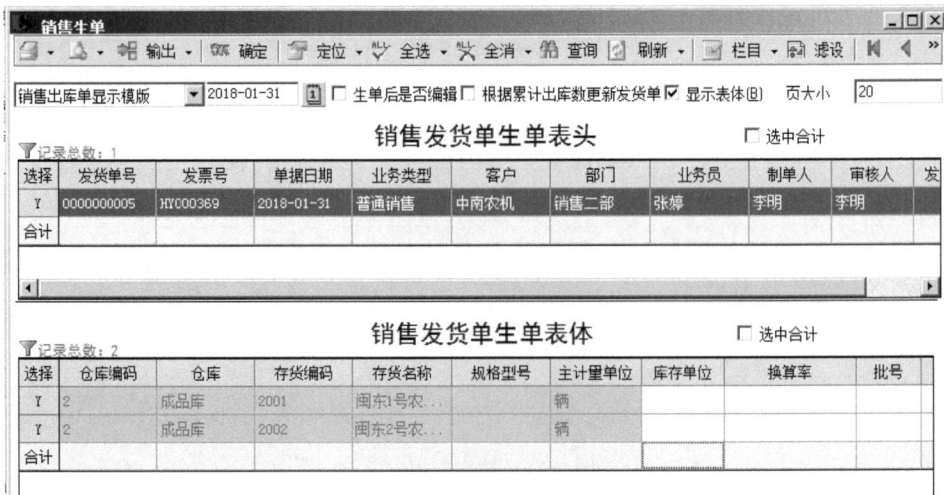

图 7-73　销售发货单生单列表

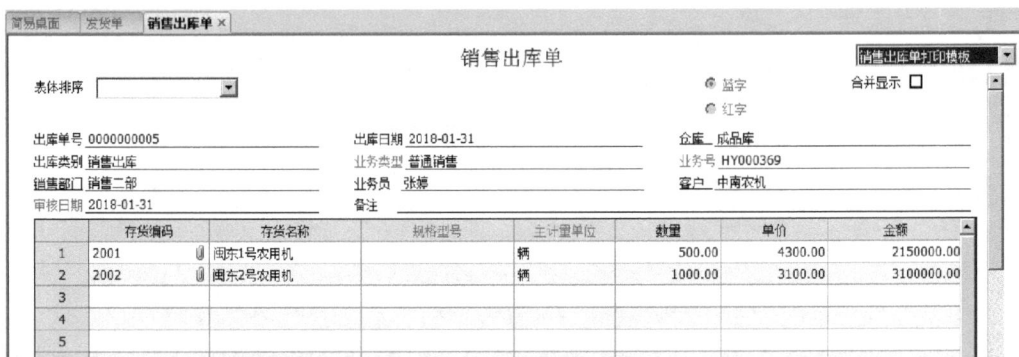

图 7-74　销售出库单

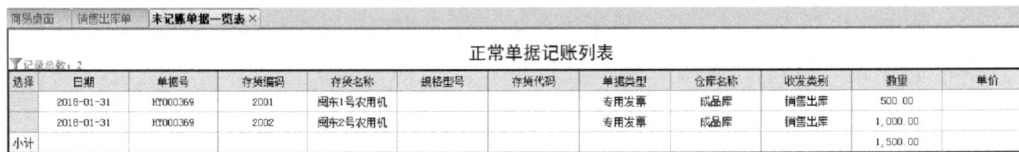

图 7-75　正常单据记账列表

图 7-76　未生成凭证单据一览表

（10）选择单据和凭证类型后，单击"确定"按钮，再单击"合成"按钮，核对入账科目或者补充输入入账科目，确定无误后单击"生成"按钮，系统自动生成一张结转销售成本的凭证。修改凭证类型为"转账凭证"，单击"保存"按钮，系统显示"已生成"标志，如图7-77所示。

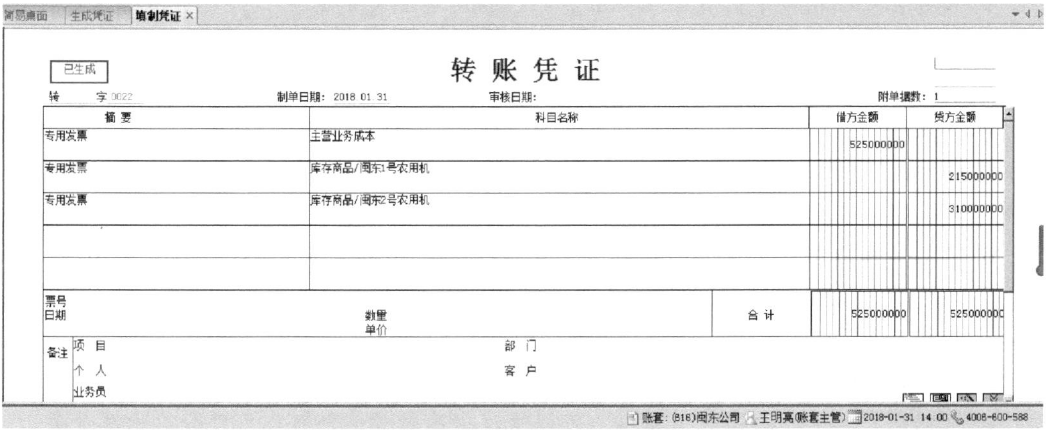

图 7-77　转账凭证

第四，确认应收款项，其操作步骤如下：

（1）启动应收款管理系统，执行"应收单据处理"/"应收单据审核"命令，打开"单据过滤条件"对话框。设置单据过滤条件，选择"包含已现结发票"复选框，单击"确定"按钮。

（2）选择需要审核的应收单据，在该记录的"选择"处双击，出现Y表示选择成功。单击"审核"按钮，系统显示"本次审核成功单据[1]张"信息提示对话框。

（3）执行"制单处理"命令，打开"制单查询"对话框，设置单据过滤条件，选择"现结制单"。选择单据后单击"制单"按钮，在生成凭证界面修改凭证类型为"收款凭证"，然后单击"保存"按钮，如图7-78所示。

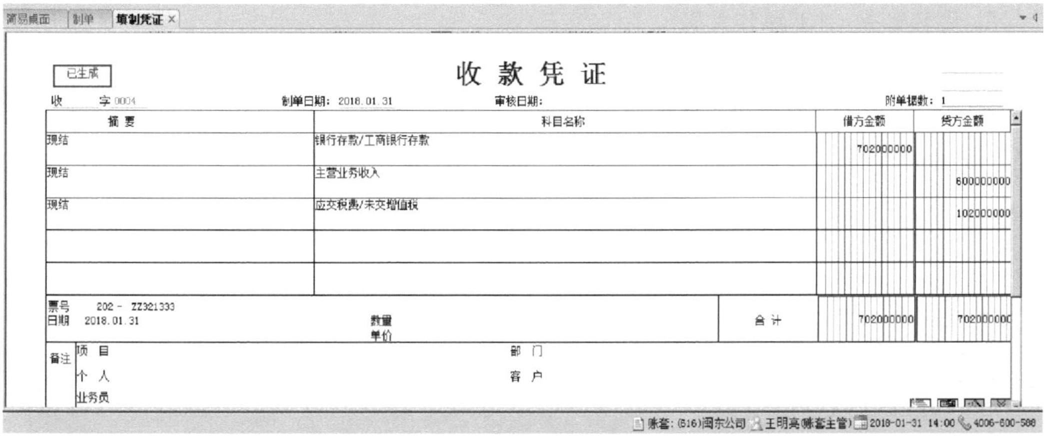

图 7-78　收款凭证

操作提示

● 只有在基础档案中设置了客户开户行、税号等信息的客户，才能开具销售专用发票，否则只能开具普通发票。开具销售专用发票现结时，需要输入客户的银行账号，否则只能开具普通发票进行现结处理。

● 如果在销售管理系统销售选项的"其他控制"选项卡中，选择"新增发票默认参照发货单生成"，则新增发票时系统自动弹出"选择发货单"对话框，系统默认为"新增发票默认参照订单生成"。

● 根据销售专用发票生成的发货单信息不能修改，发货单日期为操作业务日期。如果需要与发票日期相同，则注册进入企业应用平台的日期应该修改与发票日期相同，否则发货单日期不等于发票日期，其他由系统自动生成的单据或凭证也是如此。

● 根据销售专用发票自动生成的发货单信息不能修改。

● 根据发货单生成的销售出库单，可以修改出库数量，即可以处理分次出库业务。

（十一）退货业务

退货业务主要包括退货业务（1）和退货业务（2）。

1. 退货业务（1）主要业务流程

退货业务（1）属于先发货后开票业务模式，此模式下的退货处理流程如下：

（1）填制退货单，审核该退货单。

（2）根据退货单生成红字销售出库单，传递至库存管理系统。

（3）填制红字销售发票，复核后的红字销售发票自动传递至应收款管理系统。

（4）红字销售发票经审核，形成红字应收款。

（5）红字销售出库单在存货核算系统中记账，进行成本处理。

2. 退货业务（1）操作步骤

具体操作步骤如下：

（1）在销售管理系统中，执行"销售发货"/"退货单"命令，手工填制一张退货单，退货10台的闽东1号农用机，无税单价为5000元，单击"审核"按钮，如图7-79所示。

图 7-79 退货单

（2）启动库存管理系统，执行"出库业务"/"销售出库单"命令，单击"生单"按钮，系统显示"选择发货单"窗口。选择福建三明农机公司退货单，单击"确定"按钮，确认生单后，系统自动生成红字销售出库单。单击"审核"按钮，再单击"退出"按钮，如图 7-80 所示。

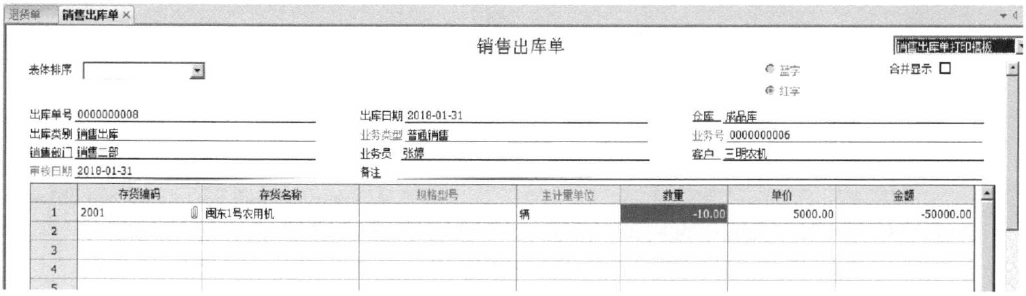

图 7-80　销售出库单

（3）执行"销售开票"/"红字专用销售发票"命令，系统自动显示"选择退货单"窗口，单击"显示"按钮，系统自动显示福建三明农机公司的退货单。单击"确定"按钮，生成红字专用销售发票。单击"保存"按钮，再单击"现结"按钮，进行现结结算，最后单击"复核"按钮，退出销售管理系统，如图 7-81 所示。

图 7-81　红字销售专用发票

（4）启动应收款管理系统，执行"应收单据处理"/"应收单审核"命令，打开"单据过滤条件"对话框。设置过滤条件后，单击"确定"按钮，打开"应收单审核"窗口。选择福建三明农机公司销售专用发票，单击"审核"按钮，系统弹出"本次成功审核单据[1]张"信息提示对话框，单击"退出"按钮。

（5）执行"制单处理"命令，设置过滤条件为"发票制单"。单击"确定"按钮，打开"制单单据选择"窗口。

（6）在所选择单据的"选择标志"处输入 1，选择凭证类型为"转账凭证"。单击"制单"按钮，系统生成一张红字冲销凭证。单击"保存"按钮，生成红字冲销凭证，如图 7-82 所示。

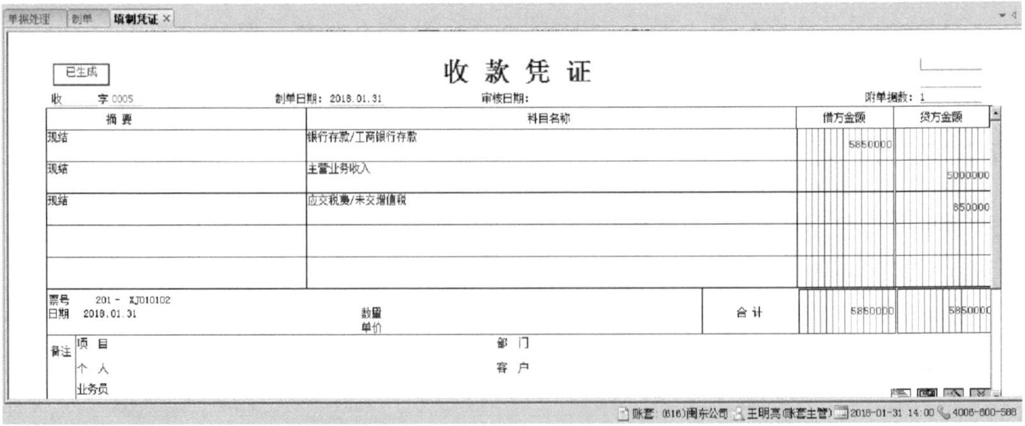

图 7-82　收款凭证

（7）启动存货核算系统，执行"业务核算"/"正常单据记账"命令，选择成库仓销售专用发票记账，手工输入闽东 1 号农用机的单价 5000 元，记账后单击"退出"按钮。

（8）执行"财务核算"/"生成凭证"命令，单击"选择"按钮，在"生单单据选择"窗口中选择"销售专用发票"，单击"确定"按钮。在"未生成凭证单据一览表"窗口中，选择"成品库"，其"选择"栏显示 1，单击"确定"按钮。

（9）在"生成凭证"窗口中，选择凭证类型为"转账凭证"。单击"生成"按钮，系统自动生成一张红字凭证，冲销已结转的销售成本，如图 7-83 所示。

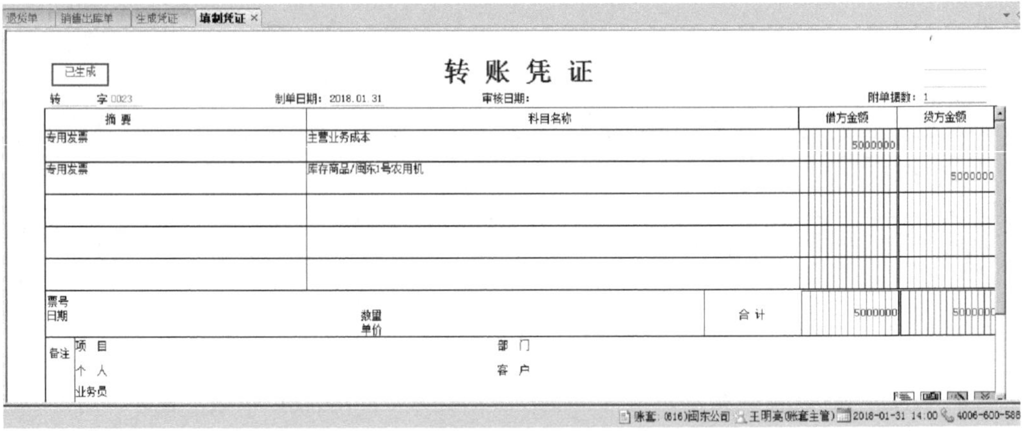

图 7-83　转账凭证

3. 退货业务（2）主要业务流程

退货业务（2）属于开票直接发货模式，此模式下的退货业务处理流程如下：

（1）填制红字销售发票，复核后自动生成退货单。

（2）生成红字销售出库单。

（3）复核后的红字销售发票自动传递至应收款管理系统，审核后，形成红字应收款。

（4）审核后的红字出库单在存货核算系统中记账，进行成本处理。

4. 退货业务（2）操作步骤

具体操作步骤如下：

（1）执行"销售开票"/"红字专用销售发票"命令，手工输入湖南中南农机公司退还的闽东2号农用机的相关信息，单击"确定"按钮，生成红字专用销售发票，再单击"保存"按钮，复核后系统自动生成退货单。再单击"现结"按钮，在"现结"窗口中，输入结算方式为"现金支票"，并输入负数结算金额即为退款金额（–20475元），如图7-84所示。

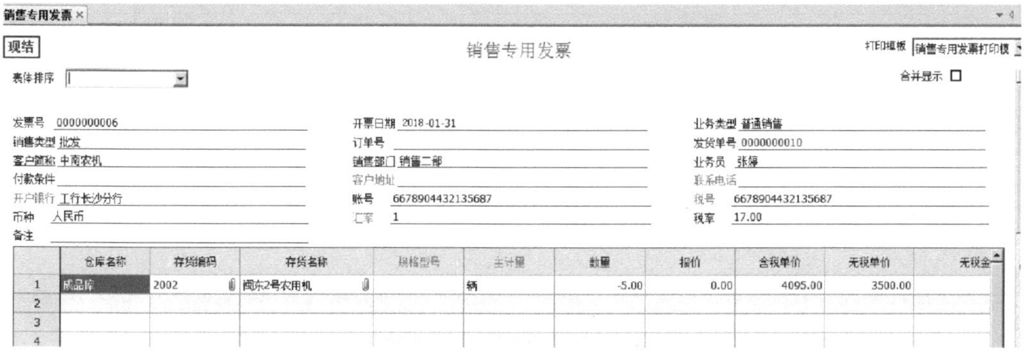

图 7-84 红字销售专用发票

（2）启动库存管理系统，执行"出库业务"/"销售出库单"命令，单击"生单"按钮，系统显示"选择发货单"窗口。选择湖南中南农机公司的退货单，单击"确定"按钮，确认生单后，系统自动生成红字销售出库单。单击"审核"按钮，再单击"退出"按钮，如图7-85所示。

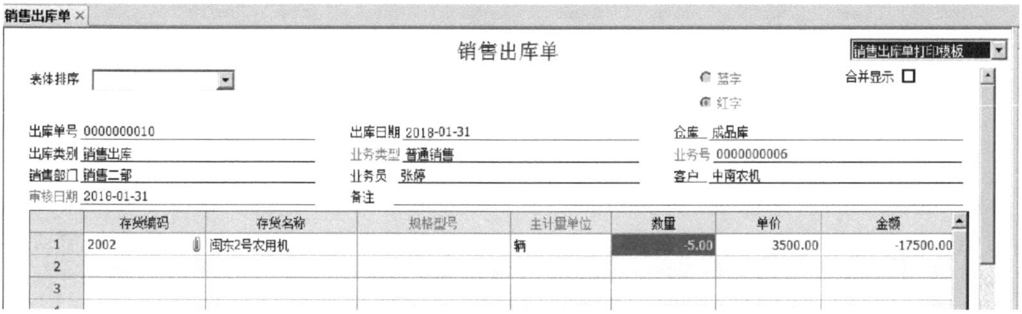

图 7-85 销售出库单

（3）启动应收款管理系统，执行"应收单据处理"/"应收单审核"命令，打开"单据过滤条件"对话框。设置过滤条件后，选择"包含已现结发票"复选框，单击"确定"按钮。

（4）打开"应收单审核"窗口，选择需要审核的应收单据，即湖南中南农机公司的销售专用发票，在该记录的"选择"处双击，出现 Y 表示选择成功。再单击"审核"按钮，系统弹出"本次成功审核[1]张单据"信息提示对话框，单击"退出"按钮。

（5）执行"制单处理"命令，系统自动打开"制单查询"对话框，设置单据过滤条件，选择"现结制单"。在所选单据的"选择标志"处输入 1，单击"制单"按钮。在生成凭证的界面修改凭证类型为"收款凭证"，然后单击"保存"按钮，系统根据现结红字发票自动生成一张红字收款凭证，如图 7-86 所示。

图 7-86　退货业务的红字收款凭证

（6）启动存货核算系统，执行"业务核算"/"正常单据记账"命令，选择成品库销售专用发票记账，手工输入闽东 2 号农用机的单价 3500 元。记账后单击"退出"按钮，如图 7-87 所示。

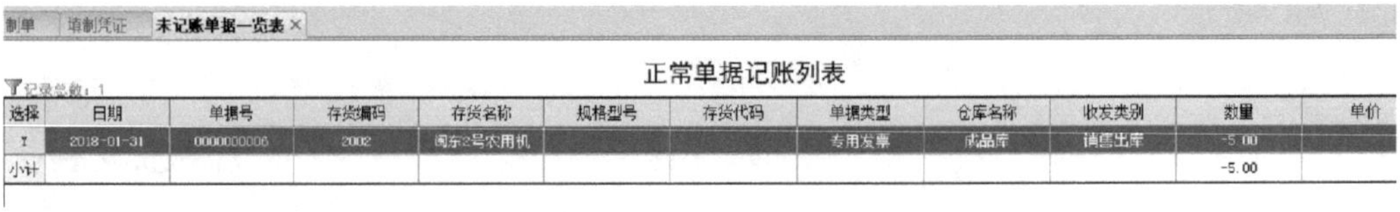

图 7-87　正常单据记账列表

（7）执行"财务核算"/"生成凭证"命令，单击"选择"按钮，在"生单单据选择"窗口中选择"销售专用发票"，单击"确定"按钮。在"未生成凭证单据一览表"窗口中，选择"成品库"，其"选择"栏显示 1，单击"确定"按钮。

（8）在"生成凭证"窗口中，选择凭证类型为"转账凭证"。单击"生成"按钮，系统自动生成一张红字凭证，冲销已结转的销售成本，如图 7-88 所示。

操作提示

● 退货单上的存货数量应该为负数，退货单上的金额可以小于等于零。
● 退货单可以参照销售订单和发货单生成，也可以直接手工输入。参照生成时，单击"退货单"窗口中的"订单"或"发货"按钮，即可参照选择的相关单据生成退货单。

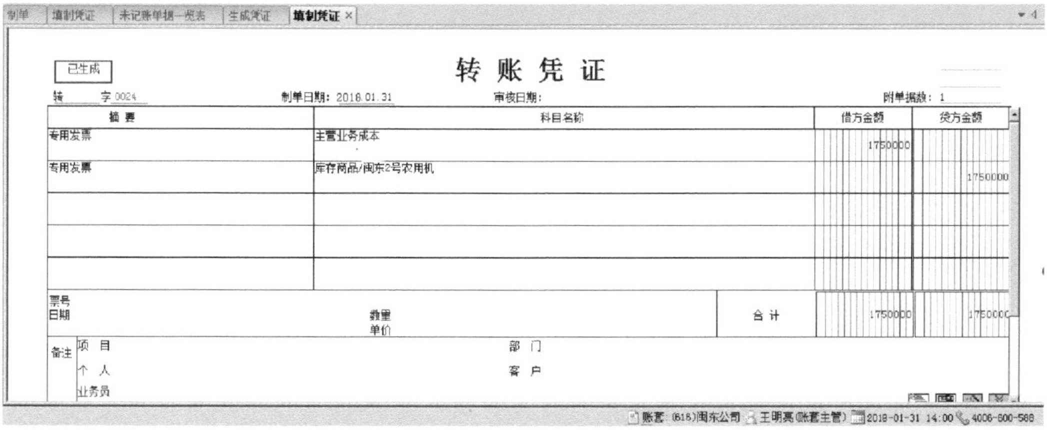

图 7-88　退货业务的红字转账凭证

● 退货单可以参照一张或多张发货单记录生成，如果销售选项设置为"普通销售必有订单"，则退货单必须参照原发货单或订单生成。

● 参照销售订单生成的退货单或手工输入的退货单可以生成红字发票。

● 参照发货单生成的退货单直接冲减原发货单数量，因而该退货单无法生成红字销售发票，但该退货单可以在"发货单列表"中查询。如果销售选项中设置了"销售生成出库单"，则发货单审核时自动生成销售出库单，退货单审核时自动生成红字销售出库单。

实验八　业务子系统期末业务处理

一、实验目的

掌握供应链系统的业务子系统月末处理方法和财务子系统的月末处理方法。业务子系统的月末处理包括库存盘点和存货成本处理等；财务子系统的月末处理包括月末凭证的生成。

二、实验内容

本实验主要完成以下内容：
（1）盘点业务及处理。
（2）存货价格及结算成本处理。
（3）采购管理月末结账。
（4）销售管理月末结账。
（5）库存管理月末结账。
（6）存货核算月末结账。

三、实验资料

（1）进行库存管理系统的期末存货数量的盘点。盘点发现角钢盘亏 10 吨，是采购部王小小的责任。
（2）通过存货价格及结算成本的处理计算出存货的成本。
（3）进行采购管理系统的月末结账。
（4）进行销售管理系统的月末结账。
（5）进行库存管理系统的月末结账。
（6）进行存货核算系统的月末结账。

四、实验操作

（一）库存期末盘点

以 2018 年 1 月 31 日为业务日期，登录库存管理系统，添加盘点单，设置盘点的仓库、存货、盘点数量等。

1. 业务处理流程

主要内容如下：

（1）库存管理系统——填制盘点单。

（2）库存管理系统——审核盘点单。

（3）库存管理系统——系统根据盘盈或盘亏结果自动生成其他出入库单，审核其他出入库单。

（4）库存管理系统——对系统生成的其他出入库单进行记账。

在期末的各项业务完成之后，检查记账。在全部业务都完成之后，按顺序对各个子系统进行期末的盘点。

2. 增加收发类别

具体操作步骤如下：

在基础设置中增加"盘盈入库"和"盘亏出库"两个收发类别，然后依次对材料库及成品库进行数量的盘点。

（1）以账套主管"王明亮"的身份登录"企业应用平台"，进行基础设置。在左侧的菜单栏中，选择"基础设置"/"业务"/"基础档案"/"收发类别"，系统将会自动弹出"收发类别"界面，在此进行收发类别的设置。

（2）在系统自动弹出的"收发类别"界面中，单击界面上方菜单栏的"增加"按钮，此时可以观察到收发类别界面中框显示为白色，即为可以新增收发类别。在新增界面中增加"105 盘盈入库"的"收"业务，如图 8-1 所示。

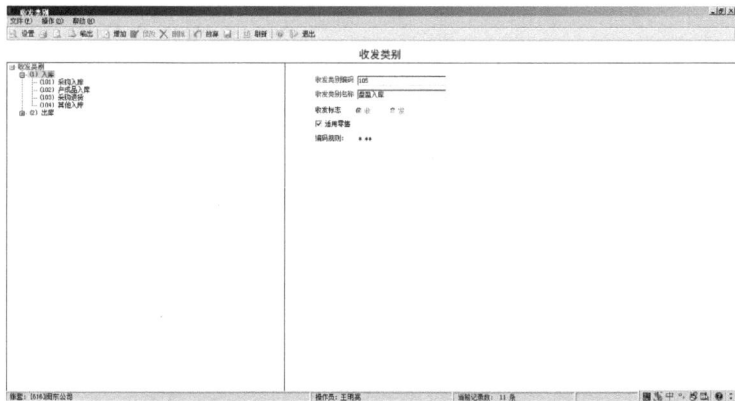

图 8-1　收发类别

（3）增加完成"盘盈入库"之后，再次单击界面上方菜单栏的"增加"按钮，增加"205盘亏出库"的"发出"业务。

（4）增加完成后，单击右上方的"退出"按钮，退出收发类别界面。

3. 进行盘点

具体操作方法如下：

在确认所有业务与存货均已入库并且记账之后，依次再对存货进行盘点与记账，确认材料盘亏损失或者盘盈收入并且进行记账。

（1）在库存管理系统中对材料库及成品库进行数量的盘点。

（2）在库存管理系统中对盘亏或盘盈自动生成的其他出库单进行审核。

（3）在存货核算系统中对盘亏或者盘盈的材料进行业务财务核算生成对应的转账凭证。

操作提示

● 在对盘亏盘盈的存货进行确认之后，经过管理层的批准可以对存货的盘亏盘盈进行处理。

4. 操作步骤

具体操作步骤如下：

（1）在左侧菜单栏中选择"业务工作"，进入业务工作的界面，再选择"供应链"/"库存管理"/"盘点业务"，进入库存管理系统的盘点业务。

操作提示

● 盘点按照仓库进行盘点，因此在盘点之前要先选定仓库才能进行下一步的盘库命令。

● 盘点后要将盘点单保存，否则盘点单不会保留下来。

（2）盘点材料库。

①单击左上方"增加"按钮，新增一张"盘点单"，在新增加的盘点单界面中，将上方的"盘点仓库"设置为"材料库"，同时将"入库类别"设置为"盘亏出库"，将"入库类别"设置为"盘盈入库"，将盘点人设置为"夏虎"，系统将会自动将夏虎所在的"财务部"设置为"部门"。

②选中界面上方的"盘库"按钮，系统将自动弹出选项框询问，如图 8-2 所示。

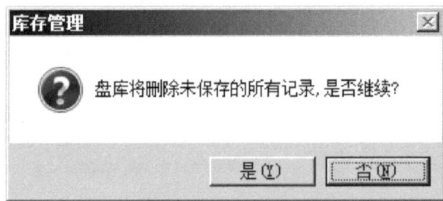

图 8-2　库存管理询问框

③单击"是"按钮进行盘库，并且选中"账面为零时是否盘点"，单击"确认"按钮，之后系统就会开始自动进行盘库。

④盘点发现，角钢盘亏 10 吨，是采购部王小小的责任。在盘点数量中输入"30"，即后面的"盈亏数量"一栏将会自动出现"–10"，单击"保存"按钮并单击"审核"按钮。盘点单如图 8-3 所示。

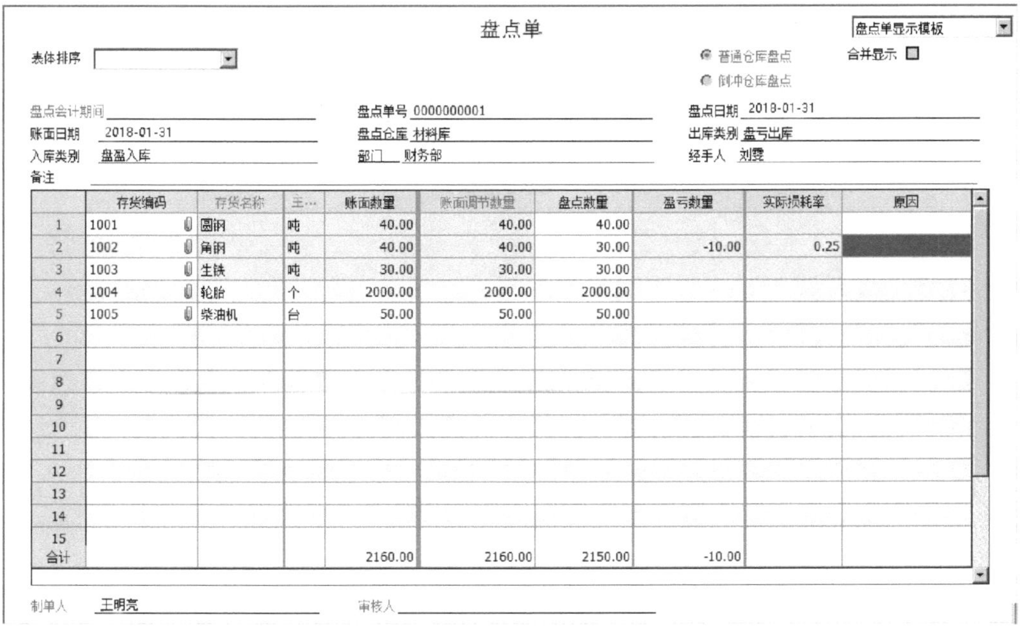

盘点单　　盘点单显示模板

表体排序　　◉ 普通仓库盘点　◎ 倒冲仓库盘点　　合并显示 □

盘点会计期间　　盘点单号 0000000001　　盘点日期 2018-01-31

账面日期 2018-01-31　　盘点仓库 材料库　　出库类别 盘亏出库

入库类别 盘盈入库　　部门 财务部　　经手人 刘霞

备注

	存货编码	存货名称	主…	账面数量	账面调节数量	盘点数量	盈亏数量	实际损耗率	原因
1	1001	圆钢	吨	40.00	40.00	40.00			
2	1002	角钢	吨	40.00	40.00	30.00	-10.00	0.25	
3	1003	生铁	吨	30.00	30.00	30.00			
4	1004	轮胎	个	2000.00	2000.00	2000.00			
5	1005	柴油机	台	50.00	50.00	50.00			
6									
7									
8									
9									
10									
11									
12									
13									
14									
15									
合计				2160.00	2160.00	2150.00	-10.00		

制单人 王明亮　　审核人

图 8-3　材料库盘点单

操作提示

● 账面数量是系统根据账面记录自动生成，无法进行修改。因此若盘点与实际出现差距，则调整盘点数量，通过系统自动生成的“盈亏数量”对盘点中的盈亏进行调整。

（3）盘点成品库。

①单击左上方“增加”按钮，新增一张“盘点单”，在新增加的盘点单界面中，将上方的“盘点仓库”设置为“成品库”，同时将“入库类别”设置为“盘亏出库”，将“入库类别”设置为“盘盈入库”，将盘点人设置为“夏虎”，系统将会自动将夏虎所在的“财务部”设置为“部门”。

②选中界面上方的“盘库”按钮，系统将自动弹出选项框询问。

③单击“是”按钮进行盘库，并且选中“账面为零时是否盘点”，单击“确认”按钮，之后系统就会开始自动进行盘库，盘点单如图 8-4 所示。

④盘点结果如图所示，单击界面上方的“保存”按钮并单击“审核”按钮。

（4）审核其他出库单。

执行“库存管理”/“其他出库单”，单击右侧的“历史票据”打开自动生成的“其他出库单”，单击“审核”按钮，如图 8-5 所示。

操作提示

● 必须先选择仓库才能选择存货。

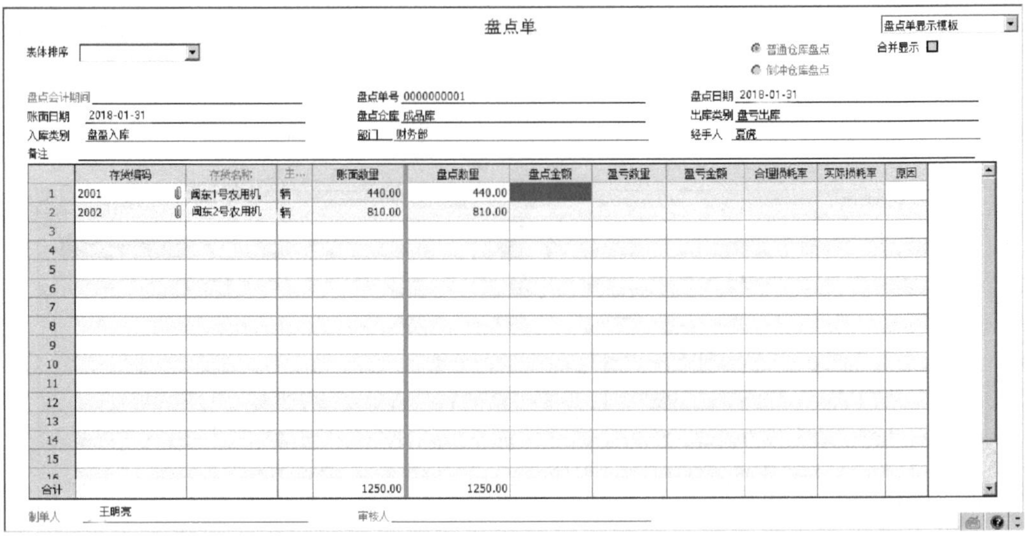

盘点单

盘点单显示模板

表体排序

◉ 普通仓库盘点　　合并显示 ☐

○ 倒冲仓库盘点

盘点会计期间　　盘点单号 0000000001　　盘点日期 2018-01-31

账面日期 2018-01-31　　盘点仓库 成品库　　出库类别 盘亏出库

入库类别 盘盈入库　　部门 财务部　　经手人 夏虎

备注

	存货编码	存货名称	主…	账面数量	盘点数量	盘点金额	盈亏数量	盈亏金额	合理损耗率	实际损耗率	原因
1	2001	闽东1号农用机	辆	440.00	440.00						
2	2002	闽东2号农用机	辆	810.00	810.00						
3											
4											
5											
6											
7											
8											
9											
10											
11											
12											
13											
14											
15											
合计				1250.00	1250.00						

制单人 王明亮　　审核人

图 8-4　成品库盘点单

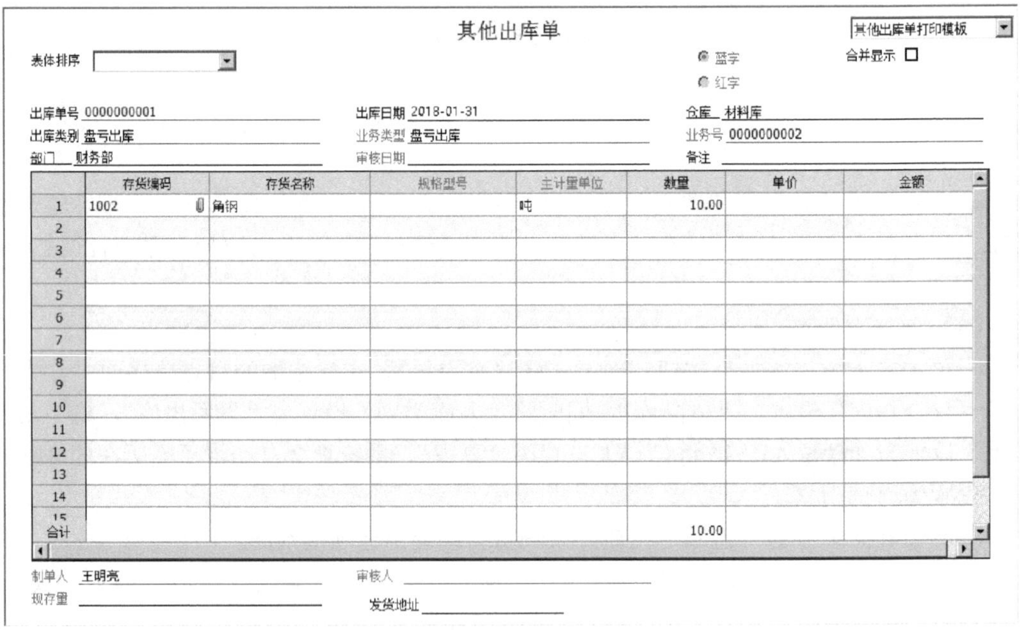

其他出库单

其他出库单打印模板

表体排序

◉ 蓝字　　合并显示 ☐

○ 红字

出库单号 0000000001　　出库日期 2018-01-31　　仓库 材料库

出库类别 盘亏出库　　业务类型 盘亏出库　　业务号 0000000002

部门 财务部　　审核日期　　备注

	存货编码	存货名称	规格型号	主计量单位	数量	单价	金额
1	1002	角钢		吨	10.00		
2							
3							
4							
5							
6							
7							
8							
9							
10							
11							
12							
13							
14							
合计					10.00		

制单人 王明亮　　审核人

现存量　　发货地址

图 8-5　其他出库单

● 盘点时在日常业务中允许零出库（即允许账面负结存），盘库时选择“账面为零时是否盘点”项，或者在表体内容中找出是结存的存货记录，先将其删掉，待后期账面为正数时再对其进行盘点。

● 存货可以设置盘点周期和盘点时间，盘点时间可以按周期进行盘点。

● 由于在库存盘亏之后系统将会自动生成一张其他出库单，因此并不需要用户自行生成一张其他出库单，只需对该出库单进行审核即可。

（5）进行正常单据记账。

①在对凭证审核之后，需要在业务核算系统中确认该笔业务对存货数量的影响。选择"业务工作"/"存货核算"/"业务核算"/"正常单据记账"，如图 8-6 所示。在左侧"选择"框中选中，选择框中会显示"Y"字符，即表示该栏记录已经被选中，选中单据后单击"记账"按钮进行正常单据记账。

				正常单据记账列表						
▽记录总数：1										
选择	日期	单据号	存货编码	存货名称	规格型号	存货代码	单据类型	仓库名称	收发类别	数量	单
Y	2018-01-31	0000000001	1002	角钢			其他出库单	材料库	盘亏出库	10.00	
小计										10.00	

图 8-6 正常单据记账列表

②出现"记账成功"提示框，即为该笔业务已经成功记账，可以退出业务核算系统。

操作提示

- 记账时如果单据量特别大，可以分仓库、分收发类别分开进行记账。
- 记账前先检查所有入库单，即采购入库单和其他入库单是否有单价。

（6）进行财务核算。

在正常单据记账之后，仅是确认了该笔业务的数量入账，若要同时确认该笔业务所产生的金额的影响，在对凭证审核之后，需要在财务核算系统中确认该笔业务对存货金额的影响。

①选择"存货核算"/"财务核算"/"生成凭证"，打开"未记账单据一览表"窗口。

②在上方菜单栏单击"查询"按钮，在"查询条件"对话框中选中"（09）其他出库单"，如图 8-7 所示。单击"确定"按钮，即可看到界面中出现相关的会计凭证。

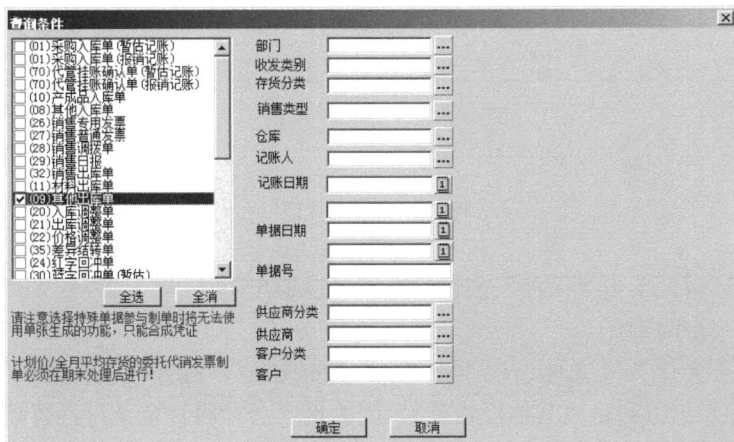

图 8-7 查询条件

③在"未生成凭证单据一览表"中，将"盘亏出库"单前的"选择"选中，如图 8-8 所示。单击"确定"按钮，生成凭证。

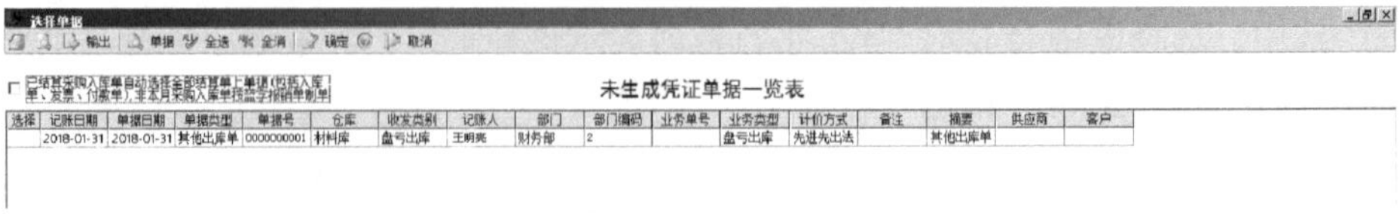

图 8-8　未生成凭证单据一览表

④单击左上角的"选择"框，在下拉框的选项当中，将"凭证类别"修改为"转账凭证"。

⑤在界面中将借方科目修改为"190101 待处理流动资产损益"科目。

⑥修改之后的界面如图 8-9 所示。

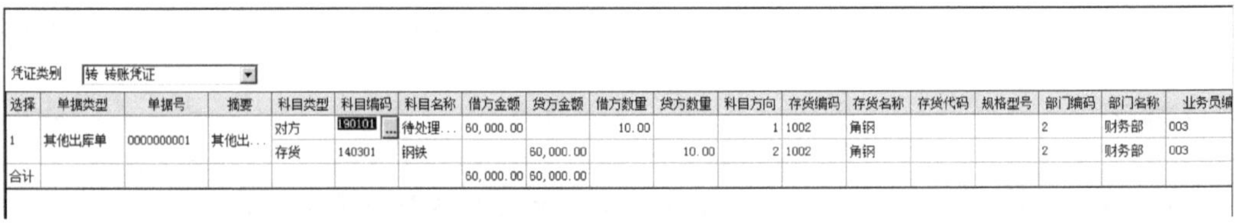

图 8-9　生成凭证窗口

⑦确定借贷方科目及金额均无误后，单击"生成"按钮即可生成一张转账凭证，如图 8-10 所示。

图 8-10　转账凭证

⑧生成凭证后，单击"保存"按钮，之后可以退出。

⑨确认王小小的责任。

选择"财务会计"/"总账"/"凭证"/"填制凭证"，打开"填制凭证"窗口。单击"科目参照"选择借方科目"其他应收款"。因为这个会计科目定义为具有辅助核算功能，所以会弹出"辅助项"窗口，确认责任人王小小，如图 8-11 所示。

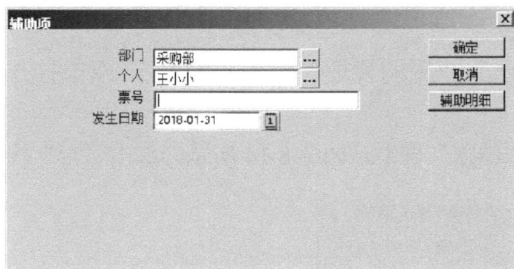

图 8-11　其他应收款的辅助项窗口

回到"填制凭证"窗口后，单击"科目参照"选择贷方科目"待处理财产损益/待处理流动资产损益"，金额为"60000"，如图 8-12 所示。单击"保存"按钮。

图 8-12　转账凭证

（二）存货价格及结算成本处理

期末存货处理应当在日常业务全部完成，采购和销售系统作结账处理后进行。由于本次实验采用的是先进先出法并且在业务发生时均及时记账、计算成本，因此期末就没有再进行存货价格及结算成本处理。如果是按照其他计价法，则需要在期末进行存货成本的核算。例如，按全月平均方式核算的存货：按全月平均单价及其本月出库数量计算出库成本。按计划价核算的存货：按全月发出数量及计划单价和分摊的超支或节约差异计算出库成本。

（三）采购管理月末结账

在采购管理系统中，确认所有业务都进行记账处理之后，单击"月末结账"对库存管理系统进行月末结账处理。

具体操作步骤如下：

（1）选择"业务处理"/"采购管理"/"月末结账"，双击打开"月末结账"命令，如图 8-13 所示。

（2）在弹出的"月末结账"框中，如图 8-14 所示，单击"否"按钮，即可进行本期结账。

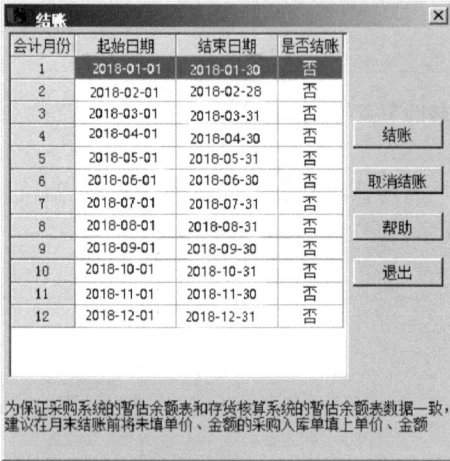

图 8-13　采购管理月末结账窗口

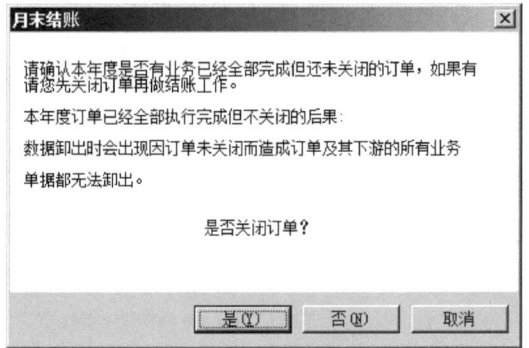

图 8-14　月末结账框

（四）销售管理月末结账

在销售管理系统中，确认所有业务都进行记账处理之后，单击"月末结账"对库存管理系统进行月末结账处理。

具体操作步骤如下：

（1）选择"供应链"/"销售管理"/"月末结账"，双击执行"月末结账"命令，即可进入销售管理系统月末结账界面，如图 8-15 所示。

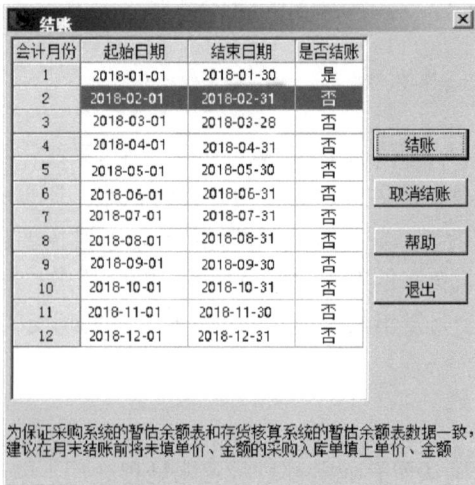

图 8-15　销售管理系统月末结账

（2）用鼠标选中了 2018 年 1 月一栏之后，单击"结账"按钮。

（3）在随后弹出的"月末结账"窗口中，单击选择"否"。

（五）库存管理月末结账

在库存管理系统中，确认所有业务都进行记账处理之后，单击"月末结账"对库存管理系统进行月末结账处理。

具体操作步骤如下：

（1）选择"供应链"/"库存管理"/"月末结账"，双击执行"月末结账"命令。

（2）进入库存管理系统月末结账界面，用鼠标选中了 2018 年 1 月一栏之后，单击"结账"按钮，如图 8-16 所示。

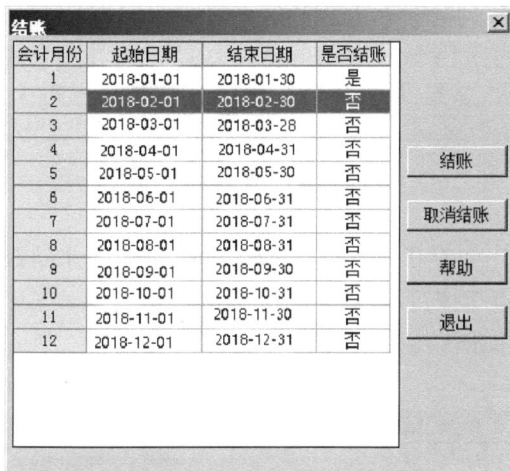

图 8-16　库存管理系统月末结账

（3）在随后弹出的"月末结账"窗口中，单击选择"否"。

（六）存货核算月末结账

操作方法如下：

先在存货核算系统中进行"期末处理"，对各个仓库进行期末处理之后再进行月末结账。若不先进行"期末处理"，则在"月末结账"系统中，系统将会反复提示"有仓库尚未处理，无法进行月末结账"。

具体操作步骤如下：

（1）选择"供应链"/"存货核算"/"业务核算"/"期末处理"，勾选"结存数量为零金额不为零生成出库调整单"，打开"期末处理"界面。

（2）单击"处理"按钮。

（3）处理后界面如图 8-17 所示。

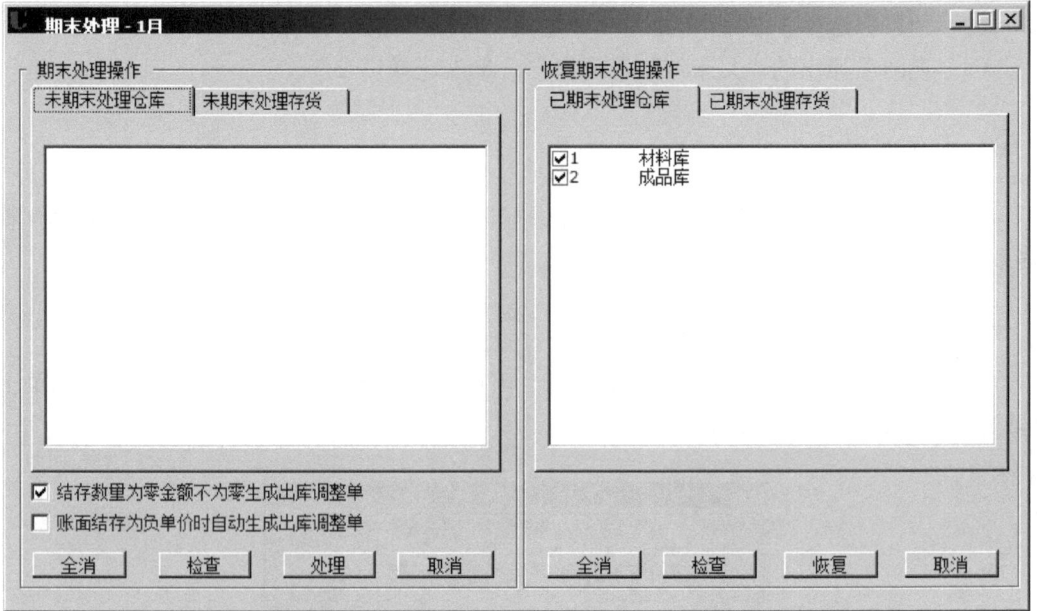

图 8-17　期末处理

（4）选择"供应链"/"存货核算"/"业务核算"/"月末结账"，如图 8-18 所示。

（5）单击"月结检查"按钮。

（6）检测完毕后，单击"结账"按钮。

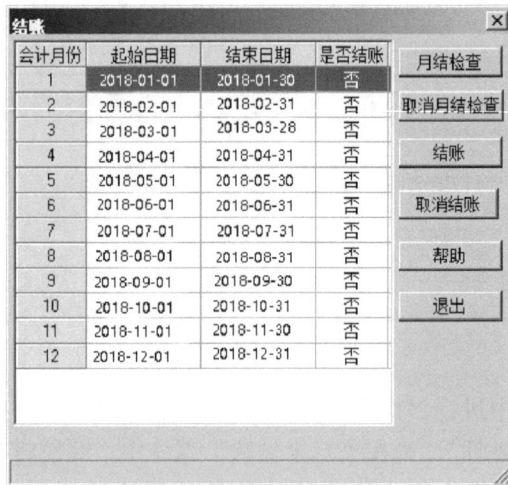

图 8-18　存货核算月末结账

实验九　账务子系统期末业务处理

一、实验目的

掌握供应链系统的财务子系统的月末处理方法。财务子系统的月末处理包括月末凭证的生成、账表的生成与报表的编制等。

二、实验内容

本实验主要完成以下工作：
（1）应收款管理系统月末结账。
（2）应付款管理系统月末结账。
（3）出纳签字。
（4）审核凭证。
（5）总账系统月末结账。

三、实验资料

（1）应收款管理系统月末结账：计提坏账准备（月末计提坏账准备的比率为 0.5%）；坏账准备科目（坏账准备）；对方科目（资产减值损失）。
（2）应付款管理系统月末结账。
（3）增加用户钱小梅（角色出纳），赋予钱小梅出纳的签字权限，执行出纳签字。
（4）对审核人员赋权，审核凭证。
（5）进行总账管理系统月末结账。

四、实验操作

（一）应收款管理系统月末结账

操作方法如下：

在应收款管理系统中，先根据实验开始前设置的计提坏账准备的比率对应收账款月计提折旧，之后生成凭证入账，再进行应收款管理系统的月末结账。

1. 计提坏账准备

具体操作步骤如下：

（1）选择"财务会计"/"应收款管理"/"坏账处理"/"计提坏账准备"进入计提坏账准备的界面，如图 9-1 所示。

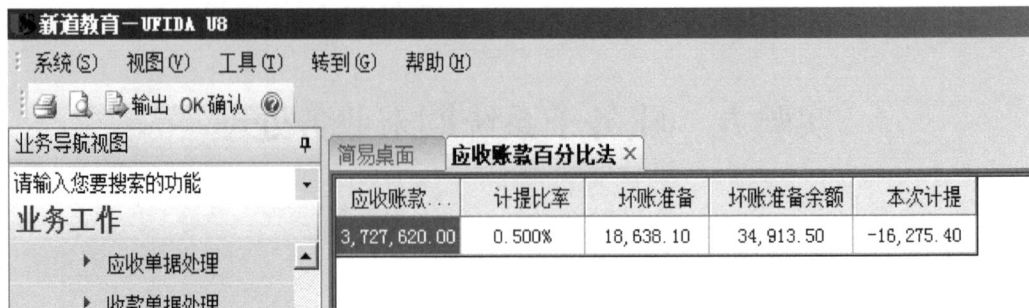

图 9-1 应收账款百分比法计提坏账准备

（2）单击上方的"OK确认"，界面即出现对话框询问"是否进行制单"。

（3）在对话框中选择"是"，即可对刚刚计提的坏账准备进行制单处理。

（4）将左上角的"收"字修改为"转"字，单击"保存"按钮，生成凭证，如图 9-2 所示。

图 9-2 转账凭证

2. 月末结账

在完成对坏账的计提及确认保存凭证之后，开始对应收款管理系统进行月末结账。

具体操作步骤如下：

（1）选择"应收款管理"/"期末处理"/"月末结账"，打开应收款管理系统的"月末结账"窗口，此时"结账标志"一列的底色均为白色，意为目前没有月份被选中进行结账。

（2）在一月的结账标志上选中，一月的"结账标志"一栏出现"Y"，意为一月已经被选中，可以进行月末结账处理，如图 9-3 所示。

（3）选中了一月之后，单击"下一步"按钮，进行结账。

（4）在"处理情况"一列全部显示"是"时，即表示应收款管理系统的月末结账处理已经全部完成，此时单击"完成"按钮，退出该界面。

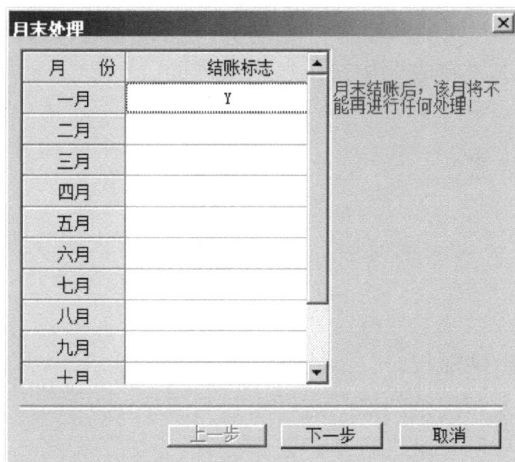

图 9-3　应收管理的月末处理

（二）应付款管理系统月末结账

操作方法如下：

在应付款管理系统中，确定对应付单据的审核已经全部完成并且制单完成之后，进入应付款管理系统的"月末结账"界面，开始对应付款进行月末结账。

具体操作步骤如下：

（1）选择"应付款管理"/"期末处理"/"月末结账"，打开应付款管理系统的"月末结账"窗口，此时"结账标志"一列的底色均为白色，意为目前没有月份被选中进行结账。

（2）在一月的结账标志上选中，一月的"结账标志"一栏出现"Y"，意为一月已经被选中，可以进行月末结账处理，如图 9-4 所示。

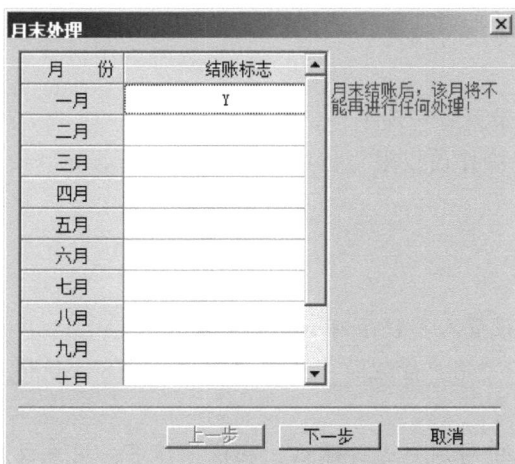

图 9-4　应付管理的月末处理

（3）选中一月之后，单击"下一步"按钮，进行结账。

（4）在"处理情况"一列全部显示"是"时，即表示应收款管理系统的月末结账处理已经全部完成，此时单击"完成"按钮，退出该界面。

（三）总账系统月末结账

1. 操作流程

操作流程主要如下：
（1）给凭证审核和出纳赋权。
（2）登录凭证审核人和出纳的账号进行审核与签字。
（3）以账套主管的身份登录进行"记账"处理。
（4）期末转账凭证定义和生成，进行固定资产计提折旧及期间损益的结转。
（5）在完成期间损益结转之后，再次分别登录审核人的账户对凭证进行审核。
（6）以账套主管的身份登录对经过审核的凭证进行记账。

2. 操作步骤

具体操作步骤如下：
（1）期末审核凭证签字。给审核人和出纳赋权，如将夏虎设置为审核人。

操作提示

● 由于对人员的权限设置在系统管理平台与企业应用平台中均有设置的选项，因此要分别登录两个平台，将两者都进行设置才能赋予用户角色在账套中进行处理。先以系统管理员身份登录系统管理平台对用户的角色进行设定，再以账套主管的身份登录"企业应用平台"对具体用户权力进行指定。

①以 admin 身份登录系统管理平台。
②选择"权限"/"操作员权限"，对用户的角色进行设定。

操作提示

在系统管理平台中设置人员权限有如下两种操作：
● 在"角色管理"/"用户管理"中为用户赋权，该方法使得用户对于整个系统内的所有账套都有相应的权力。
● 在"权限管理"中对用户进行赋权，在该操作下，用户仅对操作的账套具有相应的权力。

③在右侧上方窗口选定"[616]闽东公司"，在左侧窗口选定"夏虎"，如图9-5所示。

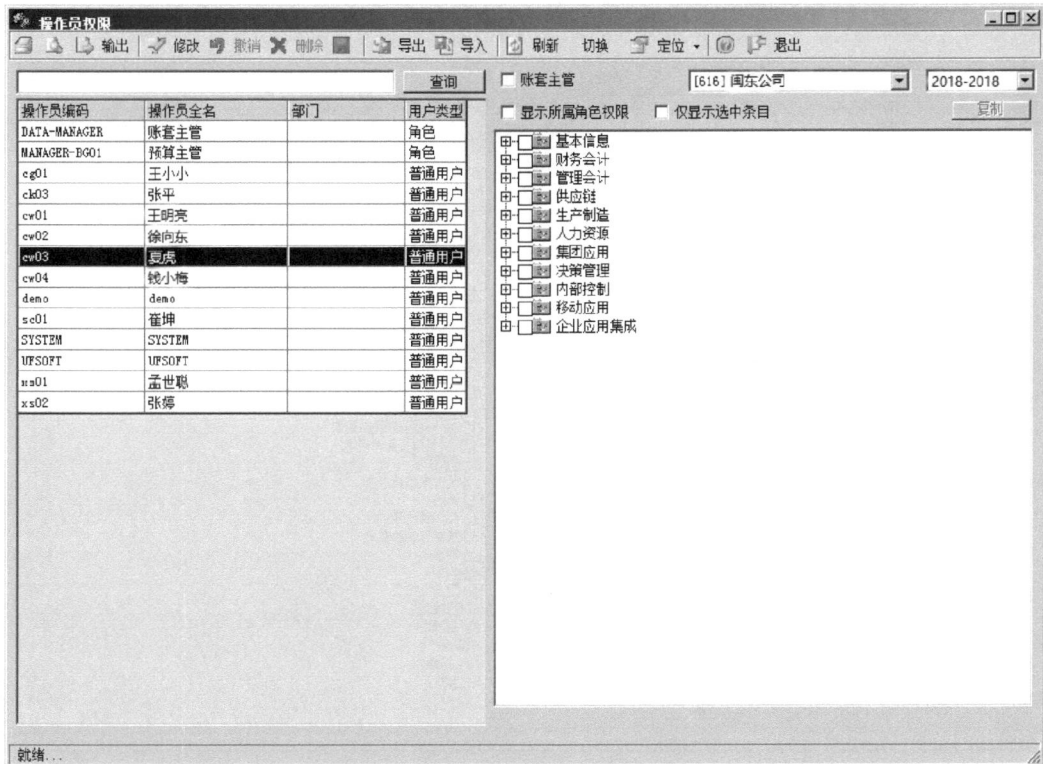

图 9-5　操作员权限——凭证审核

操作提示

● 在系统管理平台的权限设定中，对于用户的赋权只限定于某一个特定的账套，因此在对用户赋权时必须确认所选用户及所选账套，两者都确定之后方可对用户进行赋权。

④单击展开右侧"财务会计"/"总账"/"凭证"，取消"恢复记账前状态"的选中状态。

⑤单击"保存"按钮，完成对凭证审核人"夏虎"的赋权。

（2）期末出纳签字。对用户"钱小梅"进行出纳签字的赋权：

①继续在系统管理界面中进行操作，为钱小梅赋权。单击左侧栏，选中"钱小梅"；注意要确定右上角的账套是否为"616 闽东公司"，确认之后方可为"钱小梅"赋权。

②单击"修改"按钮，选中"财务会计"/"总账"/"凭证"/"出纳签字"和"查询凭证"，选中"财务会计"/"总账"/"出纳"，在系统管理中赋予钱小梅出纳，如图 9-6 所示。

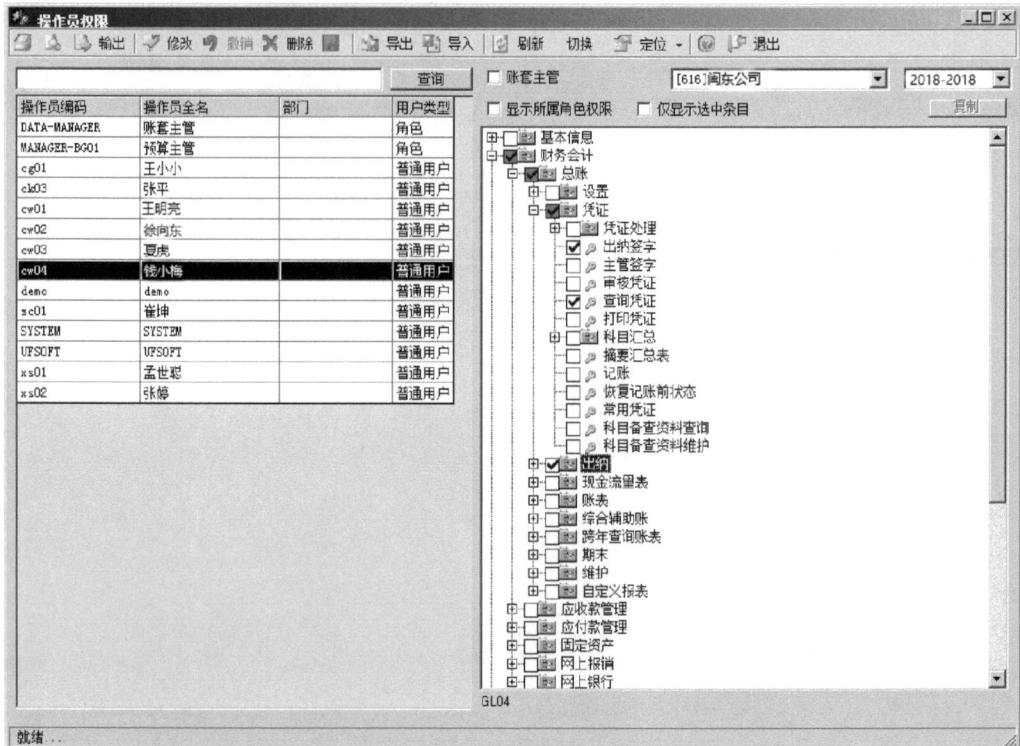

图 9-6　操作员权限——出纳签字

操作提示

● 由于在账套启用之时没有对用户进行具体的赋权，因此在进行凭证的审核及出纳签字等特定的需要有权力行使的职责时，必须先在系统管理平台中对指定用户进行赋权才可以确保用户顺利行使该权力。

③单击"保存"按钮，退出系统管理平台。

（3）设置数据权限。

①以"账套主管"王明亮的身份登录企业应用平台，选择"系统服务"/"权限"/"数据权限分配"，进入"权限浏览"窗口，如图 9-7 所示。

②选中"夏虎"，单击"授权"按钮，打开"记录权限设置"界面。

③单击"业务对象"下拉框，在下拉选项中选中"用户"选项，系统将会根据用户显示出当前已在系统中的用户。

④单击">"将王明亮、徐向东、钱小梅从"禁用"列表选择到"可用"列表，赋予王明亮、徐向东、钱小梅三人对于数据查询、删改及审核的权限，如图 9-8 所示。

⑤单击"保存"按钮。

⑥单击"确定"按钮，之后重新登录"企业应用平台"，可以看到此时王明亮、徐向东和钱小梅三人的权限均被启用，如图 9-9 所示。

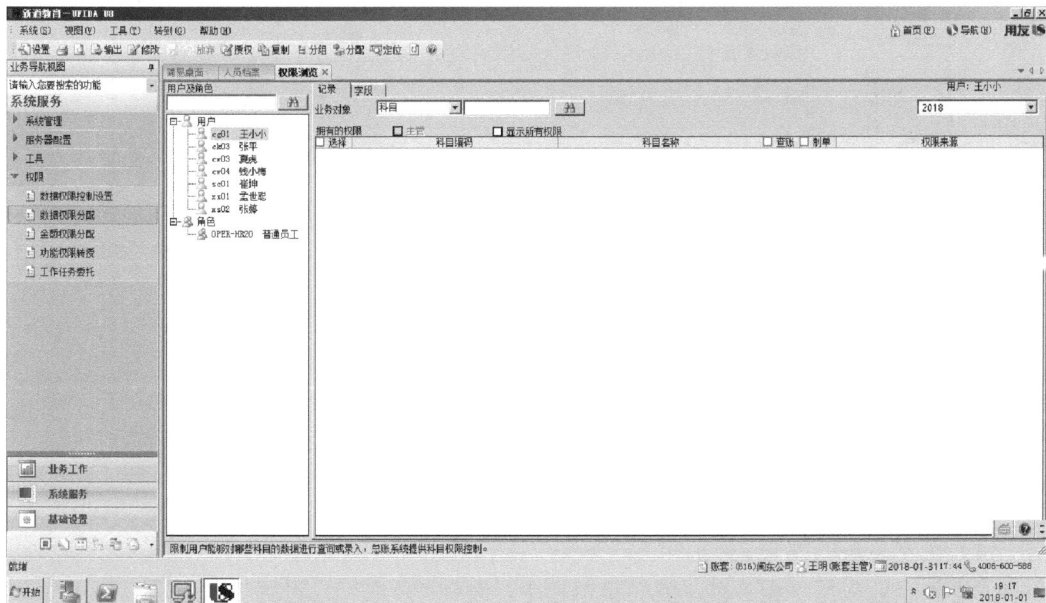

图 9-7 权限浏览

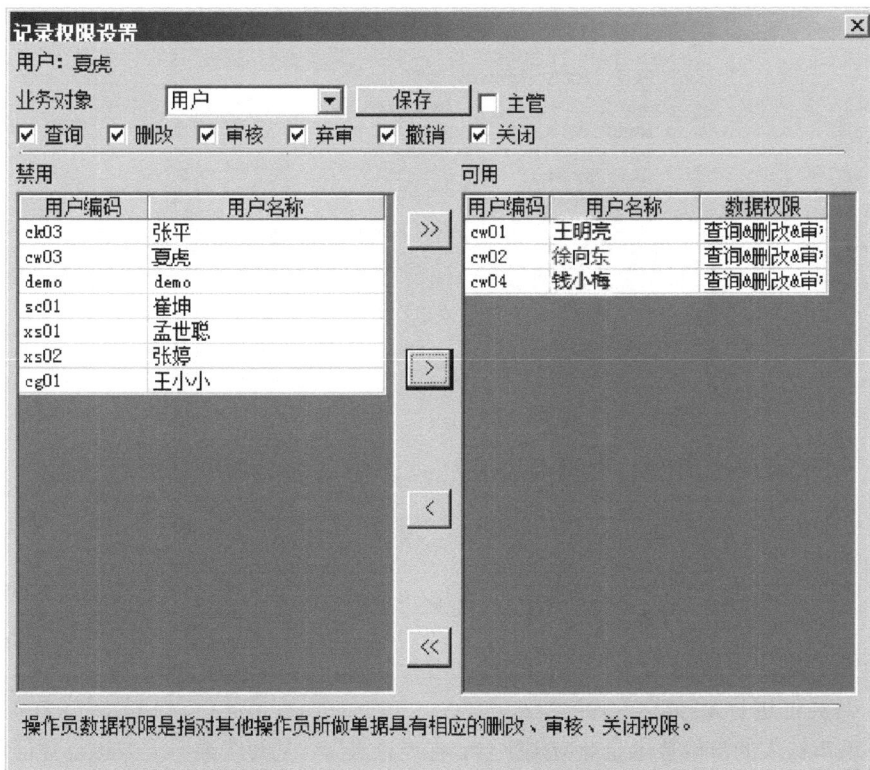

图 9-8 记录权限设置

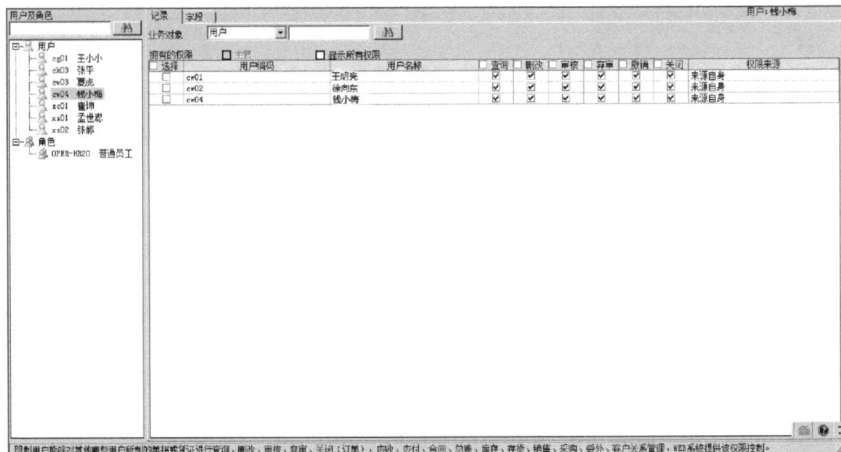

图 9-9　用户级角色

（4）设置总账的权限。

①进入企业应用平台，在左侧的菜单栏中，选择"总账"/"设置"/"选项"，选中"权限"选项卡。

②单击"编辑"按钮，选中"凭证审核控制到操作员"，如图 9-10 所示。

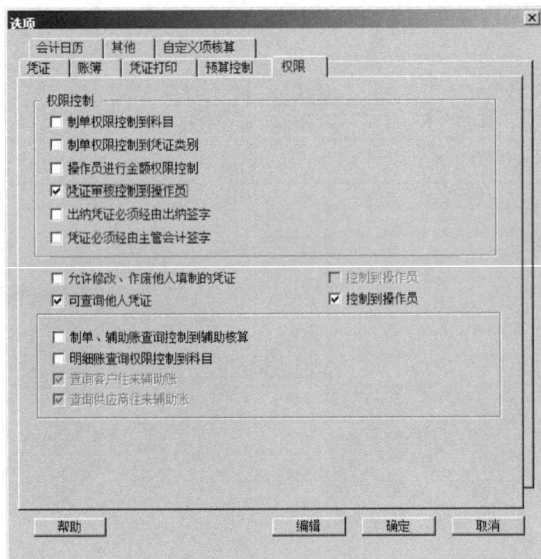

图 9-10　总账设置选项

③单击"确定"按钮。

（5）对凭证进行审核。

以凭证审核人的身份登录企业应用平台，在"总账"/"凭证"菜单下方进行凭证的审核。

双击打开待审核的第 1 号"收款凭证"，单击"审核"按钮。系统会在你审核完第 1 号凭证后自动翻页到下一张凭证，直到全部审核完毕，最后单击"退出"按钮，退出系统。例如，双击打开第一张凭证。

具体操作步骤如下：

①以夏虎的身份登录企业应用平台，执行"总账"/"凭证"/"审核凭证"，如图 9-11 所示。

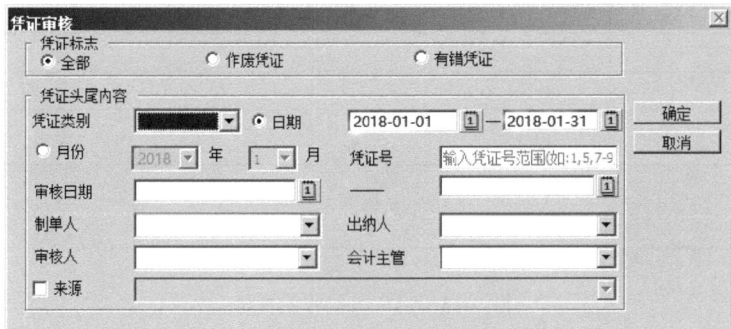

图 9-11 凭证审核

②单击"确定"按钮。

③双击打开待审核的第 1 号"收款凭证"，如图 9-12 所示。单击"审核"按钮。系统会在你审核完第 1 号凭证后自动翻页到下一张凭证，直到全部审核完毕，最后单击"退出"按钮，退出系统。

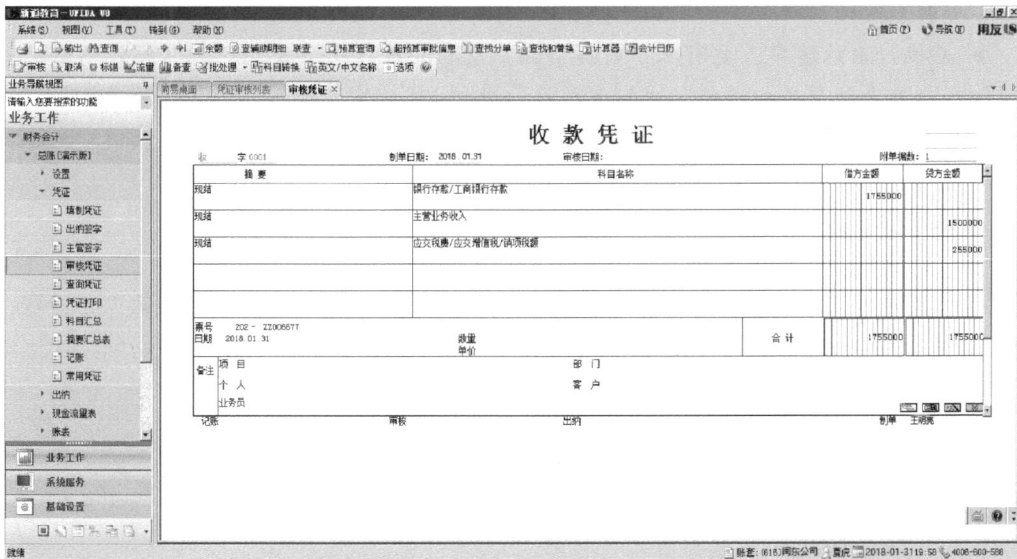

图 9-12 收款凭证审核

④单击"审核"按钮，系统在审核完该凭证后会自动翻到下一张凭证，如图 9-13 所示。

⑤将剩余凭证全部进行审核。

收　款　凭　证

图 9-13　已审核的收款凭证

⑥单击"确定"按钮，然后单击"退出"按钮，确认退出系统。

（6）执行出纳签字。

先以账套主管的身份登录企业应用平台，对平台中的参数进行设置，使得系统可以执行出纳签字。

操作提示

● 要执行出纳签字，要有三个前提条件：总账的选项中"出纳凭证必须经由出纳签字"；已经在会计科目中进行了"指定科目"操作；凭证中所使用的会计科目是已经在总账系统中设置为"日记账"辅助核算内容的会计科目。

具体操作步骤如下：

第一，设置"出纳凭证必须经由出纳签字"，具体如下。

①以账套主管王明亮的身份登录企业应用平台，选择"财务会计"/"总账"/"设置"；在设置选项框中选中"权限"选项卡，单击"编辑"按钮，选中"出纳凭证必须经由出纳签字"，如图 9-14 所示。

②单击"确定"按钮，保存设置。

第二，进行指定科目设置，具体如下。

①选择"基础设置"/"基础档案"/"财务"/"会计科目"。

②单击"编辑"/"指定科目"。

③指定"1001　库存现金"为现金科目，如图 9-15 所示。

④指定"1002　银行存款"为银行科目，如图 9-16 所示。

⑤指定"1001　库存现金""1002　银行存款""1012　其他货币资金"为现金流量科目，如图 9-17 所示。

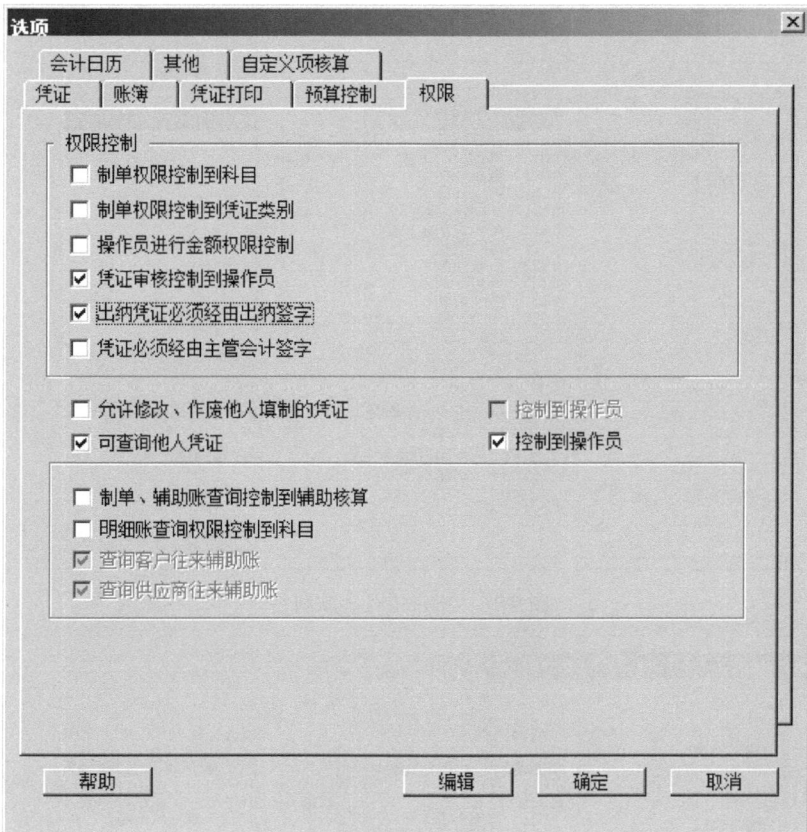

图 9-14 总账选项

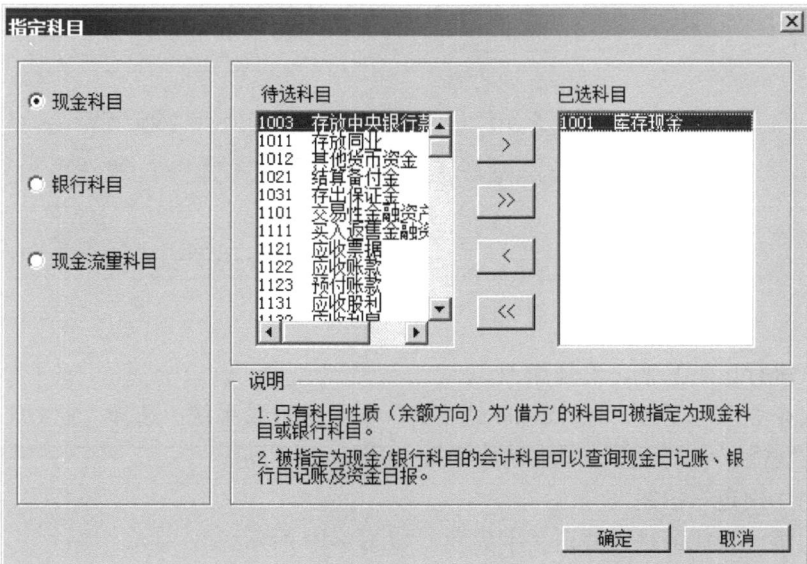

图 9-15 指定现金科目

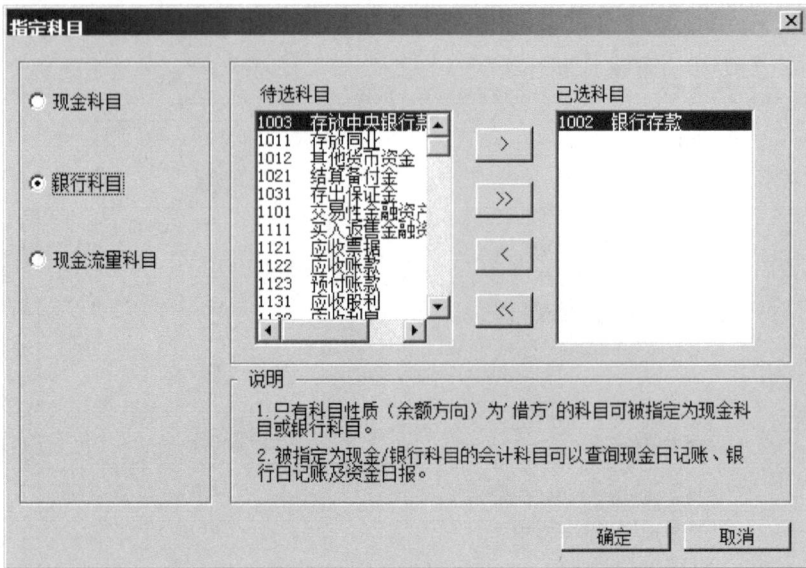

图 9-16　指定银行存款科目

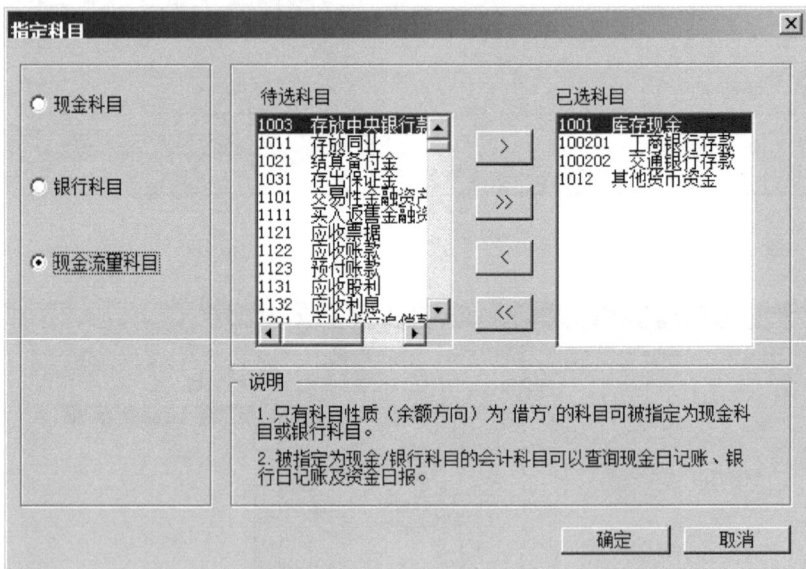

图 9-17　指定现金流量科目

第三，进行出纳签字，具体如下。

①退出企业应用平台，以"cw04 钱小梅"的身份登录系统。选择"业务工作"/"财务会计"/"总账"/"凭证"/"出纳签字"，如图 9-18 所示。

②单击"确定"按钮。

③双击第一张凭证进入凭证签字界面，如图 9-19 所示。

④单击上方"签字"按钮，签字后在出纳栏出现"钱小梅"，即为出纳签字完成，如图 9-20 所示。

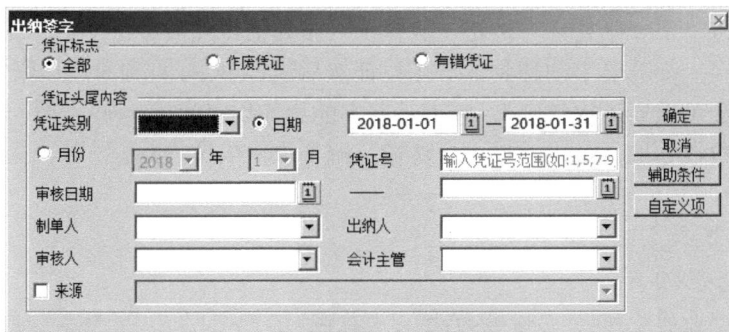

图 9-18　出纳签字

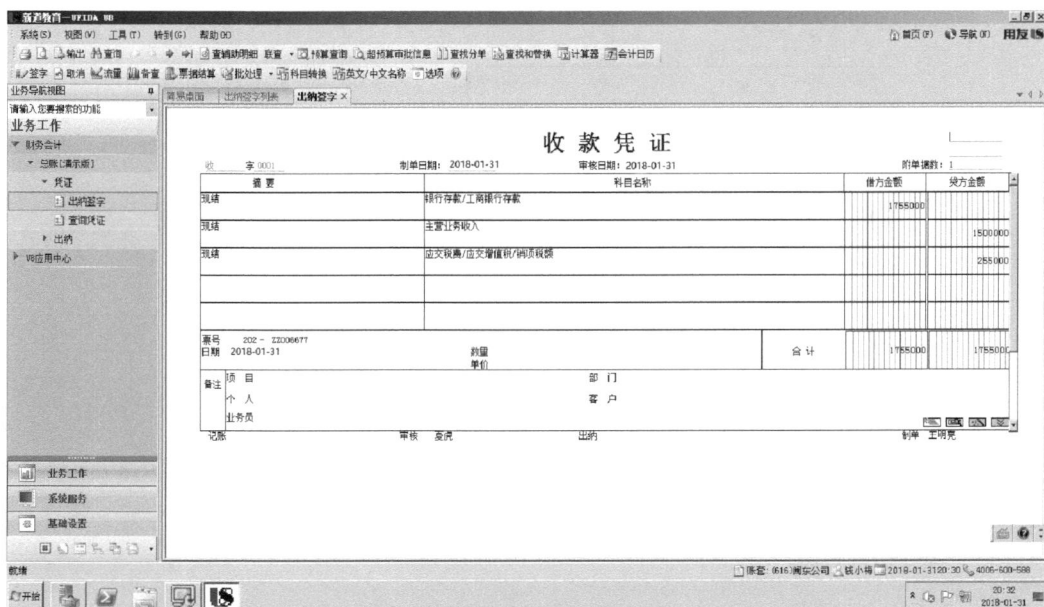

图 9-19　待签字的凭证

图 9-20　已签字的凭证

⑤单击上方"下一张凭证"按钮，选择下一张凭证，然后继续单击"签字"。

⑥每次签字完都需要手动翻到下一张凭证然后进行签字，直到最后一张凭证签字后出现"已签字凭证不需要再次签字"，则表示所有的凭证均已签字完毕。

⑦当全部审核完毕，单击"退出"按钮，确认退出系统。

3. 进行记账操作

具体操作步骤如下：

（1）选择"业务工作"/"财务会计"/"总账"/"凭证"/"记账"，如图 9-21 所示。

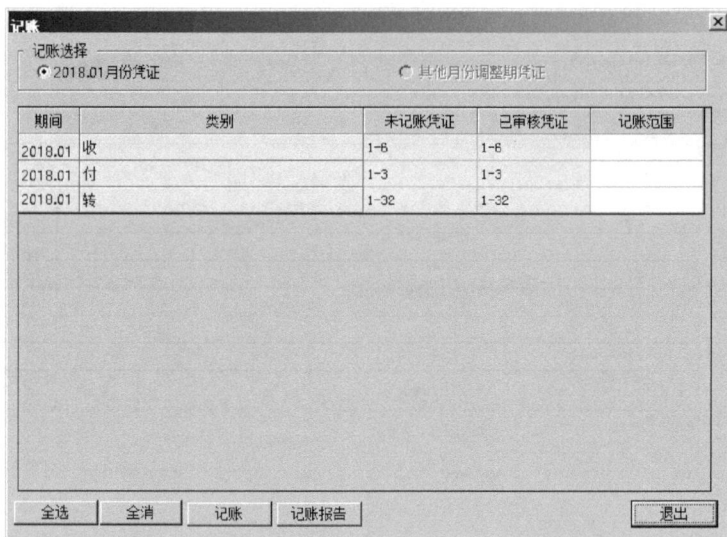

图 9-21　记账选择框

操作提示

● 记账前必须先进行试算平衡，试算平衡的结果为正常时才可以进行记账处理。

（2）单击"确定"按钮，等待系统进行记账。

（3）等待其处理完毕后显示"记账完毕"，即为所有凭证均已记账完成。

（4）单击"确定"按钮，即可查看记账的情况，如图 9-22 所示。

（5）单击"预览"按钮，可以预览科目汇总表，如图 9-23 所示。

（6）预览完毕后，单击"关闭预览"按钮，然后单击"退出"按钮。

4. 期末转账凭证定义和生成

（1）自定义转账凭证的设置。

通过设置自定义凭证按照固定资产期末余额的 0.5% 计提折旧。

图 9-22　记账结果

图 9-23　科目汇总预览

具体操作步骤如下：

①选择"财务会计"/"总账"/"期末"/"转账定义"/"自定义转账"。

②选择"增加"按钮，转账说明输入"固定资产计提折旧"；凭证类别设置为"转账凭证"，如图 9-24 所示。

③增行选择科目。

"增行"选择科目"5101"，方向"借"，双击"金额公式"栏，选择"参照"按钮，打开"公式向导"对话框，选择"期末余额"函数。公式为 QM（5101，月，借）*0.005。

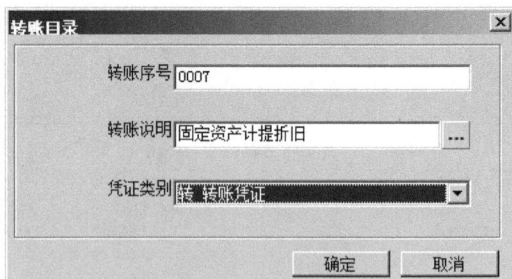

图 9-24　转账目录

④双击"金融公式"栏，打开公式向导。

⑤选择"期末余额 QM（）"，单击"下一步"。

⑥选择方向"借"。

⑦单击"完成"，完成公式的选择，退出公式向导，设置结果如图 9-25 所示。

图 9-25　转账设置（一）

⑧单击"保存"，继续单击"增行"按钮，选择科目"1602　累计折旧"，方向"贷"，输入 JG（）（即为取数）或者打开公式向导进行相应的操作。

操作提示

● 定义结转时可以通过公式向导的指导进行公式的定义，也可以在界面中的"金融公式"一栏输入公式。

⑨转账设置结果如图 9-26 所示。

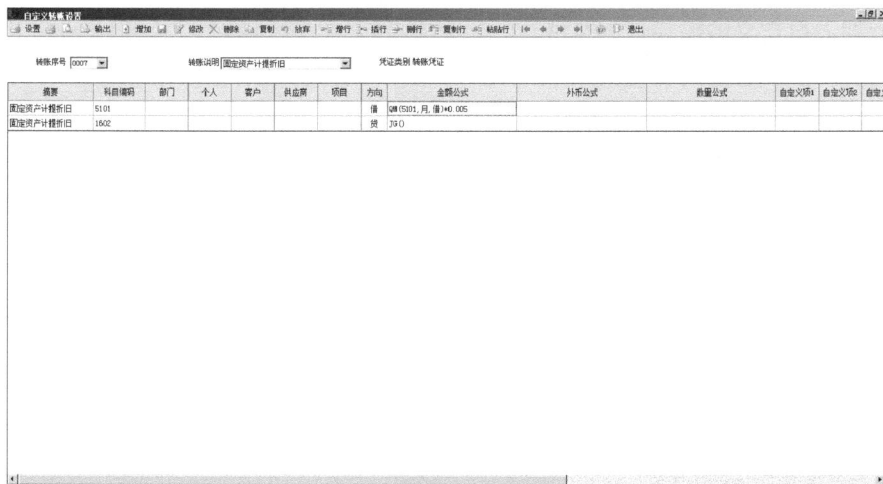

图 9-26　转账设置（二）

（2）期间损益结转凭证的设置。

具体操作步骤如下：

①选择"财务会计"/"总账"/"期末"/"转账定义"/"期间损益"，左上角的凭证类别修改为"转账凭证"。

②将本年利润科目修改为"4103"。

③单击界面中的"本年利润科目编码"，表格中自动出现"4103 本年利润"，如图 9-27 所示。单击下方"确定"按钮，窗口自动关闭。

图 9-27　期间损益结转设置

（3）期末自定义转账凭证的生成。

根据前面步骤设置的自定义结转公式，生成期末自定义结转的转账凭证，将固定资产折旧转入制造费用。

具体操作步骤如下：

①选择"财务会计"/"总账"/"期末"/"转账生成"。

②在"是否结转"一栏中选中，单击"确定"按钮，选中之后可以看到在"是否结转"一栏中出现"Y"标识，即为该栏已经被选中，如图9-28所示。

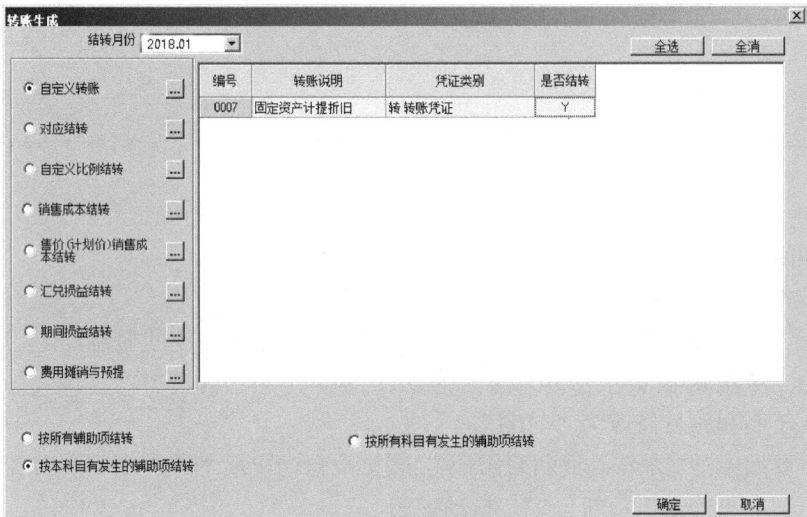

图9-28　转账生成设置窗口

③生成计提折旧的结转凭证，如图9-29所示，单击"保存"按钮。

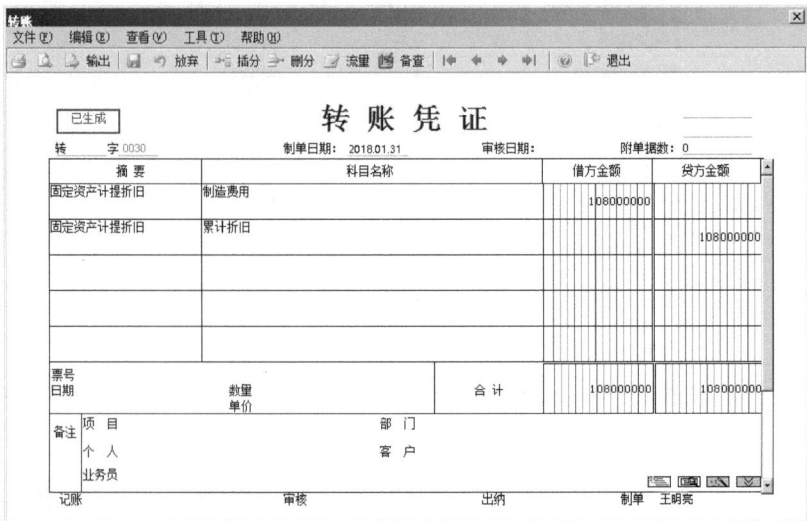

图9-29　自动转账凭证

④单击"退出"按钮。

（4）审核凭证。

以夏虎的身份登录企业应用平台，进行凭证的审核。

具体操作步骤如下：

以"夏虎"的身份登录企业应用平台，选择"总账"/"凭证"/"审核凭证"，如图9-30所示，进行凭证的审核。

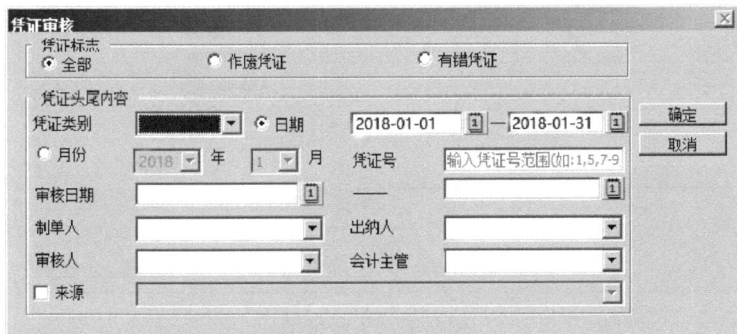

图9-30　凭证审核窗口

（5）记账。

①以王明亮的身份登录企业应用平台，对刚刚审核的凭证进行记账处理，选择"财务会计"/"总账"/"凭证"/"记账"，系统即打开"记账"窗口，如图9-31所示。

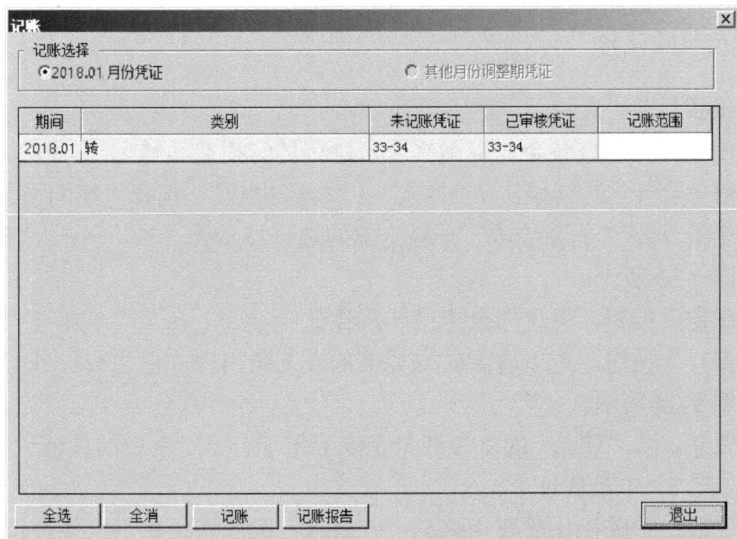

图9-31　记账窗口

②单击下方"记账"按钮，系统将会自动进行记账，记账的过程可能需要等待一段时间，在等待时切勿将系统关闭，以免造成记账程序的出错或者是凭证的损失。

③记账后结果如图9-32所示。

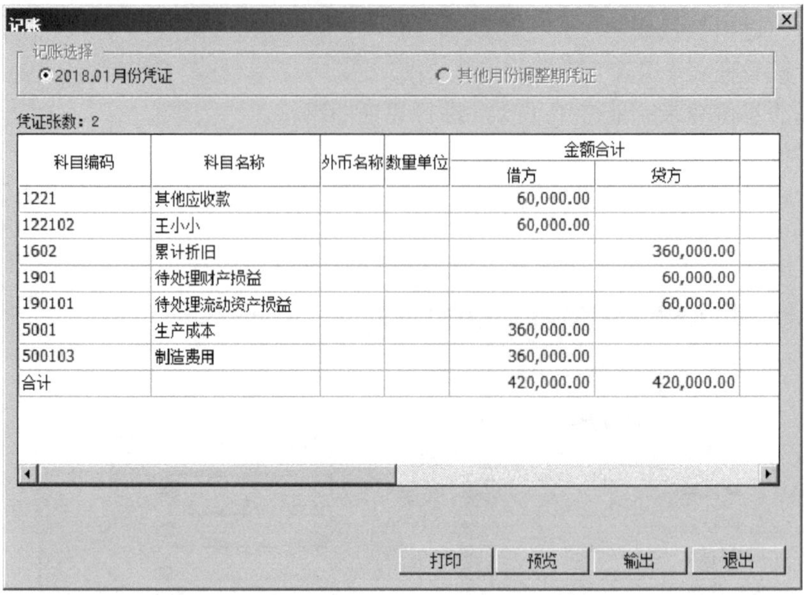

科目编码	科目名称	外币名称	数量单位	金额合计	
				借方	贷方
1221	其他应收款			60,000.00	
122102	王小小			60,000.00	
1602	累计折旧				360,000.00
1901	待处理财产损益				60,000.00
190101	待处理流动资产损益				60,000.00
5001	生产成本			360,000.00	
500103	制造费用			360,000.00	
合计				420,000.00	420,000.00

图 9-32　记账结果

（6）检查记账。

①单击“退出”按钮，以“夏虎”的身份登录企业应用平台，单击“填制凭证”，确认所有的凭证都已经记账，为下面的期间损益结转做好准备。

②此时，记账凭证界面为空，即所有凭证均已记账。

5. 进行期间损益结转

具体操作步骤如下：

（1）以王明亮的身份登录企业应用平台，进行期间损益结转。

①选择“财务会计”/“总账”/“期末”/“转账生成”，选择“期间损益结转”。

②单击“全选”将“是否结转”一栏全部勾选，显示为“Y”，单击“确定”按钮，进行结转，如图 9-33 所示。

③单击“确定”按钮，系统即会生成转账凭证。

④单击“保存”按钮，可以看到转账凭证的左上角出现“已生成”，即为该凭证已经成功保存，如图 9-34 所示。

（2）审核凭证。以“夏虎”的身份登录企业应用平台，对生成的凭证进行审核，选择“总账”/“凭证”/“审核凭证”。

（3）进行记账。记账操作需要由账套主管进行，因此必须先退出凭证审核人的身份，登录账套主管的账号进行记账处理。

①退出“夏虎”，以账套主管“王明亮”的身份登录企业应用平台。

②选择“财务会计”/“总账”/“凭证”/“记账”，系统即打开“记账”窗口，单击“记账”按钮，系统即自动进行记账处理。

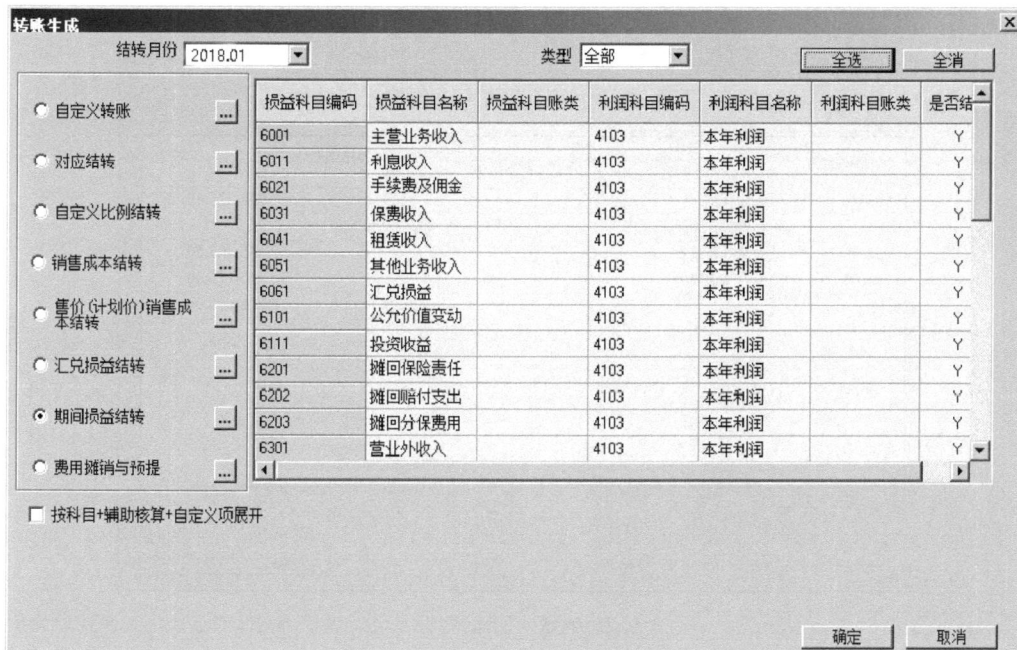

图 9-33 期间损益结转生成窗口

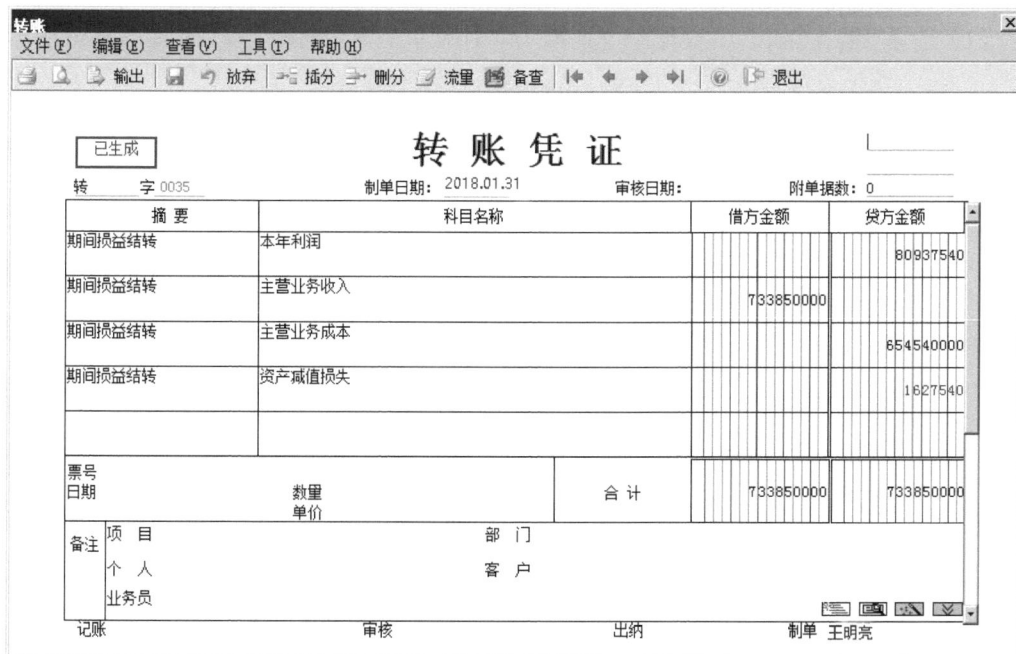

图 9-34 转账凭证

③单击"确定"按钮，可以查看到系统记账的结果，如图 9-35 所示。

④单击下方"退出"按钮，退出"记账"界面。

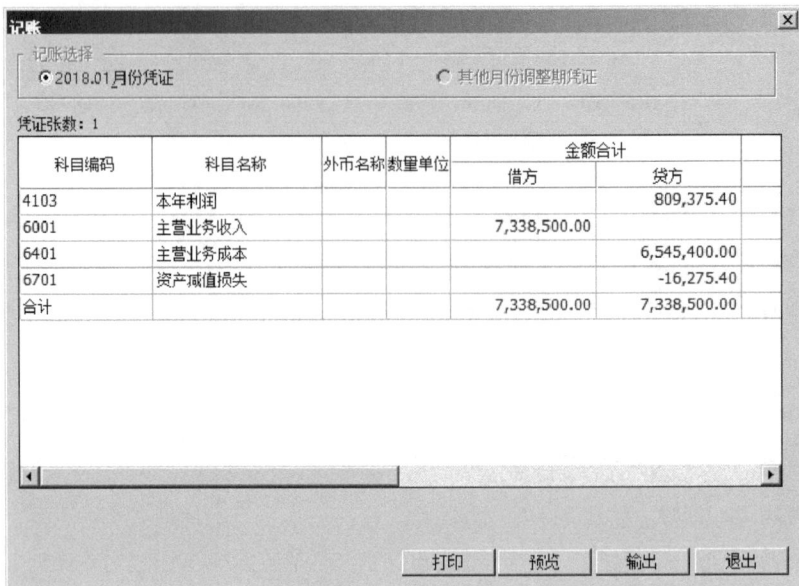

图 9-35　记账窗口

6. 对 2018 年 1 月的会计账簿进行对账

具体操作步骤如下：

（1）选择"财务会计"/"总账"/"期末"/"对账"，打开"对账"窗口，如图 9-36 所示。

图 9-36　对账窗口

（2）单击"试算"按钮，进行试算平衡，如图 9-37 所示，试算结果平衡即为正常结果。

（3）记账结果显示为平衡之后，单击"确定"按钮，再单击左上方"选择"按钮，选择"对账"，如图 9-38 所示。

（4）对账完成，单击"退出"按钮。

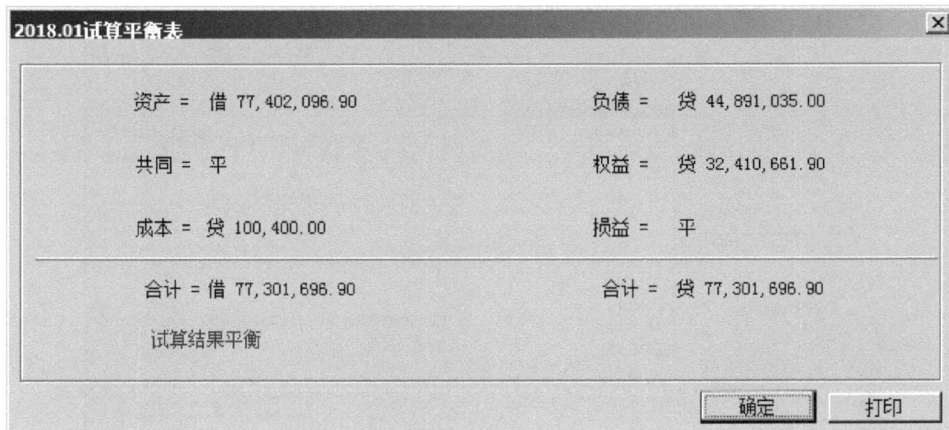

图 9-37　试算平衡窗口

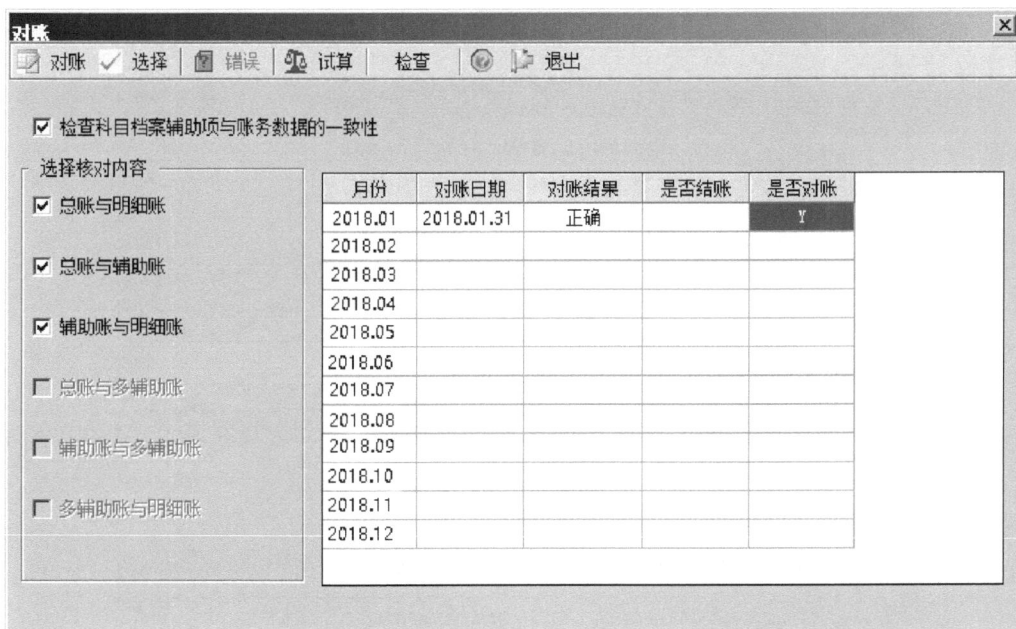

图 9-38　对账窗口

7. 月末结账

具体操作步骤如下：

（1）选择"财务会计"/"总账"/"期末"/"结账"，选择"2018.01"，如图 9-39 所示。

（2）单击"下一步"，核对账簿。

（3）单击"对账"，如图 9-40 所示。

（4）单击"下一步"，如图 9-41 所示。

（5）单击"下一步"，如图 9-42 所示。

（6）单击"结账"，即可完成结账工作，之后可以退出系统。

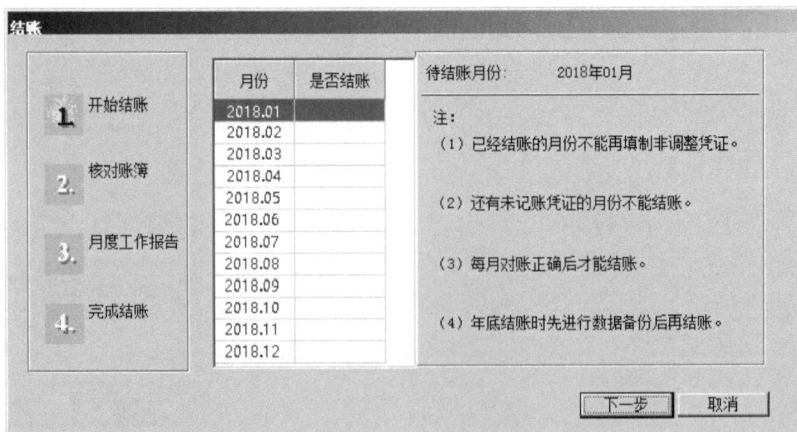

图 9-39　结账窗口

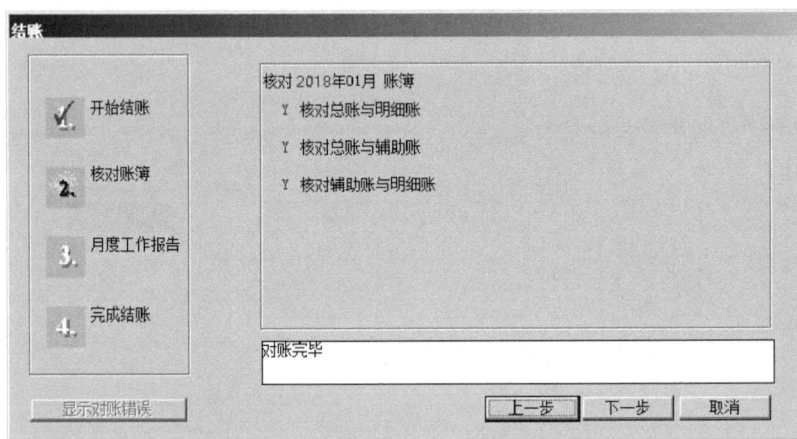

图 9-40　结账——核对账簿（一）

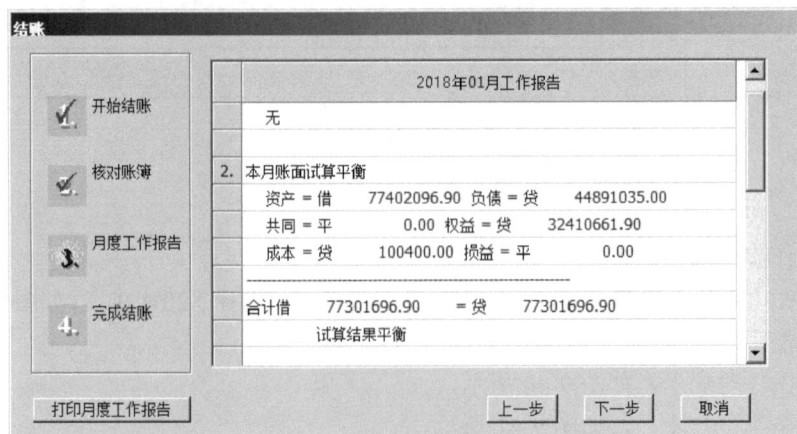

图 9-41　结账——核对账簿（二）

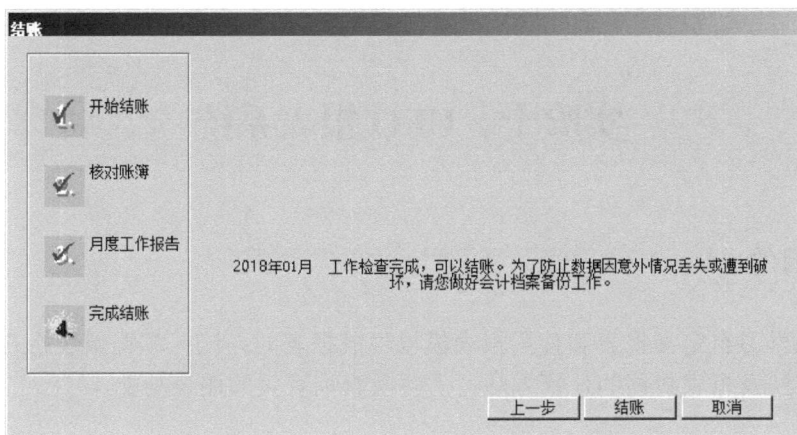

图 9-42　结账——完成结账

实验十 UFO 报表系统

一、实验目的

系统地学习自定义报表和使用报表模板生成报表的办法；掌握报表格式设计、公式设置的办法及报表数据的计算方法；了解及查询有关的图表功能。

二、实验内容

本实验的主要内容如下：

（1）按照 2007 年新会计制度科目生成 616 账套 1 月的"资产负债表"。

（2）定义和录入关键字。

（3）保存资产负债表到"我的文档"中。采购管理月末结账。

三、实验资料

（1）编制单位为"闽东公司"。

（2）编制时间为"2018 年 1 月"。

四、实验操作

（一）新建"资产负债表"

具体操作步骤如下：

（1）打开 UFO 报表窗口。选择"财务会计"/"UFO 报表"，执行 UFO 报表。

（2）新建 UFO 报表。单击"文件"/"新建"，打开报表的"格式"状态窗口。

（3）套用报表模板。选择"格式"/"报表模板"，选中该项目，打开"报表模板"对话框。

（4）选择报表模板。单击"报表模板"，将"您所在的行业"栏下选项改为"2007 年新会计制度科目"，"财务报表"栏下选项改为"资产负债表"，单击"确认"按钮，如图10-1 所示。

单击"确认"按钮，系统弹出"模板格式将覆盖本表格式！是否继续？"信息提示框。单击"确认"按钮，打开按"2007 年新会计制度科目"设置的"资产负债表"模板，如图 10-2 所示。

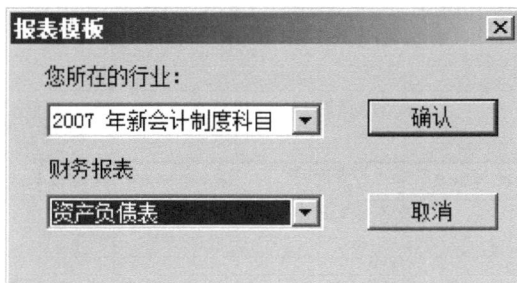

图 10-1 报表模板对话框

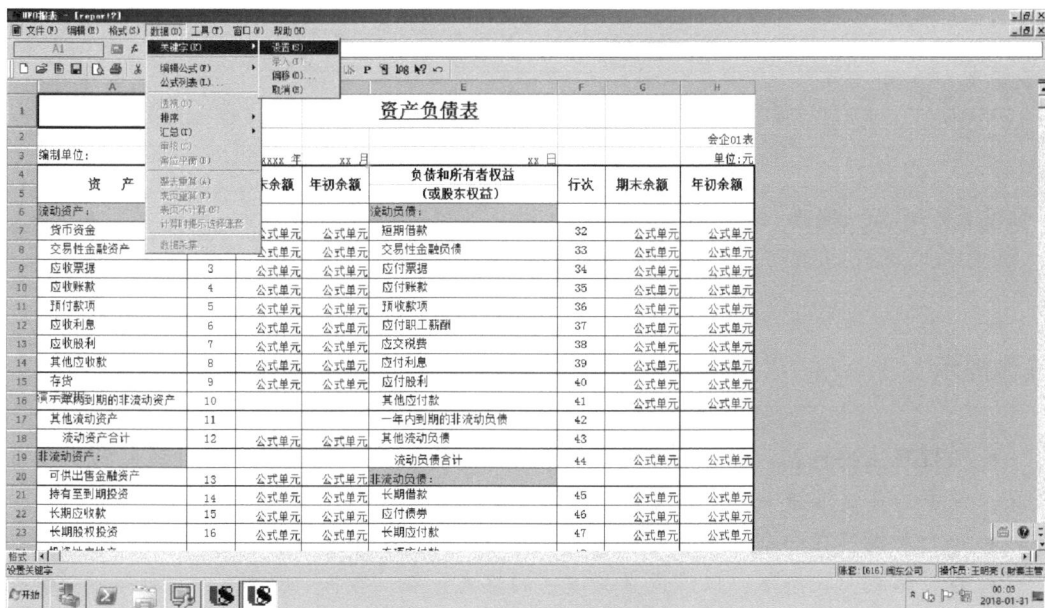

图 10-2 资产负债表模板

（二）定义关键字

具体操作步骤如下：

（1）在"格式"状态下，单击 A3 单元，执行"数据"/"关键字"/"设置"命令，打开"设置关键字"对话框。

（2）选择"单位名称"并单击"确定"按钮，如图 10-3 所示。

（3）设置成功后，A3 单元中显示红色的"单位名称：×××××"，同时将原本框中的内容删除，仅保留关键字。

（4）同理，在 C3 单元中设置关键字"年"，在 D3 单元中设置关键字"月"，如图 10-4 所示。

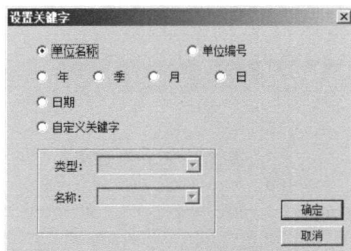

图 10-3 设置关键字对话框

图 10-4　设置关键字后的资产负债表

操作提示

● 关键字主要包括六种，即单位名称、单位编号、年、月、日，另外还包括一个自定义关键字，可以根据实际情况设置相应的关键字。

● 一个关键字在一个表中只能定义一次，即同一个表中不能有重复的关键字。

● 在"格式"状态下，仅能设置关键字的格式；在"数据"状态下，仅能输入关键字的值。不能在"格式"状态下录入关键字，也不能在"数据"状态下设置关键字。

（三）录入关键字并计算报表数据

具体操作步骤如下：

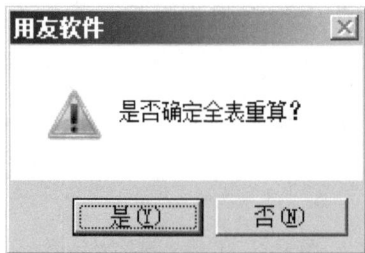

图 10-5　报告重新计算的对话框

（1）在报表"格式"状态窗口中，单击左下角"格式"，将"格式"模式更改为"数据"模式，弹出"是否确定全表重算？"对话框，如图 10-5 所示。

（2）单击"否"按钮，进入报表的"数据"状态窗口。

（3）在报表的"数据"状态窗口中，执行"数据"/"关键字"/"录入"命令，打开"录入关键字"对话框，如图 10-6 所示。

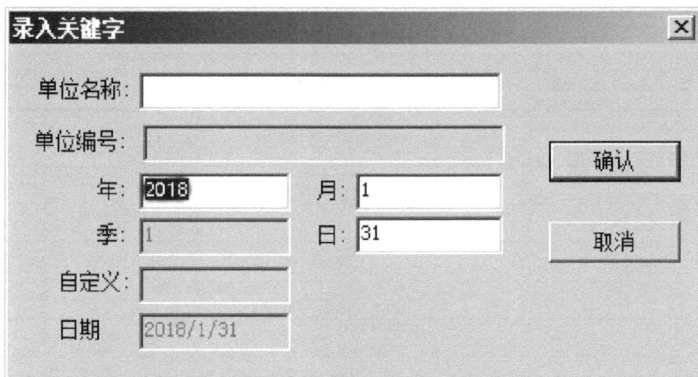

图 10-6 录入关键字对话框

（4）输入单位名称：闽东公司，时间：2018 年 1 月。

（5）单击"确认"按钮，系统提示"是否重算第 1 页？"。

（6）单击"是"按钮，进行重算，生成资产负债表数据，如图 10-7 和图 10-8 所示。

图 10-7 生成资产负债表数据（一）

（7）保存资产负债表。执行"文件"/"保存"命令，在"D：\616 账套备份"文件夹中将文件保存为"资产负债表"。

	A	B	C	D	E	F	G	H
15	存货	9	5,241,100.00	430,000.00	应付股利	40		
16	一年内到期的非流动资产	10			其他应付款	41		
17	其他流动资产	11			一年内到期的非流动负债	42		
18	流动资产合计	12	17,661,696.90	5,010,786.50	其他流动负债	43		
19	非流动资产:				流动负债合计	44	14,891,035.00	3,409,500.00
20	可供出售金融资产	13			非流动负债:			
21	持有至到期投资	14			长期借款	45	30000000.00	30000000.00
22	长期应收款	15			应付债券	46		
23	长期股权投资	16			长期应付款	47		
24	投资性房地产	17			专项应付款	48		
25	固定资产	18	59,640,000.00	60,000,000.00	预计负债	49		
26	在建工程	19			递延所得税负债	50		
27	工程物资	20			其他非流动负债	51		
28	固定资产清理	演示数据			非流动负债合计	52	30000000.00	30000000.00
29	生产性生物资产	22			负债合计	53	44891035.00	33409500.00
30	油气资产	23			所有者权益(或股东权益):			
31	无形资产	24			实收资本(或股本)	54	30,000,000.00	30,000,000.00
32	开发支出	25			资本公积	55	661,286.50	661,286.50
33	商誉	26			减:库存股	56		
34	长期待摊费用	27			盈余公积	57	330,000.00	330,000.00
35	递延所得税资产	28			未分配利润	58	1,419,375.40	610,000.00
36	其他非流动资产	29			所有者权益(或股东权益)合计	59	32,410,661.90	31,601,286.50
37	非流动资产合计	30	59640000.00	60000000.00				
38	资产总计	31	77301696.90	65010786.50	负债和所有者权益(或股东权益)总计	60	77,301,696.90	65,010,786.50

图 10-8 生成资产负债表数据(二)